Alexander Schug

Stadtführer für Hunde
FRED & OTTO
Unterwegs in Berlin
und Potsdam

Impressum

Bibliografische Informationen der Deutschen Nationalbibliothek

Die Deutsche Nationalbibliothek verzeichnet diese Publikation in der Deutschen Nationalbibliografie; detaillierte bibliografische Daten sind im Internet über

http://dnb.d-nb.de abrufbar.

ISBN: 978-3-9815321-0-4

Redaktionelle Mitarbeit: Katharina Thewes, Melanie Juhl, Tanja Matzku, Jérôme Mallow, Frank Petrasch

Grafisches Gesamtkonzept, Titelgestaltung, Satz und Layout: Stefan Berndt – www.fototypo.de

© Copyright: FRED & OTTO – der Hundeverlag / 2013

www.fredundotto.de

Alle Rechte, auch die des Nachdrucks von Auszügen, der fotomechanischen und digitalen Wiedergabe und der Übersetzung, vorbehalten.

Cover und Illustrationen: Leandro Alzate
www.leandroalzate.com

Abbildungsverzeichnis

FRED & OTTO: S. 9, 14, 15, 16, 17, 18, 19, 20, 21,48, 49, 59, 62, 63, 65, 74, 75, 79, 94, 95, 103, 108, 109, 110, 111, 164, 182, 183, 189, 196, 197, 220, 221, 224, 225, 229, 239, 240, 245, 246, 247, 248, 251, 252, 253, 257, 258, 266, 267, 268 (Adrian Lieb); S. 34, 35, 38, 101, 119, 120, 121, 125, 128, 129, 155, 167, 168, 169, 201, 205, 209, 219, 232 (Alexander Schug); S. 92, 137, 291 (Ina Maslok); S. 115, 116, 122, 123, 144, 206, 207, 208 (Frank Petrasch)

Zu Adrian Lieb: Bereits seit 2011 übt der junge Fotograf seine Selbstständigkeit in den Bereichen Reportage, People und Mode in Berlin aus. Darüber hinaus unterstützt er viele kreative Projekte im Herzen der Hauptstadt. Da er selbst Hundeliebhaber und -besitzer eines Schnauzers ist, hatte er besonderes Interesse an Fred & Otto, dem Stadtführer für Hunde.

Tobias Grundig: S. 25; Dr. Silke Wechsung: S. 27; Landesverband Berlin des Deutschen Tierschutzbundes e.V./ Tierschutzverein für Berlin und Umgebung Corporation e.V./ Tierheim Berlin: S. 29, 31, 32; Florentine Joop: S. 33; Freundeskreis Bruno Pet e.V.: S. 37; Tierheimhelden: S. 38; Nina Reitz: S. 37; www.wuehltischwelpen.de (G. Metz): S. 39, 40, 41, 42; Peta (Nela König): S. 43; Jagdgefährten e.V.: S. 49; Tanja Matzku: S. 51; IVH: S. 52; Wikicommons (CC BY 2.0. Jason Meredith): S. 58; Wikicommons (CC BY-SA 3.0, Marianne Birkholz): S. 60; Flexidog: S. 66, 67; Das Futterhaus: S. 72; Wikicommons: S. 79; www.fellnase-im-training.de: S. 81; www.hundestunde-berlin.de: S. 82; Tobas Grundig: S. 85; GREH-Hundeschule (Tanja Krauß): S. 89, 90, 93; Tobas Grundig: S. 99; Tobias Wolf: S. 100; Simone Laube: S. 104; Lars Thiemann: S. 106, 107; www.canissa-sports.de: S. 112, 113; Mona Oellers: S. 118; Kleinmetall: S. 131 (oben), 132; Land of Dogs: S. 131 (unten), 133; Tiertafel Deutschland e.V.: S. 138, 139; Büro Blau: S. 142; Daniel Buchholz: S. 147; Alexander J. Herrmann: S. 148; Claudia Hämmerling: S. 149 (oben links); Mirco Dragowski: S. 149 (oben rechts); Simon Kowalewski: S. 150 (links); Marion Platta: S. 151 (rechts); stadt&hund: S. 157, 159, 160 (Idee/Copyright: Draftfcb Deutschland GmbH); Hunde für Handicaps (Marcel Gäding): S. 171; Therapiehunde Berlin e.V.: S. 179; Wikicommons (CC0 1.0, Alfvan-Beem): S. 187; Tasso: S. 192, 193; Vetfinder (Thomas Hinze): S. 211, 212; Symbiopharm: S. 214 (fotolia/tsstockphoto); Christoph Ladwig: S. 216; Barbara Wrede: S. 227, 228; Snoopet (Larissa Maes): S. 231; CITY DOG: S. 234, 235; Leinentausch (Vanessa Lewerenz-Bourmer): S. 238; Lotte & Anna: S. 241, 242, 243, 244; Beate-Bettina Schuchardt: S. 261; Tobias Grundig: S. 265 (Rechte zu den Produktabb. liegen bei den jeweiligen Herstellern).

Finde uns auf www.facebook.com/fredundotto

Inhalt

Vorwort	**8**
Der Schnelleinstieg in die Berliner und Potsdamer Hundewelt	**10**

Stadt & Hund
Ein fotografischer Streifzug

13

Züchter, Tierheim & Co.

23

Gute und schlechte Hundehalter – oder wieso Menschen Hunde wollen
Interview mit der Psychologin Dr. Silke Wechsung

24

Die Stadt der Tiere
Europas größtes Tierheim

28

„Er ist nun mal ein Knasti"
Wie Paco aus einer spanischen Rettungsstation Florentine Joop eroberte

33

Die Sache mit den Hunden in Süd-Osteuropa
Der Tierschutzverein Bruno Pet e.V. rettet rumänische Straßenhunde

36

Tierheimhelden!
Ein Start-Up vernetzt die Tierheime und hilft bei der Vermittlung

38

Weshalb Hunde vom Züchter kaufen?
Interview mit der Berliner Züchterin Nina Reitz

40

Wühltischwelpen für kleines Geld
Warum niemand in Berlin Billighunde kaufen sollte

43

Jagdgefährten fürs Leben!
Jagdhunde brauchen besondere Beschäftigung

48

Welches Hunderl hätten's denn gerne?
Wie man den richtigen Hund für sich auswählt

50

Futter & Philosophie

57

Fresschen für Bello und Co.
Was soll man füttern?

58

Hundeschlaraffenland
Der Hundefleischer Bones for Dogs

62

Hirsebrei statt Pansenschmaus
Veganismus für Karnivoren

63

Weniger Fleisch ist mehr
Ein Tiernahrungshersteller will unsere Hunde zu „nachhaltigen" Konsumenten machen

66

Was für die vegane Ernährung von Hunden spricht
Interview mit einer Überzeugten

68

Die Chefin der Leckerchen
Manuela Reinicke leitet eine Das Futterhaus-Filiale und weiß, was Berliner Hunde wollen

72

Sitz & Platz

77

Was Berliner Schnauzen so können müssen
Berliner Hundetrainer über Stadthunde

78

„Ich zieh' dir die Schlappohren lang"
Wie Verbände für Hundetraining die Erziehung modernisieren

85

Gewaltfreie Erziehung für entspannte Hunde
Interview mit Katja Krauß von der GREH-Hundeschule

88

Gassi & Co. / Reise & Verkehr · 97

Der tägliche Freilauf ohne Strick · 98
Wo Berliner Stadthunde am schönsten toben und rennen können

Geschafft! Der Hund ist müde · 102
Beschäftigungstipps für den alltäglichen Spaziergang

Und was macht der Hund den ganzen Tag? · 105
Der neue Luxus der vierbeinigen Kunden von Hundeausführservice und Co.

„Die Artigen dürfen in die Stube" · 108
Heidrichs Hundepension und das feuerrote Hundeauto

Schon probiert? Zughundesport … · 112
Neue Trendsportarten erobern Berlin

Konflikte beim Gassi gehen: Tatort Berlin · 114
Als Hundehalter muss man manchmal vor allem eines haben: Ein dickes Fell

Waldlust für Berliner Schnauzen · 119
Wieso Hundebesitzer verantwortungsvoll mit der Natur umgehen müssen

Mit Hund unterwegs in Berlin · 122
Was zu beachten ist …

Sightseeing für Hunde · 125
Die Highlights von berlinmithund-Frontfrau Melanie Knies

Der lässigste Checkin für Vierbeiner · 128
Das relexa hotel Stuttgarter Hof ist eines der hundefreundlichsten Häuser der Stadt

Vierbeiner auf vier Rädern · 130
Für wie viel Sicherheit sorgen Hundeboxen, Trenngitter und Sicherheitsgurte?

Ottos Best of … · 134
Ausflüge ins Umland

Gesetz & Ordnung / Politik & Soziales · 141

Vom Bello-Dialog zum Hundeführerschein? · 142
Wie in der Stadt Hundepolitik gemacht wird

Was die Berliner Politik von Hunden hält · 147
Meinungscheck bei den tierschutzpolitischen Sprechern

„Der tut nix!" – Und wenn doch? · 152
Rechtsanwalt René Thalwitzer über die Fallstricke des Hunderechts

Politik für Mensch-Hund-Hundemensch · 155
Die Initiative stadt&hund will das Zusammenleben mit Hunden in der Stadt besser machen

Ein Haufen Probleme auf Berlins Straßen · 158

Zahlenspiele für die Katz · 163
Die Berliner Beißstatistik

Futter als Sozialhilfe · 166
Ohne die Tiertafel könnten viele Berliner ihren Hund nicht mehr versorgen

Nicht ohne meinen Hund · 170
Wie Assistenzhunde das Leben vieler Menschen leichter machen

Leben im Dunkeln · 174
*Wie Blindenführhunde den Alltag ihrer Menschen gestalten –
Ein Interview mit einem Ausbilder*

Hunde als Türöffner · 178
Wie Besuchshunde manchmal Wunder bewirken

Versicherung & Schutz · 185

14.000 Euro für einmal Gassi gehen · 186
Wenn Bello abhaut und die Feuerwehr ausrückt

Lohnt sich eine Krankenversicherung für meinen Hund? · 191

Vermisst & Gefunden · 192
Der Verein Tasso hilft seit über 30 Jahren, wenn Haustiere ausgebüxt sind

Gesundheit & Wellness — 199

Gesundheit für Stadthunde — 200
Tierärztin Birgit Kirchhoff von der Tierarztpraxis im Frauenviertel über das 1x1 der Hundegesundheit

Osteopathie für Fellnasen — 204
Heilen mit Händen

Frisch gefärbt auf die Hundewiese — 206
Wie Hundewellness den deutschen Markt erobert

Erste Hilfe für Hunde — 209
Wenn der Spaziergang in der Katastrophe endet

Tierarztsuche leicht gemacht — 211
Wie Software-Entwickler Thomas Hinze auf den Vetfinder kam

Dambakterien für eine gesunde Verdauung — 213
Welche Rolle Futterzusätze spielen

Kastration bei Stadthunden — 215
Im Interview: Tierarzt Christoph Ladwig

Tierärzte bieten heute mehr als nur Standarduntersuchungen — 218
Die Tierarztpraxis am Pfingtsberg und eine Hunderunde mit Besuch im Restaurant am Pfingstberg

Shopping & Lifestyle / Leben & Arbeiten — 223

Rock'n'Dog im Velodrom — 224
Die Berliner Heimtiermesse

Wartende Hunde — 227
Die Künstlerin Barbara Wrede über die Inspiration durch Hunde

In bester Society — 229
Der Hundeladen Society Dog macht Berlins Hunde schick

Liebe geht über den Hund — 230
Wie ein Berliner Start-Up Hund und Mensch zusammenbringt

Was für ein Hundeleben! — 232
Ein Potsdamer Laden mit Spürnase

Großstadtpfoten und CITY DOG's — 234
Suzanne Eichel gibt Stadtmagazine für Hunde(besitzer) heraus

Die Hundenanny von nebenan — 236
Das Start-Up Leinentausch vermittelt persönliche Betreuung für Hunde

Elvis lädt zum Hühnerfuß — 239
Christina Sieber und ihr „Hauptstadthund" im Prenzlauer Berg

Lotte & Anna's Shopping-Tipps — 241
Die Must-haves für Berliner Schnauzen

Verbrecherjagd, Rauschgiftsuche, Leichenfunde — 245
Die Arbeit der Berliner Polizeihundestaffel

Mit Bak in Afghanistan — 250
Kai La Quatra und sein Kriegsveteran auf vier Pfoten

Gott & die Hundewelt / Trauer & Tod — 255

Halleluja! Ohne Andacht im Hundegottesdient — 256
Eine Gemeinde in Zehlendorf feiert Welttierschutztag

Hunde beim Sterben begleiten — 260
Wie eine Berlinerin Tiere natürlich gehen lässt

Alles für Daisy — 264
Wie man nach seinem Tod für den Hund sorgt

Hier ruht Pippi — 266
Ein Berliner Haustierkrematorium definiert die Bestattungskultur von Hunden neu

 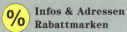

Infos & Adressen — 273
Rabattmarken — 293

VOR WORT

FRED & OTTO unterwegs in Berlin ist ein Stadtführer für Hunde(besitzer). Hierin haben wir alle möglichen (und manche unmöglichen) Themen der Stadt zusammengetragen. Themen, die jede und jeden in der Stadt interessieren. Wir spannen dabei den Bogen vom Welpen- oder Hundekauf bis hin zur Sterbebegleitung – dazwischen liegen viele andere Kapitel: Über Erziehung und Ernährung, Lifestyle und Hundepolitik.

Wer einen Stadthund hat, weiß, dass es nicht immer einfach ist, genügend Auslauf zu geben, das Hundeleben (und sein eigenes) gut zu organisieren. Wir wollten deshalb dieses Buch für Stadthundebesitzer machen und Ihnen viele nützliche Tipps geben, Adressen nennen, Fragen stellen, die wir mit Dutzenden Experten in der Stadt diskutiert haben. Die Berliner Hundewelt ist bunt. Es gibt verschiedenste Rassen und Geschichten, woher die Hunde dieser Stadt kommen. Es gibt auch die unglaublichsten Erzählungen, weshalb Berlinerinnen und Berliner Hunde haben. Alles unter einen Hut zu bringen, ist unmöglich, aber wir geben Ihnen allen hoffentlich dennoch tolle Anregungen, Informationen, Einblicke.

Daneben war es unser Ziel, ein Buch zu machen, das auch einen hohen Nutzwert hat, beispielsweise durch die Rabattcoupons unserer Partner, mit denen Sie viel Geld sparen können. Oder etwa durch den beigelegten Hunde-Stadtplan. Wir wollten dazu auch ein schönes Buch machen – mit vielen Bildern von Berliner Stadthunden. So ist ein Stadtführer herausgekommen, der Lust machen soll, reinzublättern.

Die Idee zu dem Stadtführer hatten wir, als Otto, ein Schoko-Labrador, zu uns kam. Schnell ergab sich, dass man mit so einem kleinen Kerl die Stadt ganz neu entdeckt. Und man fragt sich: Was kann man mit Hund hier machen, was nicht? Man lernt die anderen Hundebesitzer kennen, läuft in Konflikte rein, wundert sich über manches und will doch eigentlich nur in Ruhe in der Stadt leben. Wir haben dazu viel recherchiert. Klar ist nach rund einem Jahr Recherche, dass wir als Hundebesitzer in Großstädten natürlich immer einen Grundkonflikt haben: Hier leben viele Menschen gemeinsam auf relativ engem Raum. Es gibt da immer Diskussionen darüber, wie man diesen engen Raum nutzen soll und wer wo „Vorfahrt" hat. Am Ende glauben wir: Hunde in Berlin zu haben, heißt auch, sich mit seiner Umwelt, Mitwelt und der Politik auseinanderzusetzen, die das Zusammenleben mit Hund regelt. In diesem Sinne soll das Buch auch anstiften, ein bewusster und umsichtiger Stadthundbesitzer zu sein, Verantwortung zu übernehmen, Konflikte zu schlichten – aber auf jeden Fall auch wahnsinnig viel Spaß zu haben, Natur zu genießen, Freude an seinem Tier zu haben.

An dieser Stelle sei ausdrücklich allen gedankt, die wir interviewen und fotografieren durften, die uns Tipps und Hintergründe verraten haben. Herausgekommen ist ein Buch, das wir selbst wirklich mit Hingabe gemacht haben und das ein buntes Kaleidoskop der Berliner Hundewelt ist.

Alles Gute und viel Spaß beim Lesen und Ausprobieren!

Alexander Schug und Verlagshund Otto

Alexander Schug und Otto

(PS: ... und wer sich fragt, wer Fred ist ... also das ist so: Otto ist eigentlich ein Einzelhund. Wir dachten aber, dass Otto noch einen besten Kumpel braucht, mit dem er durch die Stadt streift – und so kam in Gedanken Fred dazu, ein kleiner Terrier, mit dem Otto nun die Welt erobert. FRED & OTTO hört sich natürlich viel besser an. Otto allein zu Haus ging ja nicht. So, und jetzt wissen Sie, weshalb FRED & OTTO FRED & OTTO heißt!)

Der Schnelleinstieg in die Berliner und Potsdamer Hundewelt

Anzahl der Hunde
In **Berlin**: 130.000 steuerlich erfasste – dazu schätzungsweise 30.000 „Illegale".
In **Potsdam**: rund 5.500 Hunde und einer Dunkelziffer von bis zu 20 Prozent.

Höhe der Hundesteuer
Berlin: Anmeldung ist gebührenfrei. Die Steuer beträgt 120,00 Euro für den ersten Hund, 180,00 Euro für jeden weiteren.
Jeder Hund muss innerhalb eines Monats nach der Anschaffung oder dem Zuzug nach **Berlin** angemeldet werden. Die steuerliche Anmeldung eines Hundes erfolgt bei der Hundesteuerstelle des für den Halter bzw. Halterin zuständigen Wohnsitzfinanzamtes, das nach der Anmeldung auch die Hundesteuermarke ausgibt.
Info: http://service.berlin.de/dienstleistung/121494/
Potsdam: Die Anmeldung der Hundesteuer ist gebührenfrei. Die Hundesteuer beträgt für das Kalenderjahr:
108,00 Euro - für den ersten Hund
144,00 Euro - für den zweiten Hund
192,00 Euro - für den dritten und jeden weiteren Hund
648,00 Euro - für Kampfhunde
Info: http://vv.potsdam.de

Wo muss ich in der Stadt anleinen?
Berlin: Es gibt keinen generellen Leinenzwang in Berlin. In gekennzeichneten Hundeauslaufgebieten, auf Straßen, Plätzen und eingezäunten Grundstücken muss Ihr Hund nicht an die Leine. Das Berliner Hundegesetz sagt aber: Hunde sind in öffentlich gekennzeichneten Grün- und Erholungsanlagen (z.B. Kanalpromenaden, Stadtparks), Waldflächen, die nicht als Hundeauslaufgebiete extra gekennzeichnet sind, auf Sport- und Campingplätzen sowie in Kleingartenkolonien an einer höchstens zwei Meter langen sicheren Leine zu führen. Darüber hinaus sind Hunde:
- in Treppenhäusern, sonstigen der Hausgemeinschaft zugänglichen Räumen und auf Zuwegen von Wohnhäusern
- in Büro- und Geschäftshäusern, Ladengeschäften, öffentlichen Verwaltungsgebäuden
- bei öffentlichen Versammlungen , Volksfesten
- in öffentlichen Verkehrsmitteln, auf Bahnhöfen
- in Fußgängerzonen sowie auf öffentlichen Straßen mit Menschenansammlungen an einer höchstens einen Meter langen sicheren Leine zu führen. Auch in den Berliner Wäldern gilt offiziell ausnahmslos Leinenpflicht.

Potsdam: ähnliche Regeln wie in Berlin

No-Go-Areas
Das **Berliner** Hundegesetz und Grünanlagengesetz untersagen das Mitnehmen von Hunden auf Kinderspielplätze, Ballspielplätze, Liegewiesen und gekennzeichnete öffentliche Badestellen. Die gleichen Regeln gelten in **Potsdam**.

Wo darf mein Hund baden?
Hunde dürfen in **Berlin** und **Potsdam** nur außerhalb gekennzeichneter Badestellen ins Wasser. Gewässer in öffentlichen Grünanlagen und Schiffsanlegestellen sind allerdings tabu.

Haftpflicht und Chip

Das **Berliner** Hundegesetz schreibt ab 2010 für alle Hunde den Abschluss einer Haftpflichtversicherung und einen Chip zur Kennzeichnung vor. Den Chip erhalten Sie beim Tierarzt.
Das **Brandenburgische** Hundegesetz sieht nur eine Haftpflichtversicherung von sog. gefährlichen Hunden vor.

Kennzeichnung der Hunde

In **Berlin** muss jeder Hund außerhalb des eigenen Grundstücks oder der Wohnung ein Halsband mit Namen und Anschrift des Halters sowie die Steuerplakette tragen - auch wenn der Hund mit einem Chip gekennzeichnet ist. Die Steuerplakette erhalten Sie beim Finanzamt.
In **Potsdam** gilt: Der Halter eines Hundes mit einer Widerristhöhe von mindestens 40 Zentimetern oder einem Gewicht von mindestens 20 Kilogramm hat der örtlichen Ordnungsbehörde unverzüglich die Hundehaltung anzuzeigen und den Nachweis der Zuverlässigkeit im Sinne des § 12 vorzulegen. Ein Hund im Sinne des Absatzes 1 ist dauerhaft auf Kosten des Halters mit Hilfe eines Mikrochip-Transponders gemäß ISO-Standard zu kennzeichnen. Die Identität des Hundes (Rasse, Gewicht, Größe, Alter, Farbe und Chipnummer) ist der örtlichen Ordnungsbehörde zusammen mit der Anzeige nach Absatz 1 mitzuteilen.

Regelungen für „gefährliche Hunde"

Für bestimmte Hunderassen gelten besondere Bestimmungen (§§ 4, 5 und 6 des **Berliner** Hundegesetzes): Hunde dieser Rassen dürfen nur von sachkundigen Hundehaltern über 18 Jahren und immer mit Maulkorb und Leine in der Öffentlichkeit geführt werden. Vier Rassen (Pit - Bull, American Staffordshire Terrier, Bullterrier, Tosa Inu) unterliegen darüber hinaus noch einer Anmelde- und Kennzeichnungspflicht. Zuständig hierfür sind die Amtstierärzte der Bezirke. In **Potsdam** gelten aufgrund des Brandenburgischen Hundegesetzes ähnlich restriktive Regelungen.

Hundehaufen

Sind in **Berlin** ein großes Problem. Nur rund 15% der Halter – so schätzt die Initiative stadt&hund beseitigen die Hundehaufen. Per Gesetz ist man jedoch verpflichtet, sie zu beseitigen. Deshalb: Am besten mit gutem Beispiel voran gehen!
In **Potsdam** ist das Hundehaufenproblem nicht so ausgeprägt wie in Berlin, aber auch hier schreiben die Lokalzeitungen regelmäßig darüber.

Anzahl Auslaufgebiete und Hundeplätze

Es gibt in **Berlin** 12 Hundeauslaufgebiete im Wald - die ältesten bestehen seit mehr als 70 Jahren. Auf insgesamt etwa 1250 Hektar Fläche können Hunde frei umherlaufen.
Hundeplätze gibt es 23, von denen einige privat betrieben werden und nur als Mitglied eines Vereins oder gegen Entgelt benutzt werden dürfen. (Alle Auslaufgebiete und Plätze sind im hier beigelegten Hundestadtplan markiert).
In **Potsdam** sieht es nicht ganz so üppig mit den Auslaufgebieten aus: In Babelsberg gibt es ein Hundeauslaufgebiet (an der Nutheschnellstraße/Babelsberger Park).

Hunde im öffentlichen Nahverkehr

Berlin: In S- und U-Bahn, Bus und Tram darf man Hunde nur mit Maulkorb und an der Leine befördern. Für große Hunde müssen Besitzer einen Fahrschein (Kindertarif) lösen, nur kleine Hunde dürfen in einer geeigneten Transportbox kostenlos mitfahren.
Beim Tagesticket für Berlin ist die Mitnahme eines Hundes inklusive.
Potsdam: Hunde müssen in „geeigneten Transportboxen" befördert oder angeleint werden. Seit dem 1. Januar 2010 besteht für alle zu befördernden Hunde, die nicht in geeigneten Behältnissen untergebracht sind, die Pflicht zum Tragen eines Maulkorbes. Dabei ist nicht die Größe des Hundes entscheidend.

Stadt & Hund

Seht auf die Hunde dieser Stadt! Große und kleine, freche und wohlerzogene, alte und Welpen. Hunde gehören zu Berlin. Keine Stadt in Europa hat mehr Hunde als Berlin. Die Hauptstadt ist auch die Hauptstadt der Hunde. Mehr als 130.000 Vierbeiner gibt es, dazu noch viele „Illegale", also steuerlich nicht gemeldete. Aber was heißt schon illegal? Kein Hund ist illegal! Hunde gibt es in Berlin seit Jahrhunderten. Sie sind Teil unserer Kultur, fester Bestandteil unseres Stadtlebens. Zum Einstieg ein fotografischer Streifzug durch die Stadt.

Züchter, Tierheim & Co.

Woher kommen die Hunde? Wir haben uns umgesehen und mit Leuten gesprochen, von denen man Welpen und erwachsene Hunde bekommen kann: Züchter, Tierheim oder Berliner, die Hunde aus Tötungsstationen in Südeuropa holen. Was alle wissen müssen: Niemand sollte Billigwelpen aus Osteuropa kaufen, die oft sterbenskrank sind und unter erbärmlichen Zuständen in die Welt geworfen werden! Aber einen Hund zu bekommen, ist nicht nur eine Frage der richtigen, vertrauensvollen „Quellen". Zu allererst muss man wissen: Ist ein Hund das richtige Haustier für mich? Und: Welcher Hund passt überhaupt zu mir und meiner Familie, dem Freundeskreis?

Gute und schlechte Hundehalter – oder wieso Menschen Hunde wollen

Interview mit der Psychologin Dr. Silke Wechsung

Wir kennen alle die Geschichten von spontanen Hundekäufen. „Der war soooo süß!", heißt es dann – und nach Weihnachten schwappt wieder eine Welle von Tieren auf die Hilfsorganisationen und Tierheime zu, weil der süße kleine Hund doch nicht in den Alltag passte. Wir haben uns gefragt: Was motiviert Menschen eigentlich, Hunde zu besitzen? Welche Hundehaltertypen gibt es? Wir sprachen mit Dr. Silke Wechsung dazu, Mitarbeiterin in der Forschungsgruppe Psychologie der Mensch-Tier-Beziehung an der Universität Bonn …

Was genau war der Anlass für Ihre Forschungen?

Ich habe als Psychologin viele Jahre über zwischenmenschliche Beziehungen geforscht und dabei z. B. die Frage untersucht, wann Menschen in Beziehungen glücklich sind und was eine gute Partnerschaft ausmacht. Als Hundebesitzerin habe ich mir dann häufiger die Frage gestellt, was eigentlich eine gute Mensch-Hund-Beziehung ausmacht und wie man einen guten von einem schlechten Hundehalter unterscheiden kann. Und da bis dato keine wissenschaftlichen Untersuchungen zu diesem Thema vorlagen, habe ich an der Universität Bonn ein Forschungsprojekt zu diesem Thema begonnen. In Bonn gab es durch Herrn Professor Bergler bereits eine langjährige Tradition, die Mensch-Tier-Psychologie intensiv zu erforschen. Meine Untersuchungen haben dann die schon vorliegenden Studien um ganz neue Erkenntnisse ergänzt.

Wenn Sie für Otto-Normalverbraucher mal kurz zusammenfassen: Was sind die wichtigsten Ergebnisse?

In unserem Forschungsprojekt haben wir herausgefunden, dass ausschließlich die Einstellungen und Verhaltensweisen von Hundehaltern darüber entscheiden, ob sich eine gute oder eine weniger gute Mensch-Hund-Beziehung entwickelt. Hundehalter, die sich wenig Gedanken über die Beziehung zu ihrem Hund machen – und das beginnt schon im Vorfeld der Anschaffung –, die sich sowohl anderen Menschen als auch Tieren gegenüber egoistisch und verantwortungslos verhalten, werden es schwer haben, eine gute Beziehung zu ihrem Heimtier aufzubauen. Genauso aber auch Menschen, die ihren Hund mit Erwartungen überfrachten, als Kind- oder Partnerersatz missbrauchen und übertrieben glorifizieren. Neben den Anschaffungsmotiven und den Einstellungen des Halters spielen natürlich auch der alltägliche Umgang mit

Kinderersatz oder Sportmaschine? Menschen überfordern manchmal ihre Hunde

dem Hund und die Erziehung eine große Rolle. Völlig unwichtig ist wiederum die Halter-Demographie, d. h. ob der Halter beispielsweise auf dem Land oder in der Stadt wohnt, ob er einen Garten hat oder in einer kleinen Mietwohnung lebt, ob er berufstätig, männlich oder weiblich ist usw.

Ob Menschen und Hunde harmonisch und konfliktfrei zusammenleben und tatsächlich gut zueinanderpassen, liegt unserem Forschungsprojekt zufolge einzig in der Verantwortung der Hundebesitzer. Wie unsere Ergebnisse zeigen, hat sich jedoch knapp ein Viertel aller Hundehalter, d. h. über eine Million der Hundebesitzer in Deutschland, unzureichend mit der Spezies Hund und ihren arteigenen Bedürfnissen auseinandergesetzt.

Sie haben ja verschiedene Typen von Hundehaltern ausgemacht. Was versteckt sich hinter so einer Typologie? Oder anders gefragt: Aus welcher Motivation wollen Menschen Hunde heute halten?

Menschen unterscheiden sich darin, warum sie Hunde halten. Den Hundehalter gibt es nicht, ebenso wenig gleiche Motive, warum man sich einen Hund anschafft. So vielfältig wie die unterschiedlichen Hunderassen und deren Unterschiede in Größe, Aussehen und rassespezifischen Bedürfnissen, so verschieden sind inzwischen auch die Funktionen und die Beweggründe der Halter, sich einen Hund anzuschaffen. Hunde müssen heute meistens ganz unterschiedliche Funktionen

Max & Moritz
Hundewandertouren®
Erlebniswanderungen
& Abenteuertouren
in Deutschland &
Österreich

www.hundewandertouren.de | Annette Feldmann
info@hundewandertouren.de
Tel.: 0 29 51 99 11 922

25

erfüllen, vom Kindersatz und Sportobjekt bis hin zur lebenden Alarmanlage, da gibt es die unterschiedlichsten Spielarten. Auch wenn Hunde oftmals in der Lage sind, die vielseitigen Ansprüche ihrer Besitzer zu erfüllen, wird so mancher Vierbeiner mit unerfüllbaren Erwartungen konfrontiert: „Sei gleichzeitig Wachhund, wenn es drauf ankommt, freue dich aber über jeden erwünschten Besucher". Das führt in der Konsequenz nicht selten zu Problemen in der Mensch-Hund-Beziehung.

Wir haben drei unterschiedliche Halter-Typen ermittelt, die sich grundlegend in ihren Anschaffungsmotiven, ihrem Lebensstil und ihrem Beziehungsverhalten unterscheiden. Das sind der „prestigeorientierte, vermenschlichende Hundehalter" (22 % aller Hundehalter), der „auf den Hund fixierte, emotional gebundene Hundehalter" (35 % der Hundehalter) und der „naturverbundene, soziale Hundehalter" (43 %).

Wie unsere Studien zeigen, passt es am besten, wenn Menschen Erwartungen an ihre Hunde stellen, die gut mit den Bedürfnissen von Hunden harmonieren. Seine Naturverbundenheit ausleben, viel draußen unterwegs sein, sich aktiv mit dem Hund zu beschäftigen und einen „tierischen" Partner zu gewinnen, der uns begleitet – das z. B. sind Motive zur Hundehaltung, die sich mit den artspezifischen Bedürfnissen von Hunden gut vereinbaren lassen.

Wird der Hund mit Ansprüchen konfrontiert, die sich nicht mit seinen eigenen Bedürfnissen und arttypischen Verhaltensweisen vereinbaren lassen, ist ein negativer Einfluss auf die Mensch-Hund-Beziehung unvermeidbar. Verhaltensprobleme beim Hund sind häufig die Folge nicht hundegerechter Forderungen seines Menschen.

Ist Ihre Studie auch ein Plädoyer dafür, sich genauer Gedanken darüber zu machen, ob und welche Hunde angeschafft werden?

Die Reflektion im Vorfeld entscheidet ganz maßgeblich darüber, ob Mensch und Hund später zusammen passen. Wie unsere Studien zeigen, ist für viele Menschen das Aussehen des Hundes ein ganz entscheidendes Auswahlkriterium. Hunde, die jedoch nur aufgrund ihres Aussehens und unabhängig von ihren rassespezifischen Bedürfnissen ausgewählt werden, werden meist nicht artgerecht gehalten und oftmals unter- oder überfordert. Diejenigen, die eine gute Mensch-Hund-Beziehung aufbauen, haben sich selbst zuvor genau geprüft und sich auch mit den verschiedenen Rassemerkmalen auseinander gesetzt. Spontankäufe sind absolut zu vermeiden. Schließlich lebt man mit einem Vierbeiner die nächsten 15 Jahre zusammen.

Schon bei der Auswahl des passenden Hundes suchen verantwortungsbewuss-

> **Mensch-Hund-Check**
>
> Den Check von Dr. Silke Wechsung finden Sie im Internet unter:
> www.mensch-hund-check.com

te Hundehalter nach einem Hund, der von seinem Bewegungsdrang gut zu ihrer eigenen Konstitution passt. Ein guter Hundehalter, der sportlich sehr aktiv ist und mit seinem Hund wandern oder joggen gehen will, sucht sich entsprechend einen lauffreudigen, jungen und gesunden Hund aus. Ein guter Hundehalter, der weniger aktiv und eher unsportlich ist, wählt einen Hund aus, der aufgrund seiner rassebedingten Anlagen ebenfalls weniger Auslastung braucht oder aufgrund gesundheitlicher Einschränkungen nicht mehr extrem belastbar ist.

Bereits vor der Anschaffung eines Hundes zeigen sich deutliche Unterschiede im Verhalten der zukünftigen Hundehalter. Die einen entscheiden sich ganz spontan für einen Hund und machen sich im Vorfeld wenig Gedanken über ein Leben mit Hund. Andere überlegen sich manchmal sogar jahrelang, ob sie die Verantwortung für einen Hund tatsächlich langfristig übernehmen wollen. Sie kaufen einen Hund auch nicht irgendwo, sondern recherchieren, welcher Hund bzw. welche Hunderasse am besten zu ihren Ansprüchen und Vorstellungen passt. Solche Hundehalter prüfen auch den Hundezüchter bzw. Tiervermittler ganz genau, bevor sie dort einen Hund erwerben.

Sie stellen Ihr Wissen ganz praktisch zur Verfügung. Das Ergebnis ist Ihr Mensch-Hund-Beziehungscheck. Was wird da gecheckt und wie hilft mir der Test?

Wissenschaftliche Erkenntnisse sind dann gut, wenn sie sich auch in der Praxis anwenden lassen. Wir haben in der Forschungsstudie über 40 Faktoren bei Hundehaltern ermittelt, welche die Beziehungsqualität beeinflussen. Im Mensch-Hund-Check (www.mensch-hund-check.com) kann nun jeder interessierte Hundehalter testen, wie er sich im Vergleich zu den Hundehaltern verhält, die in unserer Untersuchung eine nachweislich gute Mensch-Hund-Beziehung aufgebaut haben. So kann jeder Teilnehmer erfahren, was in seiner Mensch-Hund-Beziehung bereits gut läuft und in welchen Bereichen möglicherweise Optimierungspotenziale bestehen.

Dr. Silke Wechsung forscht über die Mensch-Hund-Beziehungen

Literaturtipp

„Die Psychologie der Mensch-Hund-Beziehung – Dreamteam oder purer Egoismus?" von Silke Wechsung, Cadmos Verlag, www.cadmos.de. Auf 144 Seiten werden Themen wie die Mensch-Hund-Beziehung im zeitlichen Wandel, Erkenntnisse aus der psychologischen Beziehungsforschung, aber auch der aktuelle Forschungsstand zur Mensch-Hund-Beziehung sowie die Ergebnisse des Forschungsprojekts dargestellt.

Die Stadt der Tiere
Europas größtes Tierheim

Fährt man mit der S-Bahn-Linie 7 bis Ahrensfelde, nimmt die Buslinie 197 Richtung Falkenberg und steigt an der Haltestelle „Tierheim Berlin" aus, befindet man sich nicht nur am nordöstlichen Rand Berlins, sondern auch an einer Sehenswürdigkeit der etwas anderen Art: dem größten Asylheim für Tiere in Europa.

Seit 2001 befindet sich das Tierheim Berlin am Hausvaterweg 39 in Lichtenberg. Auf einer Fläche so groß wie 30 Fußballfelder kümmern sich Pfleger, Ärzte und Verwaltungsmitarbeiter des Tierschutzvereins für Berlin um ausgesetzte oder abgegebene Tiere. Jedes Jahr sind es über 12.000 Tiere, für die das Berliner Tierheim eine zwischenzeitliche Bleibe auf dem Weg in ein neues Zuhause darstellt. Manchmal sind es nur wenige Tage, manchmal mehrere Monate. Am längsten blieb bisher „Kater Gnom", der ganze drei Jahre auf ein neues Zuhause warten musste. Wer einen Hund aus dem Tierheim erwerben möchte, muss bis 205 Euro auf den Tisch legen – was fast geschenkt ist. Die für das Tierheim angefallenen Kosten für Pflege, Impfungen und Futter sind damit in der Regel gedeckt. Katzen kosten zwischen 65 und 85 Euro, Kaninchen 20 Euro, die Vermittlung eines Papageis oder eines Leguans ist Verhandlungssache.

Stattliche 48 Millionen Euro kostete die futuristisch anmutende 16-Hektar-Anlage. Die großzügigen Freiflächen und Wasseranlagen wirken zusammen mit den modern gestalteten Gebäudeensembles und kreisförmigen Pavillons in der Mitte der Anlage wie eine Forschungsstation. Kein Wunder, dass bereits mehrere TV-Produktionen das Areal als Drehort für Science-Fiction-Filme oder Krimis gebucht haben. Die Formensprache stammt aus der Hand des Architekten Dietrich Bangert. Er entwarf separate Gebäude für die verschiedenen Tierarten. Es gibt drei Katzenhäuser, sechs Hundepavillons, eine Notaufnahme für Nutztiere, ein Kleintierhaus, ein Reptilienhaus und ein Vogelhaus. Hinzu kommen ein Freigehege für Katzen, Hundeauslaufflächen, eine Tauben-Auswilderungsstation, ein Wasservogelhaus, eine Hundewelpenstation, ein Reha- und Hundetrainingszentrum sowie ein Seniorenkat-

Das Tierheim im Altvaterweg in Berlin-Falkenberg

zenhaus. Zusätzlich grenzt an das Gelände ein eigener Tierfriedhof. Für die menschliche Spezies wird ebenfalls gesorgt. Neben dem Tierheim-Café gibt es einen Veranstaltungssaal für Konferenzen und Tagungen, eine Bühne, das „Tierische Klassenzimmer", sowie Verwaltungs- und Lagerräume. Im Dezember 2012 standen 75 Pflegern und Mitarbeitern 302 Hunde, 665 Katzen, 169 Kleintiere, 165 Vögeln, 16 Nutztiere und 107 „Exoten" wie Leguane und Affen gegenüber. Es ist hier eine ganze „Stadt der Tiere" entstanden.

Dauerhaft, darauf ist der Tierschutzverein für Berlin stolz, bleibt hier kein Tier-Bewohner. Eine permanente Unterbringung würde die Kapazitäten des Tierheimes innerhalb kürzester Zeit sprengen. Ziel des Tierschutzvereines ist es deshalb, den Tieren schnellstens wieder ein neues Zuhause zu vermitteln. Die Zahl der zu vermittelnden Tiere wächst jedoch von Jahr zu Jahr. Während im Dezember 2012 über 1.400 Tiere auf ein neues Zuhause warteten, waren es zehn Jahre zuvor weniger als die Hälfte. Die Tendenz, in Berlin und Umgebung Hausaustiere abzugeben oder auszusetzen, steigt. Der Tierschutzverein sieht die Entwicklung mit Sorge. Bereits jetzt muss das Tierheim jährlich 2.000 Tiere an andere Tierschutzvereine abgegeben.

Dies ist auch eine Ursache dafür, dass der Tierschutzverein – so liest man in den Medien – nicht gut auf den Senat zu sprechen ist. Es geht ums Geld. Jährlich erhält das Berliner Tierheim vom Land Berlin knapp eine halbe Million Euro. Zu wenig, sagt der Präsident des Tierschutzvereins Wolfgang Apel dpa im Januar 2012: „Wir müssen immer weiter expandieren, mehr Häuser bauen, immer mehr Tiere aufnehmen. Die Kosten gehen ins Unendliche". Pflege, Fütterung und ärztliche Betreuung verschlingen pro Tag im Tierheim 12.000 Euro. Hochgerechnet auf ein Jahr bedeutet dies Kosten von über vier Millionen Euro.

Streitigkeiten ums Geld zwischen Tierheim und dem Land Berlin sind nicht neu. Bereits beim Bau des neuen Tierheims verweigerte das Land eine Kostenbeteiligung. Vielleicht zu Recht – denn tatsächlich notwendig war eine Finanzspritze seitens des Landes scheinbar nicht. Die Kosten für den fast 50 Millionen teuren Bau finanzierte der Tierschutzverein für Berlin hauptsächlich aus Spenden, die seit der Wiedervereinigung gesammelt wurden. Von einem Spendenaufkommen dieser Größe können andere Initiativen in Berlin nur träumen. Der Förderverein Berliner Schloss e.V., der über Spenden den Wiederaufbau der historischen Fassaden des Humboldtforums mitfinanzieren will – wohlgemerkt das zentrale kulturelle Prestigeprojekt in Deutschland –, hat seit 2004 erst 20 Millionen Euro eingesammelt.

Wie 2004 öffentlich bekannt wurde, profitierten von den großzügigen Spenden jedoch nicht nur die notleidenden Tiere. Auch dem ehemaligen Geschäftsführer Volker Wenk, der maßgeblich für den Bau des neuen Tierheims verantwortlich war, kamen die gespendeten Gelder zugute. Der Deutsche Tierschutzbund, die Dachorganisation der Tierschutzvereine und Tierheime in Deutschland, deckte auf, dass Wenk nebenbei in die eigene Tasche gewirtschaftet hatte. Der Spendenskandal war perfekt. Während seiner Amtszeit veruntreute Wenk Mitglieds- und Spendengelder in Höhe von 150.000 Euro. Nach einem langjährigen Prozess verurteilte ein Gericht Wenk 2011 zu neun Monaten Haft auf Bewährung. Bisher hat Wenk einen Großteil der Summe zurückerstattet. Die Glaubwürdigkeit der Einrichtung litt damit erheblich, dennoch kann das Verdienst des Tierschutzvereins für Berlin und des Tierheims nicht hoch genug angerechnet werden. Beide Einrichtungen verdienen Unterstützung.

Die Anfänge des Tierschutzes in Berlin

Das Tierheim Berlin ist nicht nur riesig. Es hat auch eine spannende Vergangenheit. Begonnen hat sie vor über 170 Jahren. Seit 1841 engagieren sich die Mitglieder des „Vereins für die Rechte der in der Stadt lebenden Tiere und gegen Tierquälerei". Der Auftakt des organisierten Tierschutzes datiert auf den 29. Juni 1841. An diesem Tag beobachtete der preußische Beamte Dr. C. J. Gerlach auf dem Berliner Mühlendamm, wie ein Kutscher sein Pferd misshandelte. Die Grausamkeit gegenüber dem wehrlosen Tier traf ihn. Er entschloss, gegen die Misshandlung von Tieren vorzugehen. Bereits drei Monate später, am 6. Oktober 1841, gründete er zusammen mit Kollegen den Verein.

Aller Anfang war schwer. Die Berliner Bevölkerung belächelte zunächst die Berliner Tierschützer und tat sie als sentimental ab. Den ersten Erfolg erzielte der Verein zehn Jahre nach der Gründung. Erfolgreich setzte er sich dafür ein, dass der Tierschutz-Paragraf 1851 im Preußischen Strafgesetzbuch verankert wurde. Tierquälerei stand damit unter Strafe. Dass man sich darüber Gedanken machte, war auch Ergebnis der Tatsache, dass Haustiere zu einem festen Bestandteil des Stadtlebens geworden waren.

Einsicht ins Tierheim

Besonders beliebt waren Hunde. Zwischen 1830 und 1860 hatte sich die Zahl der in der Berliner Vierbeiner auf 11.000 Tiere verdoppelt. Mit der Verbreitung von Haustieren stieg die gesellschaftliche Akzeptanz gegenüber den Berliner Tierschützern. Der Verein, der mittlerweile „Deutscher Tierschutz-Verein zu Berlin" hieß, zählte in den 1870er-Jahren bereits mehr als 800 Mitglieder. Geboren war da auch die Idee, gequälten und heimatlosen Tieren ein Asyl zu geben. In den 1880er-Jahren entstanden daraufhin die ersten Tierheime Berlins; eines in Britz und eines im Wedding. Die Kapazitäten wurden bald gesprengt. Ein neues Heim musste her, das der Tierschutzverein zwischen 1900-1901 in Lankwitz errichtete.

Der Bau des Tierheims in Lankwitz weist einige Parallelen zum Neubau in Lichtenberg auf. Spenden, Mitgliedsbeiträge und Nachlässe ermöglichten die Errichtung der damals 100.000 Mark teuren Anlage. Städtische Unterstützung gab es damals wie heute keine. Dass das Bauprojekt in

Lankwitz dennoch ohne Probleme gestemmt werden konnte, lag daran, dass der Berliner Tierschutzverein mit mittlerweile knapp 12.000 Mitgliedern zum größten und wohlhabendsten Verein Deutschlands angewachsen war. Großzügige Spenden sorgten auch im weiteren Verlauf dafür, dass die Kapazitäten des Heims ausgebaut werden konnten. 1908 folgte ein Verwaltungsgebäude, 1929 ein modernes Katzenheim.

Der 2. Weltkrieg bescherte dem Berliner Tierschutz ein jähes, wenn auch nur kurzeitiges Ende. Alliierte Bombenabwürfe zerstörten das Berliner Tierheim in Lankwitz innerhalb von nur einer Nacht. Der Tierschutz stand in den letzten Kriegsjahren und in der Nachkriegszeit hinten an. Die Berliner hatten mit existenziellen Problemen zu kämpfen. Viele Haustiere, insbesondere Hunde, dienten nicht selten als Nahrungsquelle einer vollkommen unterversorgten Bevölkerung. Erst 1949 begannen die Wiederaufbauarbeiten des Tierheims – und mit ihm ein Wiedererstarken des Berliner Tierschutzes. Dem unermüd-

Ich will hier raus – ein Bobtail im Tierheim Berlin

lichen Wirken des Tierschutzvereins – insbesondere durch das Engagement von Erna Graff, der späteren Präsidentin des Berliner Tierschutzvereins – war es zu verdanken, dass das Tierheim in Lankwitz an die Vorkriegstradition anknüpfen konnte. Nach fast 90-jährigem Bestehen läutete die Wiedervereinigung 1990 das Ende des Standortes in Lankwitz ein. Fehlende Räumlichkeiten für die Unterbringung der Tiere aber auch Anwohnerbeschwerden über Lärmbelästigung machten einen Umzug unumgänglich. 2001 folgte der Umzug vom südwestlichen zum nordöstlichen Rand Berlins. (Text: Frank Petrasch)

Landesverband Berlin des Deutschen Tierschutzbundes e. V.

Tierschutzverein für Berlin und Umgebung Corporation e. V.
Tierheim Berlin
Hausvaterweg 39
13057 Berlin
Tel.: 030-76 888 0
Web: www.tierschutz-berlin.de
Spendenkonto
Postbank Berlin
Konto: 35600105
Bankleitzahl: 100 100 10

„Er ist nun mal ein Knasti"

Wie Paco aus einer spanischen Rettungsstation Florentine Joop eroberte

Berlin-Mitte, im Hinterhof ein Atelier, lichtdurchflutet, Malzeugs und Leinwände stehen herum. Florentine Joop empfängt uns legére in Jeans und Pulli. Um uns herum sofort ein aufgeregtes Hundetreiben. Terrierdame Paula überlegt noch, ob sie die Fremden okay findet. Sie lässt uns rein, ohne zu kläffen. Der Schäferhundmischling ist etwas schüchtern, entscheidet sich dann aber doch, Freundschaft zu schließen. Und Pointer Paco, wegen dem wir heute da sind, guckt sich völlig entspannt an, wer da kommt. Paco gehört Florentine Joop, die den spanischen Pointer seit kurzem hat.

Der dreijährige Paco kam nach Berlin über die Initiative www.hunderettung.com, die Hunde aus Tötungsstationen und Zwingern in Spanien an der Costa Blanca rettet und sie nach Deutschland vermittelt. Seitdem er sechs Monate alt war saß Paco ein. Immerhin in einem Hunde-Shelter in Benidorm nordöstlich von Alicante, nicht in einer Tötungsstation. Aber die Shelter sind auch nicht viel mehr als Aufbewahrungsstationen. Hunde werden dort hingebracht und vergessen. Paco hauste in einer kleinen Beton-Hütte. Zum Fressen gab es Hotel-Abfälle, total verkeimt und ungenießbar.

„Für Paco war es wie im Knast", erzählt Florentine.

Paaaacooooo – Zeichnung von Florentine Joop für FRED & OTTO

Florentine Joop, Illustratorin und Malerin, hatte bereits die 13-jährige Terrierdame Paula, als sie sich entschied, einen größeren Hund aus einem Tierheim oder von einer Rettungsorganisation zu holen. Nachdem sie alle Tierheime in Berlin und Umgebung ohne Erfolg abgeklappert hatte, wurde sie auf eine Anzeige der Hunderettung.com aufmerksam. Die Entscheidung für Paco fiel ihr nicht schwer: „Das Foto von ihm mit seinen großen Augen, mit denen er durch die Gitterstäbe lugte, war einfach so herzzerreißend". Drei Wochen später war Paco dann Mitglied der Familie Joop.

Paco ist Florentines neue große Liebe – natürlich neben den Kindern und Mann. Aber danach hat sie ihr Herz wohl direkt an den

Florentine Joop mit Sonnenschein Paco im Atelier

eleganten Spanier verloren, den sie immer wieder als ihren „Knasti" beschreibt. Der Pointer, ein englischer Jagdhund, war höchstwahrscheinlich vorher bei einem Jäger. Florentine vermutet, dass er auf einem Auge schlecht sehen kann und deswegen weggegeben wurde: „Ein Pointer muss das Wild aufspüren und anzeigen. Wenn er das nicht perfekt beherrscht, ist er für den Jäger nutzlos." Und sobald die Besitzer keine Verwendung mehr für ihre Vierbeiner haben, werden die Hunde in Spanien umgebracht oder ausgesetzt. Sie werden erschossen oder stranguliert. Manche werfen ihre Hunde in Brunnen, übergießen sie mit Säure oder überfahren sie absichtlich mit dem Auto. Auch ist es gängiges Ritual, Hunde nach der Jagdsaison an Bäumen zu erhängen. Erst langsam ändert sich da was in Spanien im Umgang mit Tieren.

Genug Arbeit für die Berliner Hunderettung.com bleibt. Gäbe es diese und andere Initiativen nicht, würden Tausende Hunde aus Südeuropa qualvoll sterben oder in überfüllten Shelters dahinvegetieren. Das Retten von Hunden vor solchen Schicksalen weckt das Gutmenschentum. Nichts schöner, als einen Vierbeiner vor dem Tod zu retten und nach Deutschland zu holen. Doch wenn die Hunde dann hier sind, ergeben sich oft neue Probleme: Tiere, die über Jahre an der Kette oder in einem Zwinger gelebt haben, geschlagen wurden und krank waren, müssen erst einmal sozialisiert werden. Solche Tiere kennen oft keine Autos und S-Bahnen, sie rennen bei jedem unbekannten Geräusch weg und können selbst die geduldigsten Hundehalter zur Verzweiflung bringen. Auch Florentine war sich des Risikos bewusst. Sie ist Mutter von Zwillingen und hat ansonsten genug zu tun: Kinderbücher illustrieren, schreiben. Erst vor kurzem erschien ihr Roman „Harte Jungs", ganz passend zum spanischen Knasti. Die jüngste Tochter von Modeschöpfer Wolfgang Joop hat also ein deutlich ausgefülltes Familien- und Arbeitsleben. Und dann kam eben Paco. Ob der Pointer vielleicht vollkommen gestört sei, hatte sie immer im Hinterkopf: „Das war das Totschlagargument. Ich habe von Anfang an gesagt: Leute, wenn das mit den Kindern nicht klappt, dann tut es mir schrecklich Leid, aber dann funktioniert es nicht." Da sie Paco vor seiner Ankunft nur von Videos und Fotos kannte, verließ sie sich ganz auf die Beschreibung der Mitarbeiter von der Hunderettung: „Die leben vor Ort und sehen die Hunde fast täglich. Wenn jemand eine Charakterbeschreibung für einen Hund machen kann, dann die", so Florentine. Aber Paco kam und machte es Florentine sehr leicht. Er ist alles andere als ein verstörter Hund und eroberte sofort alle Herzen. Für Florentine ist er ihr ganzes Glück: „Wir können uns ein Leben ohne Paco nicht mehr vorstellen".

Trotzdem waren die ersten Wochen nach Pacos Ankunft für die Familie, als auch für Paco, anstrengend. Sitz und Platz kannte er zwar schon, andere Sachen musste er erst noch lernen. Treppen hatte Paco in seinem Leben noch nie gesehen. „Ich sah mich schon den Hund mein restliches Leben die Treppen hoch tragen", erzählt Florentine lachend. Sie hat ihn dann einfach unten sitzen lassen bis er begriffen hatte, dass er das alleine schaffen muss. Für Florentine ist es wichtig, dass man seinem Hund auch etwa zutraut: „Indem ich signalisiere: Die Treppen musst du schon alleine gehen, gebe ich ihm erst die Sicherheit, es auch wirklich zu können".

Pacos größtes Problem war allerdings ein anderes: Er hat alles gefressen was ihm zwischen die Zähne kam. Für Florentine ist klar: „Auch wenn Paco kein Welpe mehr war, den ich grundlegend erziehen musste: Am Anfang war es harte Arbeit. Man kann nicht einfach hoffen, dass alles so funktioniert. Die haben nun mal ihre Tätowierung, mit der man klarkommen muss". Trotz der Anstrengungen der letzten Wochen bereut sie aber nichts: „Ich würde Paco jeder Zeit wieder zu uns holen. Er ist ein Traumhund".

Florentine Joops Terrierdame Paula trägt's mit Fassung, dass Paco mit ihr nun das Leben teilt

Hunderettung e. V.

Infos unter: www.hunderettung.com

Die Sache mit den Hunden in Süd-Osteuropa
Der Tierschutzverein Bruno Pet e.V. rettet rumänische Straßenhunde

Am Anfang waren es berufliche Stopps von Karina Handwerker in der rumänischen Provinz, genauer in der 40.000-Seelen-Stadt Miercurea Ciuc, einer Stadt im östlichen Teil der Region Siebenbürgen, mitten im Ciuc-Becken zwischen dem vulkanischen Harghita-Gebirge und dem Ciuc-Gebirge. Zwar ist das nach hiesiger Meinung ziemlich „jwd" und klingt nach einem unberührten, friedlichen Landstrich, aber dort gibt es – wie überall in Rumänien – ein großes Problem mit Straßenhunden. Die rumänische Stiftung „Fundatia Pro Animalia" errichtete dort 2001 zwar ein Tierheim, aber die Auffangstation der Fundatia leidet - wie die meisten „Tierheime" Rumäniens - an extremer Überfüllung, finanzieller Not und einem Mangel an Personal. Tierschutz ist nach europäischen Maßstäben eine heikle Angelegenheit.

Karina Handwerker hatte damals, kurz nach der Jahrtausendwende, von diesen Problemen erfahren. Die Essenerin packte selbst mit an. Zwei Mal transportierte sie privat Hunde aus dem Tierheim nach Deutschland. Das war die Initialzündung, um sich dem Verein Freundeskreis Bruno Pet e. V. anzuschließen. Sie ist heute ein aktives Vorstandsmitglied des Vereins Freundeskreis Bruno Pet e.V. und hat selbst 2 Hunde aus dem Tierheim in Miercurea Ciuc, die sie nicht mehr missen will. Der Verein ist ein Beispiel dafür, wie Tierschutzinteressierte zu Aktiven werden können und wie im Kleinen große Hilfen gegeben werden können. Der Verein sammelt Spenden, unterstützt das rumänische Tierheim, finanziert vor Ort Mitarbeiter des Tierheims, die sich vor allem um den Aufbau von sinnvollen Strukturen kümmern. Sinnvolle Strukturen aufbauen, so Karina Handwerker, heißt: die Tierarztpraxis des Tierheims bei Kastrationen wie auch Kastrationsaktionen des Tierärztepools (www.tieraerzte-pool.de) zu unterstützen. Das ändert die Lage nicht sofort, ist aber auf eine strukturelle Veränderung angelegt: Wenn sich die Tiere nicht mehr frei vermehren, wird irgendwann die Zahl der Straßenhunde abnehmen und die Notsituation des überfüllten Tierheims aufhören. Durch den Freundeskreis Bruno Pet e.V. werden aber auch Trockenfutter, Impfungen und Medikamente sowie das Markieren der Hunde finanziert.

Neuestes Projekt ist eine eigene Welpenstation, für die der Verein eine Mitarbeiterin finanziert. Die kümmert sich den ganzen Tag um die kleinsten Fellnasen, knuddelt sie auch mal und achtet auf die Ernährung. Mehr Welpen überleben seitdem, was gut ist – gleichzeitig aber auch den Druck vor Ort erhöht. Die Vermittlung der Tiere im In- und Ausland und die Aufklärung über Kastrationsaktionen, auch und vor allem für Hunde in privaten Haushalten in Mircurea Ciuc,

Straßenhunde werden in Rumänien systematisch getötet.

spielt deshalb eine ganz wichtige Rolle. Nur dadurch kann das überfüllte Tierheim dauerhaft entlastet werden.

Die Arbeit des Vereins findet derzeit vor einem dramatischem Hintergrund statt. Seit einiger Zeit herrscht in Rumänien ein kalter Wind im Tierschutz. Straßenhunde werden, aus verschiedenen Anlässen heraus, immer systematischer und grausamer getötet. Für den Tierschutz einzustehen ist da nicht ganz einfach. Eine Hilfsmaßnahme sind die Vermittlungen – auch nach Deutschland. Aber auch hier schlagen sich die Aktiven von Bruno Pet mit Querelen. Wer Tiere, auch Haustiere, in Europa transportieren will, braucht Unmengen an Papieren, das Okay der Veterinärärzte, muss Nachweise erbringen etc. Tierschutz in Europa wird hier zum Hürdenlauf und findet vor kulturell unterschiedlichen Hintergründen statt.

Doch Karina Handwerker und ihre Mitstreiterinnen sind sich einig, dass das Engagement lohnt. Viele hundert Tiere werden durch ihre Unterstützung jährlich kastriert,

das Tierheim in „ihrem" Ort hebt sich weit ab von den normalen rumänischen Tierheimen. Karina Handwerker meint: „Tierschutzarbeit in Europa sollte, wie jede andere Arbeit auch, daran gemessen werden, wie wirkungsvoll der geleistete Einsatz ist und wenn wir Europa als eine Gemeinschaft verstehen, dann sollte auch Hilfe und Unterstützung für diejenigen dazugehören, die sich am wenigsten wehren können und als bester Freund des Menschen unsere Hilfe mehr als verdient haben."

Freundeskreis Bruno Pet e.V.

Hessenring 20
64832 Babenhausen
Web: www.freundeskreis-bp.de
Spendenkonto
Freundeskreis Bruno-Pet
Sparkasse Merzig-Wadern
BLZ: 59351040
Konto: 7105208

Tierheimhelden!
Ein Start-Up vernetzt die Tierheime und hilft bei der Vermittlung

Daniel Medding, einer der Gründer von www.tierheimhelden.de, ist sich sicher: Tiere aus Tierheimen sind alles andere als Vierbeiner 2. Klasse. Für ihn und seine Mitstreiter von www.tierheimhelden.de war klar, dass sie sich eine große Aufgabe vorgenommen hatten. Tiere aus dem Tierheim sollen erste Wahl für Tiersuchende werden. Deshalb vernetzt das soziale und gemeinnützige Projekt Tierheimhelden.de über seine Website bundesweit Tierheime und Tiersuchende und vereinfacht die Tiersuche damit erheblich. So ist die breitgefächerte Suche nach dem Wunschtier anhand detaillierter Eigenschaften genauso möglich wie der virtuelle Rundgang durch die digitalen Profile der Schützlinge in den Partnertierheimen. Tierheimhelden können außerdem durch direkte Spenden, Patenschaften oder einfach das Teilen der Tierprofile im sozialen Web helfen.

Die Tierheimhelden

Tierheimhelden

Daniel Medding
Mobil: 0176/21140756
Mail: daniel@tierheimhelden.de
www.tierheimhelden.de

Unterstützen Sie Tierheimhelden durch ein „Gefällt mir" auf der Facebookseite:
www.facebook.com/tierheimhelden

BVZ HUNDETRAINER
Berufsverband zertifizierter Hundetrainer e.V.

BVZ-Hundetrainer – der Verband zertifizierter Hundetrainer

Wir kommen aus vielen Richtungen, haben aber ein gemeinsames Ziel: Hunden und ihren Menschen mit unserem fundierten Wissen engagiert und Ziel führend zur Seite zu stehen.

Wer wir sind
Bei uns ist jeder willkommen – solange er/sie die fachliche Kompetenz vor einer der beiden Prüfungskommissionen der Tierärztekammern Schleswig-Holstein oder Niedersachsen erfolgreich nachgewiesen hat. Diese Prüfung ist an keinen Verband und an keine Methode, an keine Meinung und an keine Mode gebunden, sondern besteht einzig und allein auf den Nachweis umfangreichen theoretischen und praktischen Wissens rund um den Hund.

Was wir wollen
Unser Ziel ist es, das Berufsbild des Hundetrainers zu etablieren und dabei sicherzustellen, dass Menschen in diesem anspruchsvollen Beruf die dafür notwendigen fachlichen Voraussetzungen mitbringen.

Wie wir arbeiten
Wir arbeiten fachlich kompetent und zielorientiert. Wir beraten und trainieren individuell – angepasst an den Hund, an den Halter, an das Problem.

FACHLICH KOMPETENT   UNABHÄNGIG   ZIELORIENTIERT   BUNDESWEIT

www.bvz-hundetrainer.de

Weshalb Hunde vom Züchter kaufen?

Interview mit der Berliner Züchterin Nina Reitz

Hunde können ganz schön teuer sein. Bis zu 2000 Euro kann ein großer Rassehund kosten. Zahlt sich das am Ende aus? Wir sprachen mit der Berlinerin Nina Reitz, Tierärztin und Mitglied im Labrador Club Deutschland LCD e.V., dem Deutschen Retriever Club DRC e.V. sowie dem Dansk Retriever Klub DRK. Sie hat das Studium von CANIS absolviert und ist von der Tierärztekammer Schleswig-Holstein zertifizierte und behördlich anerkannte Hundeverhaltensberaterin. Ihr Kennel Muschelsucher besteht seit 2008.

Weshalb sollte man Hunde vom Züchter kaufen, auch wenn sie wesentlich teurer sind? Zahlt sich das aus?

Ein Hund von einem Züchter, der sich an die strengen Richtlinien seines Zuchtvereins und damit denen des VDHs hält, wird alles dafür getan haben, dass der Hund im Wesen, der Gesundheit und der Optik dem nahe kommt, was der Rassestandard vorschreibt. Seriöse Züchter scheuen selber keine Kosten in Bezug auf die Elterntiere und auch auf die Welpen. Je nach Rasse sind diverse Gesundheitstests der Zuchttiere Pflicht, ebenso rassetypische Prüfungen und ein Formwert. Entscheide ich mich für eine Rasse, so entscheide ich mich bewusst für bestimmte Merkmale. Natürlich sind es Lebewesen und die Genetik, die wir nicht immer beeinflussen können, spielt eine große Rolle. Aber bei einem Züchter ist die Wahrscheinlichkeit am größten, dass das neue Familienmitglied so ist, wie man es sich vorstellt, gerade in Bezug auf die Gesundheit. Sicher ist bei der Anschaffung eines Hundes auch Geld ein Thema. Allerdings sollte hier von Anfang an über die Anschaffungskosten hinaus gedacht werden. Kein Züchter kann die Garantie geben, dass seine Welpen später komplett gesund sind. Aber durch die strenge Kontrolle der Elterntiere und die Dokumentation über Generationen ist die Wahrscheinlichkeit so groß wie möglich, dass die Hunde gesund groß werden und sie somit die Tierarztpraxis nur zu den jährlichen Checks und zum Abholen von Leckerchen sehen.

Nina Reitz mit Summer und Ticket

Woran erkennt man einen guten Züchter?

Ein guter Züchter züchtet in einem dem VDH angeschlossenen Zuchtverein. Er ist transparent und wird seinen zukünftigen Welpenkäufern Frage und Antwort stehen zu den Elterntieren, den Gedanken hinter einer Verpaarung und auch den möglichen Risiken. Er ist interessiert daran, wo seine Welpen den Rest ihres Lebens verbringen werden, und sollte auch nach dem Kauf jederzeit ein offenes Ohr für mögliche Probleme haben.

Kann man die Papiere eines Züchters eigentlich überprüfen?

Man kann sich natürlich an den zuständigen Verein wenden und sich nach den Hunden eines Züchters erkundigen. Mittlerweile haben viele Vereine sehr gut geführte Internetauftritte mit Datenbanken, aus denen man ebenfalls viele Informationen über die Hunde erhalten kann. Als Welpeninteressent kann man sich die Papiere der Elterntiere, zumindest der Mutterhündin, zeigen lassen und sollte hier auf das VDH-Logo in den Ahnentafeln achten.

Welpen vom Billigzüchter aus Osteuropa sind natürlich tabu. Aber wie sieht es mit Privatzüchern aus?

Züchter sollten immer Privatzüchter sein und nicht auf Masse und damit Profit züchten. Der Unterschied liegt darin, ob gezielt Hunde mit Hintergrundverständnis und somit Ziel verpaart werden oder nicht. Wenn nicht, entstehen natürlich nicht immer schlechte oder kranke Hunde. Dennoch sollte man sich im Klaren sein, dass man sich damit eventuell kleine vierbeinige Wundertüten ins Haus holt. VDH-Papiere für einen Hund sind wichtig und nicht nur dann, wenn man selber gerne züchten möchte. Sie garantieren, dass über Generationen gezielt verpaart wurde, um eine Rasse so zu erhalten wie sie ist oder sogar zu verbessern.

Das ist Otto als Welpe – auch er kam von den Muschelsuchern und ist ein topfitter Hund!

Worauf muss ich beim Welpen achten?

Die Welpen sollten bei jedem Züchterbesuch dem Alter entsprechend munter und aktiv sein. Als Welpenkäufer sieht man allerdings nur einen kleinen Ausschnitt aus dem Alltag der Welpen. Diese können auch einfach mal bei einem Besuch müde sein, weil die noch kurze Aktivitätsphase gerade vorbei ist. An einem anderen Welpenbesuchstag sieht es dann schon wieder ganz anders aus. Die Welpen sollten auf keinen Fall extrem dünn sein, die Augen sollten nicht zugeschwollen oder extrem tränend sein und die Nase frei. Der Züchter wird bei der Abholung einen Impfausweis mitgeben und darüber informieren, wie und mit welchem Mittel die Welpen bereits entwurmt wurden. Die Welpen sind außerdem gechipt und vom Tierarzt durchgecheckt. In einigen Vereinen ist eine Wurfabnahme kurz vor der Abgabe der Welpen Pflicht. Auch da werden die Welpen noch einmal angeschaut und auf offensichtliche Mängel untersucht. Man kann den Züchter nach diesem Wurfabnahmebericht fragen, wenn er nicht sowieso in den Unterlagen vorhanden ist, die vom Züchter bei der Abholung mitgegeben werden.

Verband für das Deutsche Hundewesen

Mehr Infos unter: www.vdh.de

Wühltischwelpen für kleines Geld

Warum niemand in Berlin Billighunde kaufen sollte

„Knuddelalarm – Chihuahua Babys sind endlich da!!!" So verkündet ein „Hobbyzüchter" in einer Internetanzeige den Wurf der Hundemama. Zuckersüß, kerngesund und aus guten Verhältnissen. Das Beste an der Sache ist jedoch: Die Welpen kosten nur 150 Euro. Ein wahres Schnäppchen! Doch Vorsicht! Wer hier zugreift, ist selbst schuld. Denn der Knuddelalarm wird sich nach nur wenigen Tagen in einen Albtraum verwandeln. Das Schicksal der meisten Hunde, die für wenige Euro über das Internet verscherbelt werden, ist bereits besiegelt. Viele leiden beim Kauf bereits an lebensbedrohlichen Krankheiten wie Parvovirose oder Staupe. Die Ursache sind fehlende Impfungen und medizinische Behandlungen. Wozu auch? Der Tod der Welpen ist für die „Hobbyzüchter" Teil des Geschäfts. Schließlich sind sie nichts weiter als eine Ware im millionenschweren Business des organisierten Welpenhandels.

„Das wahre Ausmaß des Welpenhandels ist nur sehr schwer einzuschätzen", erklärt Ursula Bauer vom Verein „aktion tier – menschen für tiere". Schließlich, so die Leiterin der Berliner Geschäftsstelle, handelt es sich hierbei nicht um ein regionales, sondern um ein grenzübergreifendes Problem. Durch die Öffnung der Grenzen ist es für viele osteuropäische Hundezüchter so leicht wie noch nie geworden, ihre „Ware" über Landesgrenzen hinaus an den Mann oder die Frau zu bringen. Illegale Welpenzucht gibt es zwar auch in Deutschland – der Großteil der gehandelten Hundebabys kommt jedoch aus Osteuropa. Die meisten stammen aus Polen, Ungarn, Rumänien und Tschechien. Ebenso wichtig, wie der freie Handel ist für das illegale Geschäft mit den Hundewelpen das Internet. Man muss nicht lange suchen, um im World Wide Web auf scheinbar sehnsüchtig wartende Hundebabys zu stoßen. Die Anonymität im Netz spielt den Händlern und Zwischenhändlern in die Karten. Hinter Anzeigen wie „Süße Hundewelpen suchen ein Zuhause" stecken oftmals organisierte Händlerringe, die in Massen gezüchtete Hundewelpen zu Spottpreisen anpreisen – teilweise bis zu unter

Mit Wühltischwelpen wird viel Geld gemacht - auf Kosten der Tiere, die oft keine Überlebenschance haben

Welpenhandel auf einem rumänischen Markt

100 Euro. Viele der ominösen Händler bieten dabei an, die Welpen sogar bis vor die Haustür zu fahren. Auch Übergaben an nahegelegenen Autobahnraststätten oder Bushaltestellen sind keine Seltenheit. Dieser vermeintliche „Service" entpuppt sich schnell als schlichter Bestandteil der kriminellen Masche. Die neuen Hundehalter sollen nicht zu Gesicht bekommen, unter welchen Umständen ihr neues Familienmitglied das Licht der Welt erblickt hat. Ebenso beliebt wie der „Online-Handel" ist nach wie vor die Schnäppchenjagd auf Märkten an der deutsch-polnischen Grenze. Seit Januar 2012 ist der Handel mit Hunden und Katzen auf polnischen Märkten zwar verboten. Unter der Hand können aber jederzeit Hunde aus der Nachbarschaft organisiert werden.

Bevor die Hundebabys an ihre neuen Besitzer verkauft werden, fristen sie unter katastrophalen hygienischen Bedingungen in überfüllten Käfigen, Zwingern und Pappkartons ein kümmerliches Dasein. Die meisten Welpen werden nur wenige Wochen nach ihrer Geburt von der Mutter getrennt. Für die Hundewelpen bedeutet das ein brutales Eingreifen in ihr frühes Entwicklungsstadium. Die fehlende Sozialisierung durch Mutter und Geschwisterhunde kann zu späteren Verhaltensauffälligkeiten – z. B. aggressives Verhalten – führen. Aus gesundheitlicher Sicht ist eine zu frühe Trennung von der Mutter ebenso fatal. Hundebabys brauchen in den ersten Lebenswochen dringend die Milch ihrer Mutter. Sie enthält lebensnotwendige Antikörper. Fällt dieser natürliche Schutz weg, können sich Parasiten und Viren ungehindert vermehren. Ebenso wichtig wie die Muttermilch ist die anschließende Grundimmunisierung durch Impfungen zwischen der 6. und 10. Lebenswoche. Um die Gewinnspanne jedoch möglichst hochzuhalten, verzichten die Züchter auf die notwenigen, knapp 100 Euro teuren Behandlungen. Werden die Hunde schließlich verkauft, steht ihnen die nächste Qual bevor. Der grenzenlose Handel bringt es mit sich, dass die Hunde auf dem Weg zu ihren neuen Besitzern Hunderte von Kilometern zurücklegen müssen. Um Kosten zu sparen, verschleppen Händler und Zwischenhändler die Tiere meist in Massentransporten in ihre neue Heimat.

Kurze Lebenserwartung

Die Lebenserwartung liegt bei vielen Hunden bei nur wenigen Monaten. Selbst wenn die Hundebabys in die Obhut einer fürsorglichen Familie kommen, ist es in den meisten Fällen schon zu spät. Auch Tierärzte können nur selten die Welpen vor dem Tod bewahren. Der Verein „aktion tier – menschen für tiere" geht davon aus, dass über die Hälfte aller illegal gehandelten Hundewelpen innerhalb der ersten Monate versterben. Dazu kommt, dass die horrenden Tierarztkosten fast immer von den neuen Besitzern getragen werden müssen. Dahin ist dann der Traum vom Rassehund für preiswerte 200 Euro, wo man ansonsten beim Züchter auch mal das Zehnfache hinlegen kann. Den Betrug nachzuweisen, ist schwierig. Ein Kaufvertrag zwischen Händler und Hundebesitzer existiert in der Regel nicht.

Wie viele Hundewelpen im Jahr nach Deutschland geschleust werden, lässt sich nur vermuten. Vielleicht sind es 50.000, vielleicht auch 100.000 Welpen. So oder so liegen die Gewinne der skrupellosen Welpenzüchter und -händler im Millionenbereich. Dabei kommen die Tiere keineswegs nur aus Osteuropa. Auch in Italien ist das illegale Handeln mit jungen Hunden ein lukratives Geschäft. Laut Informationen des Tagesspiegels erwirtschaftete die italienische Hundemafia mit dubiosen Welpengeschäften bis zu 300 Millionen Euro. Um dem Elend der Hunde und den mafiösen Strukturen in Europa ein Ende zu bereiten, fordern Tierschutzorganisationen eine europaweite Kennzeichnung und Registrierung von Hunden. Ob sich der Handel damit jedoch einschränken lässt, ist ungewiss. Bereits jetzt wird „geschmiert ohne Ende", wie Ursula Bauer vom Verein „aktion tier – menschen für tiere" weiß.

Der Hund als „Ware" – katastrophale Lebensbedingungen auf einer der vielen „Hundefarms"

45

Die durchschnittliche Lebenserwartung von illegal gehandelten Welpen liegt bei wenigen Monaten

ne Hundebesitzer bei ihr im Büro an und beklagen ihr Leid. „Geiz", „Gedankenlosigkeit" und in einigen Fällen auch „Blödheit" sind bei den Käufern die Haupttriebfedern, so die Diplom-Biologin. Aufhören dagegen anzukämpfen wird sie mit ihrem Verein jedoch nicht. (Text: Frank Petrasch)

aktion tier – menschen für tiere e. V.

Spiegelweg 7
14057 Berlin
Tel.: 030-30 111 62 0
Fax: 030-30 111 62 14
Mail: aktiontier@aktiontier.org
Web: www.aktiontier.org

Wenn Sie den Verein unterstützen wollen, werden Sie Mitglied für 4 Euro im Monat. Über die Geschäftsstelle können kostenlose Infomaterialien dazu angefordert werden.

Korrupte Tierärzte – sei es in Deutschland, Polen oder sonst wo – sorgen dafür, dass gefälschte Nachweise (Impfausweise, Mikrochips, etc.) im Welpenhandel keine Seltenheit sind.

Dass es überhaupt das lukrative Geschäft mit Welpen gibt, liegt nicht allein an den kriminellen Machenschaften. Auch Käufer müssen sich fragen, inwiefern sie durch ihre „Schnäppchenmentalität" eine Teilschuld tragen. Rassehunde kosten bei seriösen Züchtern in der Regel mehr als 1.000 Euro. Dass dennoch so viele Leute immer wieder auf die billigen Preise hereinfallen, ist für Ursula Bauer nur schwer nachzuvollziehen. Trotz einer Vielzahl von Aufklärungskampagnen im Internet, Fernsehen und in Zeitungen rufen tagtäglich betroge-

Die Arbeitsgemeinschaft Welpenhandel

Mittlerweile sind viele Tierschutzorganisationen gegen den Welpenhandel aktiv. Mehrere Vereine haben sich 2011 zur Arbeitsgemeinschaft Welpenhandel mit dem Ziel zusammengetan, in der breiten Öffentlichkeit als auch in der Politik auf das Problem des Welpenhandels aufmerksam und die drohenden Folgen bewusst zu machen.
Mehr Infos unter:
www.wuehltischwelpen.de

Nicht jedes Leben hat ein Happy End.

Foto: Nela König • Hair / Make Up: Lexa Deinhardt / **wire.**

Sibel Kekilli für PeTA.de

Jedes Jahr kommen in der Türkei zahlreiche Straßentiere durch Erschlagen, Vergiften, Verhungern zu Tode. Unterstützen Sie PETAs Kampagne zur Geburtenkontrolle von Streunern in der Türkei. Infos unter Tel. +49 (0) 7156-178-280.

Jagdgefährten fürs Leben!
Jagdhunde brauchen besondere Beschäftigung

Irgendwann entwickelt jeder eine Affinität zu bestimmten Hunderassen. Ebenso stellt sich irgendwann jedem Hundehalter die Frage „Engagiere ich mich im Tierschutz, ja oder nein?" Bei den Jagdgefährten e.V. kam beides zusammen: Die Gründer und Mitglieder des Vereins haben ihr Herz an die Jagdhunderassen verloren, sind Jäger, Züchter und ambitionierte Hundeführer, führen selbst einen oder mehrere Hunde und waren alle in unterschiedlichen Zusammenhängen im Tierschutz aktiv. 2011 entschlossen sie sich, die Jagdgefährten e.V. zu gründen und sich ausschließlich der art- und rassegerechten Vermittlung von Jagdhunden und deren Mischlingen zu widmen. Eine besondere Rolle spielte Leopold, eine Dachsbracke aus Ungarn.

Winter 2010 in einer Tötungsstation in Ungarn. Ein unwirklicher Ort, der jeden beschämen muss. Tötungsstationen gibt es fast in ganz Europa. Es gibt sie, weil Menschen ihre Hunde wegwerfen. In der Station ist es kalt. Auf blanken Betonböden stehen winzige Käfige, darin stehen, hocken, liegen, kauern Hunde. Alle Größen, Farben, Rassen, Mischlinge, alte Hunde mit grauen Gesichtern, ausgemergelte Junghunde. Viele Hunde sind krank. Es stinkt. Es ist laut.

Es verschlägt einem den Atem. Über hundert Hunde, deren Leben hier zu Ende ist, denn jeder Käfig trägt eine Nummer und ein Datum. Ab diesem Datum darf getötet werden!

In einer dunklen Ecke saß mit wachen, traurigen Augen eine Dachsbracke. Eine Tierschutzorganisation rettete den damals fünfjährigen Rüden, tauschte Nummer und Datum gegen einen Namen. Leopold kam nach Deutschland in eine Pflegestelle zu einem Jäger, der sich nur „einen netten Hund" wünschte. Dann absolvierte Leopold im neuen Zuhause seine erste Nachsuche und zeigte, wofür er geboren und offensichtlich einmal ausgebildet worden war, bevor ihn jemand im Stich ließ und sein Leben elend enden sollte. Leopold und sein Hundeführer sind dann schnell ein Team geworden, Jagdgefährten fürs Leben eben.

Auch die Geschichte von Tekla geht unter die Haut. Sie war 2012 in einer Tötungsstation. Über die Jagdgefährten e.V. wurde sie nach Deutschland gebracht. Wieder zu einem Jäger, der sich als Pflegestelle angeboten hatte. Auch hier übernahm Tekla das Ruder, überzeugte beim Reviergang durch hervorragende Nasenleistung. , Ihr „Pflegevater" wagte es im April 2013 sie zur Ver-

Fast verhungert - heute glücklich und vermittelt

einssuche beim „1. Allg. Club für Bayrische Gebirgsschweißhunde BGS" anzumelden. Der Wettbewerb wurde in einem Niederwildrevier zwischen acht BGS ausgetragen. Tekla löste die anspruchsvolle Aufgabe mit Bravour und nahm als Suchensiegerin den BGS-Pokal mit nach Hause. Die Augen des Prüfungskomitees waren groß, als sie erfuhren, dass Tekla ein Hund aus der Tötung ist.

Doch Jagdgefährten e.V. vermittelt nicht nur an Jäger, sondern an alle Hundehalter, die willens sind, einem Jagdhund art- und rassegerechte Haltung und Beschäftigung zu geben. Das kann die Jagd sein, aber auch andere „nasenauslastenden Berufe" wie z.B. Dummytraining, Mantrailing oder Flächensuche bei der Rettungshundearbeit. Und auch ein Jagdhund, der mit seinem Besitzer in der Stadt lebt doch täglich mit interessanten Aufgaben, wie z.B. Zughundesport oder Canicross, ausgelastet ist, kann ein glücklicher Jagdhund sein. (Ursula Weidmann)

Jagdgefährten e.V.

Annoweg 2
58675 Hemer
Web: www.jagdgefaehrten.de

Spendenkonto
Jagdgefährten e.V.
Kontonummer 14056386
Sparkasse Lippstadt
BLZ 416 500 01

Welches Hunderl hätten's denn gerne?
Wie man den richtigen Hund für sich auswählt

Hund ist nicht gleich Hund. Viele meinen: Ein kleiner soll's sein, dann hat man nicht so viel Ärger. So kommt man dann auf einen putzigen Terrier – und erlebt die große Überraschung, wenn man feststellt, dass das echte Jagdhunde sind mit unglaublicher Ausdauer und Zähigkeit. „Klein" heißt bei Hunden nicht automatisch süß, verspielt, und erst recht nicht, dass kleine Hunde weniger Auslauf brauchen. Diese und ähnliche Probleme kennt Tanja Matzku, die immer wieder feststellt, dass viele Hunde bei den falschen Besitzern landen. Tragisch ist das für alle Beteiligten, den Hund inklusive. Wir sprachen mit der Tiertrainerin, die seit Jahren auch eine Kaufberatung anbietet:

Was sollte man als erstes beachten, wenn man einen Hund haben möchte?

Zunächst sollte man sich ganz ehrlich die Frage stellen, WARUM man einen Hund halten möchte. Die meisten Hunde werden heutzutage als Sozialpartner und Teil der Familie gehalten und das ist auch völlig in Ordnung. Das stellt aber gewisse, nicht zu unterschätzende Anforderungen an den Hund, vor allem in der Stadt. Man sollte sich auch fragen, ob es realistisch ist, dass dieser Wunsch die nächsten 10-15 Jahre bestehen bleibt und ob man bereit ist, sein Leben dauerhaft zu verändern. Für mich ist die wichtigste Frage: Kann ich die Zeit und vor allem die Energie aufbringen, dem Hund ein (möglichst) hundegerechtes Leben zu ermöglichen, so dass wir BEIDE eine gute Zeit miteinander haben können?

Was sind die größten Fehler beim Hundekauf?

Anders als beim Autokauf informieren sich Menschen so gut wie nie vor dem Hundekauf. Eventuell wird ein Hundebuch gelesen oder sich beim Züchter der gewünschten Rasse informiert. Was leider nicht ausreicht. Oft wird die Entscheidung für einen Hund zu schnell und unüberlegt getroffen. Wir Menschen neigen unglücklicherweise auch zu Oberflächlichkeiten und wählen nach Farbe, Haarlänge etc. aus. Was sicher zu einem gewissen Grad legitim ist, aber das Wesen ist im Grunde der entscheidende Faktor. Wir identifizieren uns auch mit bestimmten Rassen, ihrem oft grotesken Aussehen oder ihrem Ruf und wollen damit, oft unbewusst ein Statement über uns machen. Einen guten Züchter zu finden, das kostet Zeit und Geduld, und sitzt der süße Wel-

Hundetrainerin Tanja Matzku mit ihrem Hund Lotta. Matzku bietet auch Kaufberatungen, damit Hund und Mensch zusammenpassen

Hund und Mensch müssen schon gut zusammenpassen, wenn sie ein eingespieltes Team abgeben wollen, meint Kaufberaterin und Trainerin Tanja Matzku

pe schon mal auf dem Schoß, nimmt man ihn eben mit nach Hause. Wir leben in einer Zeit, in der es unzählige Hunderassen und Mischlinge käuflich zu erwerben gibt. Aus dem In- und Ausland. Hunde sind beliebt und es gibt einen großen Markt. Es gab wohl noch nie eine Zeit, in der bei der Zucht so wenig Augenmerk auf körperliche und psychische Gesundheit der Tiere gelegt wurde wie jetzt. Der Rubel rollt und Erbkrankheiten, Wesensmängel und eine starke Einschränkung der Lebensqualität durch extrem verstärkte Rassemerkmale sind bei vielen Rassen bereits traurige Normalität. Und die frischen Hundebesitzer Dauergast bei Tierarzt und Hundetrainer. Auch mit Mischlingshunden ist es nicht viel leichter. Viele Hunde, speziell in Berlin, kommen von Vermehrern aus Polen und werden von Menschen in Zeitungen oder im Internet gefunden, die entweder nicht so viel Geld für einen Rassehund ausgeben wollen oder sich einen gesunden Mischling wünschen. Leider unterstützen sie damit einen grausamen Hundehandel und müssen nicht selten den Tod des Welpen miterleben. Ganz abgesehen von psychischen Schäden, die diese Hunde aufgrund der schlechten Zustände oft mitbringen. Es ist sowohl für den Kauf eines Rassehundes, als auch eines Mischlings sehr wichtig zu wissen, auf was man achten muss, um keine gewinnorientierten Züchter oder Vermehrer zu unterstützen. Mitleidskäufe kurbeln leider das Geschäft an.

Zuguterletzt denken viele Menschen, dass mit viel Liebe jeder Hund aus dem Tierschutz wieder hinzubiegen ist und unterschätzen damit oft, was auf sie zukommen kann – und oft kommt.

Wie kann ich mich über die vielen Hunderassen gut informieren?

Die meisten Hundeschulen bieten Beratung vor dem Hundekauf an und wissen, dass diese leider kaum genutzt wird. Man kann sich zwar ausführlich im Internet informieren, aber was bedeuten entsprechende Eigenschaften nun tatsächlich in der Praxis für ein Leben mit dem Hund? Ein Berater, der die ursprüngliche Verwendung und die Entwicklungen in der Zucht einer Rasse kennt und mit den Erwartungen und Lebensumständen der Person, die sich den Hund wünscht, ein wenig abgleichen kann, ist im Grunde unumgänglich.

Kann man sich als Hundehalter in spe vielleicht auch vorbereiten, beispielsweise durch Patenschaften?

Ich halte das für eine gute Idee. Ein Hund läuft in der Regel nicht „so nebenbei mit". Ein Hund ist ein 24/7-Job. Man muss sein Leben umstellen, man muss viel Energie und Zeit investieren und ist sehr gebunden. Für mindestens ein Jahrzehnt. Diese Verantwortung darf man nicht unterschätzen. Unlängst betreute eine Freundin meine kleine, agile, fordernde Hündin für eine Woche und übergab sie mir mit den Worten: „Oh mein Gott, das wäre nichts für mich!" Es gibt z. B. Patenschaften für junge Behindertenbegleithunde, bevor diese ihre Ausbildung beginnen. Es gibt auch bei einigen Tierheimen oder Tierschutz-organisationen die Möglichkeit, Pflegehunde zu übernehmen. Auf Seriosität ist auf alle Fälle zu achten, denn auch im Bereich des Tierschutzes tummeln sich immer mehr „Vermehrer", denen es nur um die Vermittlungsgebühr geht. Man sollte einfach nie vergessen: Der Hund ist keine Ware, die ich einfach wieder zurückgeben kann, weil mir die Tierarztkosten (bei krank gezüchteten Rassehunden) zu hoch werden, die Erziehung zu anstrengend wird oder weil ich mich doch nicht so gebunden fühlen will. Die Tierheime sind voll. Wenn die Betreuung von Anfang an auf einen bestimmten Zeitraum begrenzt ist, hilft man einem (Tierheim-) Hund zumindest zeitweise aus widrigen Umständen und trifft am Ende vielleicht die richtige Entscheidung für den ersten eigenen Hund.

Hundeschule LottaLeben

Tanja Matzku
10437 Berlin – Prenzlauer Berg
Tel.: 030-609 433 44
Mobil: 0179-710 99 53
Mail: info@hundeschule-lottaleben.de
Web: www.hundeschule-lottaleben.de

Hundeseminare in Berlin
Weiterbildung für Hundehalter und Hundetrainer
www.hundeseminare-berlin.com

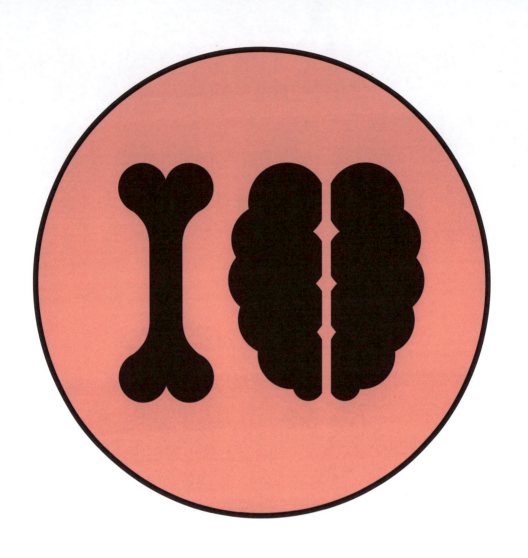

Futter & Philosophie

Über das richtige Futter kann man ewig diskutieren und streiten. Frischfleisch, Trockenfutter oder Nassfutter? Oder vielleicht vegan ernähren? Futter ist immer eine Frage der eigenen Lebensphilosophie haben wir bei vielen Gesprächen gemerkt. Wir wollen ein paar Entscheidungshilfen geben, beleuchten die Futtermittelindustrie, haben einen BARF-Laden besucht und mit einer Veganerin gesprochen.

Fresschen für Bello und Co.

Was soll man füttern?

Ein Besuch im Supermarkt oder im Tierfachhandel zeigt: Hundefuttermittel gibt es ohne Ende. Immer neue Geschmacksvariationen füllen die Regale der Geschäfte. In der Werbung wird der Hund zum Gourmet oder Biofleisch-Liebhaber stilisiert – passend zum Lifestyle von Herrchen und Frauchen. Die Hundeernährung ist zum Big Business geworden; Marketing ebenso wichtig wie Ernährungsforschung und -entwicklung. Der Konkurrenzkampf unter den Unternehmen ist hart. Längst gibt es Hundefutter nicht mehr nur in Zoofachmärkten, sondern auch in Discountern, Drogerien und Baumärkten. Zusätzlich werden über das Internet neue Vertriebswege erschlossen und regionale Anbieter mischen den Hundefuttermarkt mit ihren hochpreisigen „Bio"- oder „Öko"-Marken kräftig auf.

Unternehmen, die im deutschen Hundefuttermarkt tätig sind, setzten 2011 mehr als eine Milliarde Euro um. Der Großteil wird durch industriell gefertigtes Hundefutter eingenommen. Laut einer tierärztlichen Studie von 2012 füttern 93 Prozent aller Hundebesitzer ihre Lieblinge mit Fertigfutter bzw. kombinieren dieses mit zusätzlichen Zutaten. Am häufigsten wird Trockenfutter verwendet. 2011 waren es 411 Millionen Euro, die damit umgesetzt wurden. Heißbegehrt sind „Hundesnacks". Im Vergleich zum Vorjahr stieg der Umsatz 2011 um 5,1 Prozent auf 373 Millionen Euro. Dicht auf den Fersen folgt das Nassfutter mit 362 Millionen Euro. Die restlichen Besitzer verabreichen ihrem Hund selbstgekochte Mahlzeiten oder greifen zu alternativen Ernährungsmethoden wie dem B.A.R.F.en. Neuester Trend beim Hundefutter: die vegane Hundeernährung.

Trockenfutter ist für viele am praktischsten

Trocken- oder Nassfutter? Oder Frischfleisch?

Bei der Vielzahl an Produkten und Ernährungsmethoden fällt es schwer, sich für ein Futter zu entscheiden. Nass- oder Trockenfutter? Selbst kochen? Vielleicht ja doch lieber B.A.R.F.en? Oder gleich ganz auf Fleisch verzichten? So berechtigt diese Fragen sind – eine eindeutige Antwort lässt sich nicht geben. So enthalten hochwertige Trocken- und Nassfutter in der

Träume aus Fleisch – die Theke bei Bones for Dogs in Friedrichshain

Regel alle wichtigen Nährstoffe für den Hund. Dazu gehören Eiweiße, Fette, Mineralien, Vitamine und pflanzliche Stoffe. Beim B.A.R.F.en ist darauf zu achten, dass neben Frischfleisch und ungekochten Knochen auch Obst und Gemüse verfüttert sowie Zusatzstoffe und Öle dazugegeben werden. Inwiefern eine ausschließlich vegane Hundeernährung gesund ist, bleibt umstritten. Schließlich ist der Hund ein „carnivore-omnivore", eine Mischung aus Fleisch- und Allesfresser.

Wichtiger als die Ernährungsmethode sind die Qualität und die Dosierung des Futters. Letztere richtet sich nach den Bedürfnissen des Hundes. So benötigt ein vor Energie strotzender Junghund eine andere Futterdosierung als ein „Hundesenior". Welche Nährstoffe ein Hund in welcher Dosierung benötigt, ist abhängig vom Lebensalter, von der Rasse aber auch vom Temperament sowie dem Aktivitätsniveau des Hundes.

So benötigen Sport- oder Schlittenhunde energiereichere Nahrung als normale Familienhunde. Auch Allergien oder Krankheiten bestimmen, was in den Hundenapf gehört und was nicht.

„Grundsätzlich ist Trockenfutter für den Hund ebenso gesund wie Nassfutter", so die Diplom-Biologin Ursula Bauer vom Verein „aktion tier". „Wichtig ist, dass die Qualität stimmt", so die Tierschützerin weiter. Der wesentliche Unterschied zwischen den beiden Futterarten liegt in deren Wassergehalt. Beim Trockenfutter sind es nur 10 Prozent, beim Nassfutter in etwa 80. Die Folge ist, dass Trockenfutter deutlich stärker mit Nährstoffen konzentriert ist. Die Konsequenz: Scheinbar gleichgroße Portionen von Trocken- und Nassfutter enthalten unterschiedlich viele Nährstoffe. Bei Trockenfutter besteht die Gefahr, dass der Hund bei falscher Dosierung schnell mit Nährstoffen überversorgt wird. Übergewicht, Allergien sowie allgemeines Unwohlbefinden des Hundes können die Konsequenz sein. Aufgrund des geringen Wassergehaltes des Trockenfutters ist es deshalb wichtig, dass die Hunde ausreichend Flüssigkeit zu sich nehmen. Nassfutter hat gegenüber Trockenfutter einige Vorteile. Aufgrund der Konsistenz ist es einfacher zu verdauen. Hunde mit Magenproblemen kommen damit oft besser zurecht. Der Nachteil ist, dass Nassfutter oftmals teurer ist.

Teuer = gut?

Grundsätzlich muss der Preis einer Hundefuttersorte nichts über die Qualität aussagen. Auch der Zusatz „Bio" muss nicht zwangsweise ein Qualitätsmerkmal sein. Denn nur weil die Inhaltsstoffe von Biozertifizierten Herstellern stammen, heißt das noch nicht, dass die Zusammensetzung auch gut für den Hund ist. Beispiel Kalzium: Die Stiftung Warentest untersuchte 2006 mehrere Hundefuttermittel nach ihrer Qualität. Im Ergebnis enthielten einige Alleinfutter – u.a. „Bio"-Futtermittel – eine zu hohe Kalziumkonzentration. Eine Überdosis von Kalzium kann bei Welpen zu Schäden beim Knochenwachstum führen. Bei anderen Futtermitteln wies die Stiftung Warentest wiederum zu wenig Zink, Seelen und Kupfer nach. Der Test zeigte, dass qualitativ minderwertige Produkte bei Hunden entweder zu Mangelerscheinungen oder zu Überversorgungen führen können.

Abfälle im Hundefutter

Dass nicht alle Hundefuttermittel über ausreichende Qualität verfügen, ist angesichts des harten Konkurrenzkampfes in der Futtermittelbranche nicht verwunderlich. Warum sollten sich Produkte für Hunde von Produkten für Menschen unterscheiden? Hans-Ulrich Grimm ist in seinem Buch „Katzen würden Mäuse kaufen" den Herstellungsprozessen in der Futtermittelindustrie auf den Grund gegangen. Die Recherchen des Autors zeigen, dass einige Futterproduzenten reine Abfallverwerter der Fleischindustrie sind: Alles, was für den Menschen ungenießbar ist, lässt sich – durch Zusatzstoffe und andere Chemie „veredelt" – wunderbar zu Tierfutter verarbeiten. Erbrochenes, Abfall, Kot und Kadaver werde zu Hundefutter verarbeitet. Verboten ist das zwar nicht. Ethisch vertretbar jedoch ebenfalls nicht. Der Gesetzgeber macht es den Unternehmen dabei sehr einfach. Laut

Nass-, Trocken- und Rohfutter – was ist das Beste?

Futtermittelgesetz ist ein Hersteller von Futtermitteln lediglich dazu verpflichtet, Zutatengruppen anzugeben. Einzelzutaten, Aromastoffe und Geschmacksverstärker müssen nicht genannt werden.

Freilich sind nicht alle Futtermittelhersteller schwarze Schafe. Doch wie kann man als Verbraucher hochwertige von minderwertigen Produkten unterscheiden? „Je zerhexelter und breiiger das Futter aus der Dose kommt, desto größer ist die Wahrscheinlichkeit, dass Abfallprodukte wie Knorpel, Ohren, Augen und so weiter verarbeitet wurden", so die Diplom-Biologin Ursula Bauer. Hochwertige Hundefuttermittel lassen sich auch daran erkennen, dass alle Inhalts- und Zusatzstoffe transparent auf der Verpackung aufgelistet sind. Zwar sind nicht alle Inhaltsstoffe für den Otto-Normal-Verbraucher auf Anhieb verständlich. Die Hersteller sind allerdings dazu verpflichtet, ihre Kontaktdaten auf der Verpackung zu hinterlegen. Bei Fragen zur Qualität des Futters empfiehlt es sich daher, persönlich nachzuhaken. Das Maß an Auskunftsbereitschaft ist ein guter Indikator, um in der Futtermittelindustrie die Spreu vom Weizen zu trennen. (Text: Frank Petrasch)

Werbung

Dies ist „Mister Marlo" kurz „Mister Mo"

Wir lieben unseren Hund „Mister Mo" über alles und wissen, wie sehr Sie Ihren Hund lieben. Dies ist der Grund, warum wir beschlossen haben ein Hundefutter zu kreieren, das unsere Hunde wirklich verdienen.

 Getreidefrei
 100% Natur
 Hergestellt in einer Gourmet-Fleischerei
 umweltfreundlich

100% natürliches Nassfutter in Lebensmittelqualität - www.mister-mo.de

Hundeschlaraffenland
Der Hundefleischer Bones for Dogs

Als Hund hätte man wohl nur einen großen Traum im Leben: Einmal aus Versehen vergessen und eingeschlossen werden bei Bones for Dogs, so richtig schön die Theke leerräumen mit ordentlich viel Pansen und sonstigen Naschereien, echte, handfeste Knochen knabbern und am Ende vollgefressen und feist in der Ecke liegen und Bäuerchen machen. Holger Huber-Ruf und Christoph Saß betreiben ihren Hundeschlaraffenlandladen „Bones for Dogs" seit 2008 und surfen erfolgreich auf der Barfer-Welle. Immer mehr Hundebesitzer ernähren ihre Tiere nach BARFER-Art. BARF heißt nichts anderes als biologisch artgerechte Roh-Fütterung für den Hund. Deshalb gibt's im Laden viel Frischfleisch in unterschiedlichen Kombinationen mit Ölen und natürlichen Zusätzen – ganz nach dem Motto: Der Hund ist ein Karnivor! Und das heißt: Fleischfresser. Bones for Dogs setzt mit seinem Angebot bewusst auf Alternativen zum industriell hergestellten Hundefutter, das im Verruf steht, zu viele Nebenerzeugnisse und viel zu viel Getreide zu enthalten. In der Folge leiden Hunde immer öfter an Allergien und anderen Zivilisationskrankheiten. BARF zu füttern ist nicht wesentlich zeitaufwändiger oder teurer als Fertigfutter zu füttern, sind sich Huber-Ruf und Saß einig. Am Anfang machen sich viele Sorgen, dem Hund könnte etwas fehlen. Mit der Zeit legen sich diese Sorgen und der Zeitaufwand wird geringer. Fleisch und Knochen, die man zur BARF-Ernährung nutzt, sind meist Überbleibsel von Fleisch für unsere Ernährung und deswegen nicht teurer als ein mittelmäßiges Hundefutter. Ein Monatsabo bei Bones for Dogs für einen kleinen Hund kostet etwa 20 Euro. Für große Hunde wie einen Labrador ca. 40 Euro. Aber unabhängig von allen philosophischen und weltlichen Fragen ist Bones for Dogs definitiv einer der skurrilsten Läden der Stadt.

Holger Huber-Ruf und Christoph Saß

Bones for Dogs

H. E. Huber-Ruf & C. Saß GbR
Glatzer Straße 7, 10247 Berlin
Tel.: 0163-345 97 91
Mail: kontakt@bonesfordogs.de
Web: bonesfordogs.de
Öffnungszeiten: Mo. geschlossen, Di.: 11 - 18 Uhr, Mi.: 11 - 18 Uhr, Do.: 12 - 18 Uhr, Fr.: 11 - 18 Uhr, Sa.: 11 - 15 Uhr

Literaturtipps zum Barfen

Brigitte Rauth-Widmann, 1 x 1 der Rohfütterung: Hunde artgerecht ernähren mit BARF (gutes Einsteigerbuch)
Martina Balzer, Mein Hund gesund durch Frischfütterung (für Fortgeschrittene)

Hirsebrei statt Pansenschmaus
Veganismus für Karnivoren

Nach den letzten Gammelfleischskandalen machen sich immer mehr Hundebesitzer Gedanken um die Ernährung ihres Vierbeiners. Wenn für uns schon Produkte zweiter Wahl verwendet werden, wie sieht es dann erst mit dem Fressen unserer Tiere aus? Der radikalste Weg, seine Konsequenzen aus den Lebensmittelskandalen zu ziehen, ist wohl die Umstellung auf eine vegane Ernährung. Bei ihr wird, anders als bei Vegetariern, auf alle Produkte verzichtet, die tierisch erzeugt wurden. Neben Fleisch zählen ebenfalls Milch und Eier dazu. Wer das ernst nimmt, muss sich auch irgendwann die Frage stellen, wieso sein Hund noch Fleisch bekommen sollte. Tatsächlich gibt es immer mehr Berlinerinnen und Berliner, die ihre Hunde vegan ernähren. Statt Fleisch bekommen sie Hirse und Reis, statt Innereien Nudeln und ganz viel Gemüse. Ethisch ist man als Mensch fein raus und hat der Futtermittelindustrie ein Schnippchen geschlagen, aber ein Hund als Veganer? Der zählt bekanntlich zur Familie der Karnivoren – und das heißt übersetzt: Fleischfresser.

Aber Fleischfresser hin oder her: Für viele ist die Tatsache, dass Tiere getötet werden, nicht mit ihrem Gewissen vereinbar. Die Tierrechtsorganisation Peta führt an, dass jährlich Millionen lebensfähige Kühe, Kälber, Schafe, Schweine und Hühner alleine in Deutschland geschlachtet werden.

Hunde würden Gemüse kaufen? Immer mehr Berliner ernähren ihre Vierpföter vegan

Natürlich nicht für Tierfutter. Trotzdem unterstützt man mit dem Kauf von konventionell hergestelltem Hundefutter diese Industrie. Denn die Schlachtnebenprodukte sind es, die für unsere Hunde in die Dose kommen. Die Futtermittelindustrie agiert mittlerweile global. Kaum jemand weiß, was in Hundefutter drin ist. Peta kritisiert: „Viele Futtermittelfirmen produzieren weltweit und in jedem Land gelten andere Gesetze". Beispiel Kauknochen: Hauptursprungsländer sind Indien, China und Thailand. Dass dort andere Hygiene-, Umwelt- und Tierschutzstandards herrschen, dürfte jedem klar sein. Auch das wird von der Veganerfraktion immer wieder ins Feld geführt.

In Internetforen und auf Internetblogs wird das Thema ‚vegane Hundeernährung' heiß diskutiert (z.B. auf: www.berlin-vegan.de). Die am meisten gestellte Frage: Ist vegane Ernährung überhaupt artgerecht? Martin Balluch, Umwelt- und Tierschutzaktivist, hat einen Artikel mit typischer Argumentation auf seinem Internetblog veröffentlicht: „Menschen können nicht entscheiden, wer zu sterben hat und wer nicht. Hunde haben in der Natur Fleisch gefressen, weil dort das Recht des Stärkeren galt. In einer Gesellschaft wie der unsrigen, ist der Hund dazu aber nicht mehr verpflichtet. Er muss seine Nahrung nicht mehr selber jagen." Balluchs Meinung nach, ist es deswegen unnötig, den Hund noch mit Fleisch zu füttern. Alles klar?

Solchen Gedankengängen kann man folgen oder auch nicht. Neben ethischen Gesichtspunkten stellt sich aber die Frage, ob eine vegane Ernährung überhaupt verträglich bzw. gesund für den Hund ist. Es gibt zwar schon einige Futtermittelfirmen, die vegane oder vegetarische Hundenahrung anbieten, dennoch ist die fleischlose Kost auf dem Futtermittelmarkt eher sporadisch vertreten. Ein veganes Futtermittel liefert der niederländische Anbieter Yarrah (www.yarrah.com), auf dessen Website man natürlich nur lobende Worte über das ethisch wertvolle Futter findet. Einige Argumente sind aber nachvollziehbar: Viele minderwertige Futtermittel enthalten eh kaum Fleisch. Billigsthundefutter enthält kaum mehr als 4 Prozent Fleisch – da kann man auch gleich Veganer werden. Andere Tiere haben gesundheitliche Probleme, tierische Eiweise zu verdauen. Zudem kann das Futter Haut- und Fellbeschwerden, Magen- und Darmprobleme und Hyperaktivität verhindern, die durch Fleischkonsum verursacht werden können, argumentiert der Hersteller. Dennoch sehen einige Fachleute das Thema kritisch. Natalie Götz arbeitet beim Produktmanagement der Firma Dr. Schaette. Die produziert Tierfutter auf biologischer Basis, setzt Heilpflanzen und traditionelle Kräuter ein und ist damit von den Standpunkten der Veganer nicht übermäßig weit entfernt. Dr. Schaette verzichtet allerdings nicht auf Fleisch. „Für eine vollwertige, gesunde und aus unserer Sicht artgerechte Ernährung sollte ein Teil der Nahrung aus pflanzlichen Komponenten bestehen. Ein Teil des Proteinbedarfs muss aber unbedingt durch Fleisch oder zumindest tierische Produkte wie Milch, Quark oder Käse gedeckt werden", so Götz. Sie hält die vegane Ernährung aus ernährungsphysiologischer Sicht allerdings trotzdem für möglich, solange es dem Hund nicht an wichtigen Nährstoffen fehlt. Diesen Aspekt kritisieren vor allem Gegner der veganen Kost. Fehlende Nährstoffe wie einige Vitamine werden durch Zusatzpräparate ergänzt. Schnell kommen dann Pülverchen und Tabletten zum Einsatz – und die sollen nicht unter allen Umständen gesund sein. Andererseits muss gewährleistet sein, dass einem Hund bestimmte Nährstoffe zugeführt werden. Wird das vergessen, kann die vegane Ernährung schnell einseitig und ungesund für den Hund werden.

Dass eine vegane Hundeernährung aber sogar im großen Stil gelingen kann, beweist das österreichische „Tierparadies Schabenreith", das vielleicht größte Experiment für vegane Hundeernährung. Das Ehepaar und die Gründer des Tierheims, Doris und Harald Hofner-Foltin, leben selbst vegan. Deshalb beschlossen sie, auch einen Teil der fleischfressenden Tiere auf die vegane Kost umzustellen. 80 Prozent der Hunde bekommen vegane Kost. Bei vielen ließ sich schon nach kurzer Zeit eine positive Veränderung erkennen: „Alle Hunde, die wir vegan ernähren, bekommen ein glänzendes Fell. Außerdem verschwinden Hautprobleme und Allergien", berichtet Doris Hofner-Foltin. Für das Ehepaar Hofner-Foltin steht fest: „Ein Hund hat ein Recht darauf, genauso gesund ernährt zu werden wie ein Mensch. Wir können das mit einer veganen Ernährung so gut es geht gewährleisten".

Um zu überprüfen, ob die vegane Ernährung den Hunden auch nicht schadet, werden regelmäßig Bluttests durchgeführt. Das positive Resultat bestätigte der Veterinärmediziner Fritz Kemetmüller, Präsident der Tierärztekammer Oberösterreich: „Die Hunde vom Tierparadies Schabenreith sind alle gesund, die vegane Nahrung schadet ihnen sicher nicht." Trotzdem sieht er den Veganismus für den Hund auch kritisch: „Denn diese Tiere sind grundsätzlich Fleischfresser, und Laien können bei rein pflanzlicher Ernährung sehr viel falsch machen", so Neuhofner gegenüber einem Nachrichtenportal.

Holger Huber-Ruf von Bones for dogs, einer Frischfleischtheke für Hunde in Friedrichshain, sieht das Ganze pragmatisch. Er glaubt, dass Hunde Fleisch brauchen und empfiehlt: „Wenn Veganer nicht wollen, dass ihr Tier Fleisch frisst, sollten sie sich vielleicht besser ein Kaninchen anschaffen."

Die bessere Alternative für Veganer?

Werbung

Weniger Fleisch ist mehr

Ein Tiernahrungshersteller will unsere Hunde zu „nachhaltigen" Konsumenten machen

Den meisten Hunden im Test hat Flexidog bisher sehr gut geschmeckt

Aus welchem Grund auch immer – die Zahl der Hundehalter, die sich selbst fleischlos ernähren oder zumindest öfter auf Fleisch verzichten, wird größer. Neben Vegetariern und Veganern gibt es immer mehr „Flexitarier". So nennt man Menschen, die auf Fleisch nicht ganz verzichten wollen, aber ihren Fleischkonsum nach dem Motto „Weniger, dafür besser" auf ein Maß zurückfahren, das für die Umwelt und die eigene Gesundheit zuträglicher ist und auch ein Zeichen gegen die Auswüchse der Massentierhaltung setzen will.

Erfolgreicher Futtertest

Aber der Hund? Begleitet er Herrchen oder Frauchen auf diesem Weg? Ein mittelständischer deutscher Tiernahrungshersteller will es Hundebesitzern jetzt erleichtern, ihre Lieblinge von einem nachhaltigeren Lebensstil zu überzeugen. Basierend auf wissenschaftlichen Erkenntnissen, die dem Hund bescheinigen, längst zum Allesfresser geworden zu sein, der pflanzliche Energie genauso gut verwerten kann wie tierische, entwickelte „Foodforplanet" mehrere Sorten Trockenfutter mit einem deutlich höheren Anteil pflanzlicher Nahrungsbestandteile. Das ganze Programm läuft unter der Marke „Green Petfood", die erste Produktserie nennt sich „Flexidog". So hat „Flexidog 85" nur 15 % tierische Anteile im Futter. Es soll sich für ausgewachsene Hunde der größeren Rassen als Alleinfuttermittel eignen. Ein Test mit über hundert Hunden hat gezeigt, dass die allermeisten Hunde das Futter nicht nur akzeptieren, sondern sehr gern fressen und gut vertragen. Die Ergebnisse der Testaktion sind auf der Website www.hundkeinwolf.de dokumentiert.

Wachsenden Hunden und kleineren agilen Rassen, die mehr Protein benötigen, wird „Flexidog70" angeboten, das zu 70 Prozent pflanzliche Nahrung enthält. Aber Klaus Wagner, der verantwortliche Produktmanager beim Hersteller von „Flexidog", will bei der Reduktion des Fleischanteils noch weitergehen. „Die Herstellung tierischer Nahrungsmittel ist aufwendig und in gewisser Weise auch ineffizient", so Wagner. Für eine Nahrungskalorie aus Fleisch muss ein Vielfaches an pflanzlichem Energieinput aufgewendet werden, darauf weisen Umweltverbände wie der WWF schon seit Jahren hin. Allmählich scheint das in den Köpfen anzukommen.

Im Bund mit der Evolution

Evolutionär sind Mensch und Hund gut darauf vorbereitet, eine immer größer werdende Weltbevölkerung dauerhaft zu ernähren. Beide sind Allesfresser, der Mensch war es schon seit jeher, der Hund hat es in den letzten 20.000 Jahren in Gemeinschaft des Menschen gelernt. Hunde sind heute vom Wolf, von dem sie abstammen, in Bezug auf das Verdauungssystem, aber auch bei Hirnfunktionen und im Nervensystem durchaus verschieden. Zwar hält sich der Mythos vom Wolf im Hund so hartnäckig, wie es eine Zeitlang auch gängig war, vom Menschen als dem „nackten Affen" zu sprechen. Aber die Macher von „Flexidog" setzen darauf, dass es vor allem in städtischen Lebenswelten genügend Hundehalter gibt, die ein moderneres Bild vom Hund haben. Damit hat der

Als professioneller Tierernährer spricht sich Klaus Wagner für ein fleischärmeres Hundefutter aus

„Flexidog"-Hersteller anscheinend eine Zielgruppe im Auge, die Genuss, Gesundheit und Umwelt auch im täglichen Konsum unter einen Hut bringen möchte. Hundehalter, die dieser Zielgruppe angehören, kann man davon überzeugen, dass Trockenfutter allein schon wegen des Verpackungsaufwands eine bessere Ökobilanz hat als Nassfutter – wenn das angebotene Trockenfutter qualitativ hochwertig ist und die Inhaltsstoffe transparent sind. Gentechnikfrei ist ein Muss. Bei der Erklärung der Futterzusammensetzung, so die Erfahrung von Klaus Wagner, sind die „Flexidog"-Kunden besonders interessiert und kritisch. Deshalb bekommen sie mit der ersten Lieferung auch eine Broschüre zur Produkttransparenz an die Hand. „Alle paar Wochen nehmen wir in diese Liste weitere Punkte mit auf", berichtet Wagner, „um unsere Kunden auf dem Weg zur nachhaltigen Hundeernährung zu unterstützen".

Was für die vegane Ernährung von Hunden spricht

Interview mit einer Überzeugten

Nicole Linde lebt als Veganerin. Sie arbeitet bei der Hunderettung in Berlin und hat täglich mit den unterschiedlichsten Hunden zu tun. Viele von ihnen kommen aus schlechten Verhältnissen und sind krank. So war es auch bei ihrem Pointer Rey. Als er im März 2011 zu ihr kam, plagten ihn, neben Ausschlägen und Ekzemen, etliche Krankheiten. Weil keine Futterumstellung den gehofften Erfolg brachte, entschied sich Nicole dazu, ihren Hund vegan zu ernähren. FRED & OTTO sprach mit Nicole über die vegane Ernährung für den Hund:

Seit wann lebst Du vegan – und wie lange Dein Hund?

Ich selbst lebe seit über einem Jahr komplett vegan, vorher viele Jahre vegetarisch. Mein Hund lebt seit September 2011 vegan.

Wie kamst Du darauf, Deinen Hund vegan zu ernähren?

Aus ethischen und gesundheitlichen Gründen. Ich kann mich nicht als tierlieb betiteln, wenn ich wohl wissend Tiere an meine verfüttere, die ein kurzes Leben voller Qualen hatten. Wer glaubt, in der Futterdose wären 80 Prozent zartes Hähnchen oder Rind, täuscht sich. Es sind fast immer Schlachtabfälle, die für den menschlichen Verzehr nicht geeignet sind. Es geht nicht darum, meinem Hund meine vegane Lebensweise aufzudrängen, sondern ihn gesund zu ernähren.

Gab es ein ausschlaggebendes Ereignis?

Als Rey zu mir kam, war er sehr abgemagert. Er bekam hochwertiges Futter, aber nahm einfach nicht zu. Er litt ständig unter Durchfall, hatte Ausschläge und Ekzeme. Keine Futterumstellung brachte etwas. Als man ihm dann auch noch Kortison für die Haut geben wollte, reichte es mir!

Ist Dir eine positive Veränderung an Deinem Hund aufgefallen?

Er sieht gesund aus und haart kaum beim Fellwechsel. Er stinkt nicht, hat weder Übergewicht noch ist er so nervös wie vor seiner veganen Ernährung. Er hat nie Durchfall, Blähungen oder Würmer.

Wie waren die Reaktionen in Deinem Umfeld?

Von den nicht veganen Freunden eher kritisch. Es hieß immer, das wäre nicht

Cold & Dog Frozen Joghurt für Hunde!

Ganz oben auf der Schwanzwedelskala !!!

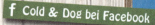

- Der gesunde Erfrischungssnack für Zwischendurch
- Ein köstliches Vergnügen für alle großen und kleinen Fellträger
- Produziert in Berlins erster und einzigartiger Hundeeismanufaktur
- Überall in Deutschland, in Österreich und in der Schweiz erhältlich.

Happy Dogs mit Cold & Dog
We love to erfrisch You

www.colddog.de

artgerecht. Viele sind aber interessiert und mittlerweile ernähren sogar immer mehr Menschen in meinem Bekanntenkreis ihre Hunde vegan.

Und was sagst Du zu dem Argument, dass vegane Hundeernährung nicht artgerecht sei?

Oft kommt der Satz „Der Hund stammt vom Wolf ab", aber die heutigen Haus und Stadthunde kann man doch gar nicht mehr mit einem Wolf vergleichen. Sie wären draußen allein gar nicht lebensfähig. Nicht artgerecht finde ich die Nahrung, die unsere Tiere krank macht. Das macht die vegane Ernährung nicht.

Aber fehlen dem Hund nicht bestimmte Nährstoffe wenn er fleischlos ernährt wird?

Ich kann dem Hund auch ein Mahl zubereiten, das schmeckt und alle notwendigen Eiweiße, Vitamine, Kohlehydrate und Fette enthält. Der Erfolg gibt mir Recht: Mein Hund ist kerngesund. Durch meine Arbeit im Tierschutz habe ich oft sehr kranke oder alte Hunde gesehen, die in einem katastrophalen Zustand waren. Durch die vegane Ernährung blühen sie auf und werden gesund.

Was fütterst Du Deinem Hund, damit eine optimale Ernährung gewährleistet ist?

Das vegane Trockenfutter von Yarrah. Dazu gibt es Gemüse, Gemüsebrühe, Nudeln, Gries, Haferflocken. Kartoffeln sind immer gut, am besten mit Schale, vorher gut abbürsten und kochen, nicht roh verfüttern. Gut sind Rote Beete, Zucchini, Linsen, Kohlrabi, Spinat, Peter-

silie, Äpfel, Birnen (in kleinen Mengen), vor allem auch Möhren. Keine Nachtschattengewächse wie Tomaten, Paprika usw. füttern! Die enthalten hohe Mengen an Solanin und sind daher giftig.

Was würdest Du Hundebesitzern raten, die ihren Hund vegan ernähren wollen?

Man sollte langsam beginnen und das vegane Futter anfangs mit dem herkömmlichen Futter vermischen. Außerdem ist es wichtig, sich unbedingt über die Ernährung zu informieren. Man täuscht sich, wenn man glaubt, dass es allein mit veganem Trockenfutter getan ist.

Nicole's Lieblings-Rezept für vegane Bones

1 kg Fünfkornflocken,
3 Esslöffel Distelöl kaltgepresst,
2 Esslöffel Leinsamen,
1 Packung Hefeschmelzflocken,
125 g gemahlene Nüsse,
2 Zucchini,
2 Karotten,
2 Äpfel,
2-3 rohe Rote Beete,
3 Päckchen Kräutertee.

Obst und Gemüse fein raspeln und alle Zutaten zu einem Teig kneten. Als Knochen formen und auf das Backblech legen.

Bei 160 Grad im Heißluftofen circa 35-45 Minuten backen. Danach die Kekse auskühlen lassen. Die Kekse mindestens zwei Tage offen trocknen lassen.

Die Chefin der Leckerchen

Manuela Reinicke leitet eine Das Futterhaus-Filiale und weiß, was Berliner Hunde wollen

Man kann alles übers Netz kaufen, viele barfen heutzutage und kaufen das Fressen in kleinen Läden, aber die großen Ketten bestimmen den Markt. Das Futterhaus ist einer der Marktführer in Deutschland. 11 Das Futterhaus-Filialen gibt es in Berlin. Eine davon ist die in Reinickendorf, geleitet von Manuela Reinicke. Sie ist ganz nah an Wuffis Zeitgeist, bekommt schnell die neuen Trends mit und bestimmt mit darüber, was am Ende gekauft werden kann und im Hundemarkt erfolgreich wird. Die FRED & OTTO-Redaktion sprach mit der Filialleiterin …

Frau Reinicke, was sind die beliebtesten Hundeprodukte der Berliner?
Natürlich ist Spielzeug ganz groß angesagt. Alles, was blinkt, blitzt und quietscht geht besonders gut. Nachgefragt werden auch immer mehr getreidefreie Hundefutter und Snacks, die wir seit einiger Zeit im Angebot haben. Seit kurzem gibt es auch eine Frischfleischtheke – auch das ist einem sehr eindeutigem Trend geschuldet: Immer mehr Hundebesitzer barfen.

Welche Produkte sind in letzter Zeit besonders „in" geworden? Zeichnen sich da neue Trends ab?
Also da muss ich nochmal aufs Barfen kommen. Das war vor einigen Jahren noch überhaupt kein Thema für die meisten. Es gab nur spezialisierte Hundemetzgereien, bei denen man Frischfleisch für Hunde bekommen hat. Dass wir jetzt neben dem ohnehin großen Angebot an Tiefkühlfleisch auch eine Frischfleischtheke haben, zeigt

letztlich: Der Trend ist längst Mainstream geworden.

Wenn Sie Ihre Erfahrungen einmal mit den Kollegen in anderen Bundesländern vergleichen: Was macht den Berliner Hundemarkt so besonders?
Der Berliner Kunde ist einfach nicht auf den Mund gefallen, um es mal nett zu sagen. Aber davon abgesehen: Der Berliner Markt ist ganz bodenständig. Hundehalsbänder mit Strass und viel BlingBling würden hier nicht gut gehen. Das zeichnet wohl auch die Berliner aus.

Was ist der Vorteil einer großen Futterhaus-Filiale – eigentlich könnte man doch alles viel praktischer heutzutage übers Netz bestellen.
Naja, viele Produkte bekommen Sie schon im Internet. Aber uns kommt es vor allem auf die kompetente Beratung der Kunden an und die Servicequalität. Wir haben zudem viele Aktionen: Da kommt mal ein Tierarzt und berät die Kunden, unsere Sommerfeste sind immer eine große Attraktion und vieles, was neu am Markt ist, wird bei uns in Promotions vorgeführt. Das alles hat man im Netz nicht. Gerade beim Futter oder passgenauem Zubehör, wie Geschirren und Hundemänteln, kann man ja schließlich nicht einfach per Klick irgendeins nehmen. Das sollte schon genau auf den Hund abgestimmt sein. Und was es alles am Markt gibt – darüber haben wir den besten Überblick.

Wie wird man Futterhaus-Chefin? Hatten Sie schon immer was mit Tieren zu tun?
Ich hab' vor 17 Jahren in der Firma angefangen als Kassiererin, wurde dann stellvertretende Marktleiterin, dann Marktleiterin. Naja, wie das halt so ist. Man muss pünktlich, kompetent und zuverlässig sein – und mindestens so gut erzogene Hunde haben wie mein Dackel und meine Dogge!

Was ist Ihr persönliches Lieblingstier?
Bei einem Interview mit FRED & OTTO dürfte man jetzt wohl kaum Katzen sagen, oder? Nein, aber im Ernst: Hunde und insbesondere Deutsche Doggen sind meine absoluten Lieblingstiere!

Mehr Infos

Das Futterhaus Waidmannslust
Oraniendamm 10
13469 Berlin
Alle weiteren Filialen im Web:
www.futterhaus.de

Werbung

Sitz & Platz

Hundeerziehung ist eines der wichtigsten Themen in der Stadt. Hier können die Vierpföter schließlich nicht auf dem gesicherten Gartengrundstück rumrennen, sondern brauchen ein hohes Maß an Gehorsam und Zurückhaltung, um zwischen Straßenverkehr und Menschenmengen klarzukommen. Wir haben gefragt: Was müssen Stadthunde vor allem lernen? Woher weiß man, welche Hundetrainerin oder Hundeschule gut ist? Was sind moderne Prinzipien der Hundeerziehung? Egal, mit wem wir sprachen: Eins ist sicher, wir müssen Hunde sozialisieren und in der Stadt wesentlich mehr tun, um gut mit ihnen zusammenzuleben. Auch, um am Ende selbst ein entspannteres Leben zu führen …

Was Berliner Schnauzen so können müssen

Berliner Hundetrainer über Stadthunde

Hundeerziehung ist ja so eine Sache für sich. Auf dem Hundeplatz bekommt man sowieso immer 1000 andere Meinungen mit, ob gefragt oder ungefragt. Da wird herumgedeutet, wieso ein Hund so oder so reagiert, küchenpsychologisiert, weshalb Hundi jetzt das Fell sträubt oder kopfgeschüttelt, dass man seinen Hund ja gaaaar nicht im Griff hat. Aber was müssen Stadthunde eigentlich können?

Erziehung ist sicher zu einem großen Teil auch bei Hunden vor allem eine Frage der eigenen Philosophie, eigener Erfahrungen und eigener Verankerung in der Welt. Für manche ist Schreien und Law & Order bereits eine Kindheitserfahrung. Beim Hund läuft es dann nicht anders. Aber bei allen Berliner Trainern, mit denen wir sprachen, herrscht heute Einhelligkeit: Keine Gewalt! Dass die gewaltfreie Erziehung auch bei den Hunden angekommen ist, ist interessant. Moden der Kindererziehung werden da offensichtlich übertragen. Und das ist auch gut so. Viel zu lange galt Zucht und Ordnung als Ideal bei der Hundeerziehung. Da wurde bestraft, wenn Befehle nicht ausgeführt worden sind, geschrien, wenn's nicht schnell genug ging.

Keine Gewalt

Hundetrainer empfehlen heute, auf keinen Fall Gewalt anzuwenden, denn das würde das Vertrauensverhältnis zwischen Mensch und Hund nur zerstören. Positive Verstärkung heißt das Schlagwort. Wenn der Hund was richtig macht, wird er gelobt und mit Leckerchen belohnt. Die Idee ist: Die vom Menschen gewünschte Verhaltensweise soll immer die bessere Option sein.

Bei Hunden, die ihren Frauchen und Herrchen besonders gefallen wollen, mag das aufgehen. Aber ob die positive Verstärkung mit Leckerchen mehr zieht als eine läufige Hündin oder der Spielkamerad auf der anderen Seite, ist dann auch immer vom Hund abhängig. Manche Hunde spielen halt lieber als zu fressen.Wichtig ist: Nie aufgeben und sich immer bewusst machen, dass Hunde wie kleine Kinder erst lernen müssen, wie man sich verhält. Natürlich kennen sie keine Autos, laufen nicht von sich aus bei Fuß oder sehen einen Vorteil darin, Platz zu machen. Das alles muss ihnen vermittelt werden – mit Liebe und Geduld, wie Jana Döbler (www.fellnase-im-training.de) erklärt.

Verkehrte Rollen. Manche Hunde haben schon immer gemacht, was sie wollten ... Zeichnung von 1859

Soziales Lernen

Zumindest der Grundgehorsam ist absoluter Standard, meint Petra Winand, (www.hundestunde-berlin.de). Und Grundgehorsam heißt: Sitz, Platz, Fuß. Aber die Trainerin sagt auch: „Das ist nur formales Lernen". Sitz, Platz, Fuß ist leicht andressiert, dafür ist nur die Menge an Leckerlis entscheidend. Winand sieht das kritisch und verweist darauf, dass neben dem formalen Lernen auch ein soziales Lernen stattfinden muss – bei Hund und Halter. Hunde können sich zum Beispiel in aufregenden Umweltsituationen an der Leine nur zurücknehmen, wenn sie ein hohes Maß an Frustrationstoleranz und Umweltsicherheit erlernt und erfahren haben. „Ein Hund sollte souverän sein und Ruhe in sich haben", so Winand, die mehr Erziehung statt Dressur fordert und meint: „Ruhe muss man vor allem als Halter selbst ausstrahlen." Sie plädiert dafür, sich einen Hund und sein Potential genau anzusehen. Man muss ein Gefühl dafür entwickeln, was man Hunden zumuten kann und wo die Dosis zu viel wird: „Man darf Hunde auch nicht überfrachten und zur Dressiermaschine machen."

Hundetrainerin Jana Döbler von www.fellnase-im-training.de

rade in Berlin – begegnen sich ständig einander – und müssen damit erst einmal klarkommen, weiß Tobias Grundig, der in Friedrichshain einen Gassi-Service betreibt (www.030-hunde.de). Sein Tipp: So früh wie möglich an andere Hunde gewöhnen, miteinander spielen lassen, Aggressionen und Revierverhalten unterbinden, bzw. durch positive Ablenkung gar nicht aufkommen lassen. Manchmal kann auch die Erfahrung, schwächer zu sein als ein anderer Hund, die „Selbsteinschätzung" richtig justieren. „Die machen das schon unter sich aus" kann, muss aber nicht eine Lektion für den Hund sein, so Grundig, der dafür plädiert, die jeweilige Situation zu bewerten und sich die Sprache der Hunde genau anzusehen.

Giftköder & Co.

Stadthunde leben gefährlich: Giftköder oder andere Gifte für Ratten und Mäuse sind keine Seltenheit. Jeder Hundebesitzer weiß deshalb: Eine der ersten Lektionen ist, dass nichts vom Boden gefressen werden darf. Gerade bei gefräßigen Rassen wie Labradoren oder Dalmatinern muss man da aufpassen.

Insgesamt müssen Stadthunde also ein gehöriges Maß an Selbstkontrolle aufbauen, damit sie nicht auf die Straße flitzen, Gift fressen oder sich Hals über Kopf in die nächste Beißerei stürzen.

Petra Winand von der www.hundestunde-berlin.de

sind damit gerettet. So was bekommt man nur durch stetes Training hin. Zunächst an der Leine, mit Tempowechseln und entsprechender Belohnung, später dann auf größere Entfernungen, so Matzku.

Stadttypische Situationen kennenlernen

Ein ganz anderes Thema ist, den Hund von früh auf an alle möglichen Situationen in der Stadt zu gewöhnen: Menschenansammlungen, S-Bahn-Fahren, Verkehrslärm, kurz mal vor dem Laden warten. Das sind alles Situationen, mit denen Hunde souverän umgehen können müssen. Der Alexanderplatz ist da ein hervorragendes Pflaster: Zehntausende Menschen überqueren den Platz ständig, Tauben gibt es zur Genüge, Straßenbahnen fahren, direkt nebenan liegt der Bahnhof Alexanderplatz. Ein Nachmittag mit dem kleinen Welpen kann da sehr lehrreich werden. Mehrfach über den Platz laufen, bestimmt „Nein" sagen, wenn er ansetzt, die Tauben zu jagen, einmal kreuz und quer durch den Bahnhof laufen und anschließend noch eine Runde mit der Ringbahn machen. Das ist eine proppevolle Lektion für den kleinen Hund. Ideal ist, wenn er alles genügsam mitmacht, die vielen Menschen nicht anspringt, nicht bellt, nicht beißt und vor allem auch keine Angst zeigt.

Straßenverkehrstauglichkeit

Trainerin Tanja Matzku (www.hundeschule-lottaleben.de) sieht vor allem auch die Straßenverkehrstauglichkeit als großes Lernziel für Stadthunde: „Für mich ist Straßentraining das Wichtigste überhaupt für Stadthunde. Wichtiger noch als ein einwandfreier Rückruf." Die Überquerung der Straße ohne eine entsprechende Erlaubnis des Besitzers wie „rüber" muss für den Hund ein absolutes Tabu darstellen. Ähnlich wichtig ist ein Stopp-Befehl. Wer kennt solche Situationen schließlich nicht? Der Hund läuft verträumt durch den Park und ignoriert wie immer einen entgegenkommenden Fahrradfahrer. Ein Traum, wenn man „Stopp" ruft und der Hund tatsächlich sofort anhält und stehen bleibt. Die Unversehrtheit von Radfahrer und Hund

Mit anderen Hunden klarkommen

Stadttypisch ist auch, dass Hunde andere Hunde kennen lernen und sich mit ihnen verständigen müssen. Landhunde sind ziemliche Individualisten. Stadthunde – ge-

Hundtasche statt Handtasche

- zum Tragen in der Hundeschnauze
- lebensmittelechter Tragegriff
- robustes Material, solide verarbeitet
- verschiedene Größen und Farben

Video und Infos:
www.ernl.de

Die Tagebücher von Easy Dogs.
Mehr Freude und Erfolg beim Training.

▷ www.Easy-Dogs.net

Training   Dummyarbeit   Mantrailing   Gesundheit

Mit dem Hund arbeiten

Auf jeden Fall lohnt es sich gerade am Anfang, Zeit in die Ausbildung seines Hundes zu investieren. Es gibt zahlreiche Berliner Hundeschulen und Trainer mit den unterschiedlichsten Konzepten und Ansätzen. Die Welpenschule sollte jeder Hund durchlaufen. Was man danach macht, ist ein wenig Geschmackssache. Optionen gibt es aber viele, wie Jana Döbler aufzählt: Hunde sind genau wie Menschen nicht gerne arbeitslos. Sonst entwickeln sich Depressionen und Langeweile. Die Arbeit miteinander stärkt die Bindung und das gegenseitige Verständnis und der Hund geht weniger seine eigenen Wege. Viele Unarten entwickeln sich erst gar nicht, wenn der Mensch es versteht, seinem tierischen Gefährten Alternativen anzubieten.

Die Basisübungen der Welpenschule können weiter ausgebaut werden, bis man den viel diskutierten Hundeführerschein absolvieren kann. Zum einen erleichtert der weitere Besuch einer Hundeschule den Alltag ungemein, zum anderen bekommt man Unterstützung in schwierigen Phasen wie der Pubertät. Auch die soziale Komponente ist nicht zu verachten – Hund und Halter treffen in regelmäßigen Abständen auf Gleichgesinnte. Doch welche Aufgaben können die Hunde noch übernehmen? Hundetrainerin Döbler hat viele Anregungen: „Hunde sind Nasentiere und lieben es zu schnüffeln. Neben diversen Suchspielen begeistern sich immer mehr Hundehalter für das Mantrailing. Das Suchen vermisster Personen ist eine wunderbare Auslastung für den Hund. Nachdem ihm eine Geruchsprobe präsentiert wurde, arbeitet er sich dank seiner Nase zum zu suchenden Menschen vor. Wer seinen Hund gerne auch als Hilfe im Alltag einspannen möchte lernt im Trickdog-Kurs nützliche Tricks. So können die Hunde das Licht einschalten, die Türe schließen oder einen Teil des Einkaufs nach Hause tragen. Hundehalter, die gerne auch mal an einem Wettkampf teilnehmen möchten, können sich für Obedience oder Agility entscheiden. Obedience ist Grundgehorsam für Perfektionisten auf höchstem Niveau und wird in verschiedene Leistungsklassen unterteilt. Beim Agility kann der Hund ordentlich über Wippe, durch den Slalom oder den Tunnel fetzen. Auch hier gibt es verschiedene Einteilungen nach Leistung und Größe."

Links

Jana Döbler
(www.fellnase-im-training.de)
Petra Winand
(www.hundestunde-berlin.de)
Tanja Matzku
(www.hundeschule-lottaleben.de)
Tobias Grundig
(www.030-hunde.de)

Werbung

Mobile Hundeschule Team Trainer
individuelle Betreuung und Beratung

www.carola-teamtrainer.de
Mobil erreichbar: 0160 2812883
teamtrainer.carolabaum@googlemail.com

„Ich zieh' dir die Schlappohren lang"
Wie Verbände für Hundetraining die Erziehung modernisieren

Jeder kann eigentlich Hundetrainer sein. Das Berufsfeld ist offen für jeden, die Bezeichnung keinesfalls reserviert. Oder wie es die bekannte Tierverhaltenstherapeutin Barbara Schöning vom BHV ausdrückt: „Jeder, der am Samstag Hund und Halter über die Wiese scheucht, darf sich Hundeausbilder nennen". Mehrere Verbände versuchen seit Jahren, das Berufsfeld zu professionalisieren. In Potsdam vereinbarten erst Anfang 2013 der Internationale Berufsverband der Hundetrainer/innen e. V. (IBH), die Interessengemeinschaft Unabhängiger Hundeschulen e. V. (IG-Hundeschulen), der Berufsverband der Hundeerzieher und Verhaltensberater e. V. (BHV), die Akademie für Naturheilkunde AG (ATN), der Verband der Tierpsychologen und Tiertrainer e. V. (VDTT) sowie das TTEAM Gilde e. V. unter beratender Mitwirkung der Gesellschaft für Tierverhaltensmedizin und -therapie e. V. (GTVMT) eine bundesweit in dieser Form einmalige Kooperation. Ziel ist eine „Bündelung der Kräfte", um politischen Einfluss bei der Realisierung von Zertifizierungen und Anerkennungen geltend zu machen. Außerdem soll verbandsübergreifend ein einheitlich hohes Qualifikationsniveau von Hundetrainern und Menschen, die mit Hunden arbeiten, erarbeitet werden. Die Haltung der Verbände

Außer Rand und Band? Hunde brauchen professionelle Erziehung

ist ganz klar: Hunde zu haben, ist mehr als die bloße Unterbringung eines Vierbeiners. Der Hund ist Sozialpartner, was ein hohes Maß an Verantwortung für das Tier erfordert – sowohl die Unterbringung als auch den Umgang betreffend, so der BHV. Verantwortung, die sich nicht auf tägliche Gassi-Runden, das Aufstellen des Futternapfes oder den Besuch beim Tierarzt reduziert. Eine erfolgreiche, nachhaltige Mensch-Hund-Beziehung bedingt eine fundierte Sachkunde beim Halter und das Bestreben, sich im Umgang mit dem Vierbeiner zu schulen und erworbenes Wissen zu festigen – und das bekommt man in der Hundeschule.

Fragwürdige Ausbildungs- methoden bedeuten eine Gefahr

Die Zahl der Hundeschulen und Hundetrainer in der Bundesrepublik Deutschland hat in den vergangenen 15 Jahren rasant zugenommen. Das ist zunächst erfreulich. Doch auf den zweiten Blick wird klar, dass es sich hier eben um eine Berufsgruppe handelt, für die es keine einheitlichen Ausbildungsstandards gibt. Mangelnde Qualifikation und fragwürdige, tierschutzwidrige Ausbildungsmethoden bedeuten eine Gefahr. Fehler in der Hundeerziehung und bei der Arbeit mit Hundehaltern verfestigen mitunter problematische Verhaltensmuster beim Hund oder sorgen für Konflikte. Und veraltete Ausbildungsmethoden führen nicht zum Ziel einer harmonisch intakten Mensch-Hund-Beziehung. Manchmal lehren Trainer immer noch Gehorsam durch Gewalt und Unterdrückung – Ideale, die bis in die 1980er-Jahre verbreitet waren. Es kann auch nicht nur darum gehen, einem Hund Grundgehorsam zu vermitteln oder durch nicht zeitgemäße Methoden Verhaltensweisen abzugewöhnen. Vielmehr müssen Mensch und Hund als Team funktionieren und sich als solches verstehen.

Wie finde ich den richtigen Trainer?

Wer nun auf der Suche nach professionellen Trainern ist, kann sich an der Mitgliedschaft in einem Verband und der Liste von Fortbildungen des Trainers orientieren. Mitglied im BHV darf zum Beispiel nur sein, wer mindestens zweimal in zwei Jahren eine Fortbildungsveranstaltung besucht. Seit 2007 bietet die IHK Potsdam einen IHK-Zertifikatslehrgang für Hundeerzieher und Verhaltensberater an, auch das wäre ein Qualitätsnachweis, nach dem man fragen kann. Alle Verbände bieten die eine oder andere Art von Zertifizierung. Einen guten Ruf haben auch Trainer, die das CANIS-Studium absolviert haben. CANIS, eine private Schule des bekannten Hundetrainers Michael Grewe, bietet eine Hundetrainerausbildung, deren erfolgreicher Abschluss zu einer behördlich anerkannten Zertifizierung führt. Mittlerweile können solche Abschlüsse als Standard für Hundetrainer angesehen werden.

Berufsverband der Hundeerzieher und Verhaltensberater e. V. (BHV)

Auf der Lind 3
65529 Waldems-Esch
Tel.: 06192-9581136
Mail: info@hundeschulen.de
Web: www.hundeschulen.de

Berufsverband zertifizierter Hundetrainer e. V.

Jagdstraße 18
90768 Fürth
Tel.: 0911-78088-28
Mail: info@bvz-hundetrainer.de
Web: www.bvz-hundetrainer.de

CANIS - Zentrum für Kynologie

Im Wackenbach 2
35687 Dillenburg-Niederscheld
Tel.: 02771-8009306
Fax: 02771-8010607
Mail: info@canis-kynos.de
Web: www.canis-kynos.de

Checkliste:

Woran erkennt man eine gute Hundeschule?

Der / die Hundetrainer/-in:

kann eine qualifizierte Ausbildung im Bereich der Hundeerziehung/ Verhaltensberatung, bevorzugt mit einem staatlich anerkannten Abschluss vorweisen (z. B. Tierarzt mit verhaltenstherapeutischer Zusatzausbildung, Hundefachwirt IHK oder Hundeerzieher und Verhaltensberater IHK, CANIS-Studium oder sonstige Zertifizierung eines größeren Verbandes).

Trainer/Hundeschulen sind Mitglied einer berufsständigen Vereinigung, bei der die Mitgliedschaft an den regelmäßigen Besuch von Fortbildungsveranstaltungen gebunden ist.

In der Hundeschule:

- richtet sich das Kursangebot nach den Bedürfnissen der Teilnehmer.

- erfolgt die Ausbildung der Hunde und ihrer Halter nach modernen, gewaltfreien Methoden und in einer angenehmen Atmosphäre für Menschen und Hunde.

- werden keine Erziehungsmethoden oder -hilfsmittel eingesetzt, die zu Schmerzen, Schäden oder Leiden beim Hund führen. Nicht tiergerechte Hilfsmittel, wie Stromreizgeräte, Stachelhalsbänder, Zughalsbänder ohne Stopp sowie Erziehungsgeschirre mit Zugwirkung unter den Achseln werden nicht verwendet.

- wird, besonders bei Welpen- und Grunderziehungskursen, das Verhältnis von sechs Kursteilnehmern zu einem betreuenden Trainer, in der Regel nicht überschritten.

- wird generell in überschaubaren Gruppengrößen trainiert, so dass die Trainer sich adäquat mit den einzelnen Kursteilnehmern beschäftigen können.

- findet je nach Kursziel das Training nicht ausschließlich auf dem Hundeplatz, sondern auch im öffentlichen Bereich (Stadt, Hundeauslaufgebiet, Park ...) statt.

- gibt es bei individuellen Fragestellungen und Problemen, die im Rahmen des Gruppenunterrichts nicht bearbeitet werden können, ein Angebot für Einzeltraining oder Hausbesuche. Gegebenenfalls überweist die Trainerin / der Trainer die Teilnehmerin / den Teilnehmer an spezialisierte Fachleute weiter. (Quelle: BHV)

Gewaltfreie Erziehung für entspannte Hunde

Interview mit Katja Krauß von der GREH-Hundeschule

„Pferdeflüsterer" existieren nicht nur im Kino. Auch im wahren Leben gibt es Menschen, die verhaltensauffällige Tiere durch gewaltfreies Training zähmen. Linda Tellington-Jones gehört zu ihnen. Mit ihrer Tellington-Jones Equine Awareness Method, kurz TT.E.A.M., schult sie seit über 30 Jahren Pferde und bringt ihnen Vertrauen zu sich selbst und ihrer Umwelt bei. Seit Mitte der 1990er-Jahre wendet sie ihre Methode auch für Hunde an. Parcoursarbeiten, Führtechniken und spezielle Berührungen sollen dazu führen, dass die Hunde von sich aus lernen, wie sie in bestimmten Situationen angemessen reagieren. Lernen durch die Unterwerfung des Hundes wird hingegen bei der Tellington-Methode strikt abgelehnt. Besondere Bedeutung kommt dem Tellington-TTouch bei. Hierbei handelt es sich um eine sanfte Massage des Tieres. Sie zielt darauf ab, Ängste und Stress beim Hund abzubauen. Gleichzeitig sollen durch die kreisenden Berührungen Lernfähigkeit und -motivation der Tiere gesteigert werden. Sogar Altersbeschwerden und gesundheitliche Einschränkungen sollen sich durch den Tellington-TTouch lindern lassen.

Die Tellington-Methode wird mittlerweile auch in Berlin angewandt. Katja Krauß ist offizieller Tellington TTouch Practitioner und wurde durch Linda Tellington-Jones lizensiert. Krauß leitet in Berlin-Tempelhof die GREH Hundeschule (Gesellschaft zur Resozialisierung und Erziehung von Hunden). Wir waren neugierig und haben mit Katja Krauß gesprochen:

Die Philosophie der gewaltfreien Erziehung von Hunden wird mittlerweile von vielen Hundeschulen vertreten. Wie hebt sich Ihre Hundeschule, in der die Tellington-Methode angewandt wird, von anderen Schulen ab?

Vielleicht noch mehr als alle Technik ist es die Philosophie, die die Tellington-Methode und somit auch die Hundeschule GREH zu etwas Besonderem macht. Es gibt da verschiedene Punkte: Würdigen der Tiere in ihrer Rolle als unsere Lehrer; bewusst machen der Bedeutung der Tiere in unserem Leben; Unterstützen von Harmonie, Zusammenarbeit und Vertrauen zwischen Mensch und Tier sowie zwischen Mensch und Mensch; Beachten des individuellen Lernprozesses jedes Menschen und jedes Tieres; Respektieren jedes Tieres als Individuum, Lehren des TTouch als Kommunikationsmittel zwischen den Arten, Arbeiten mit Tieren auf der Grundlage von Verständnis anstatt Dominanz.

Wir gehen achtsam mit Mensch und Tier um. Dabei arbeiten wir sehr stark mit dem Bewusstsein des Tieres. Es geht auch um

Katja Krauß von der GREH-Hundeschule

Lernprozesse, doch diese entstehen von innen heraus. Durch alle Tellington Tools, egal, ob es z.B. das T-Shirt, der Tellington TTouch oder eine Führarbeit im Tellington-Parcours ist, helfen wir dem Tier, in seine körperliche, geistige und emotionale Balance zu kommen. Das hört sich für Außenstehende hochtrabend an, doch die gesamte Tellington Arbeit ist besonders einfach strukturiert und kann daher leicht angewendet werden. Wir lehren und lernen dabei stetig dazu. Ein Beispiel der Tellington Arbeit ist das T-Shirt für den Hund. Selbst die Zeitschrift ‚dogs' kürte das T-Shirt (in dem Falle mit dem Namen Thundershirt) zum Produkt 2012, weil es Hunden hilft, Ängste zu verlieren und Aggressionen zu mildern.

Die Tellington-Lehrer werden auf allen Kontinenten eingesetzt und daraus ergibt sich ein Wissensfluss, der auf Achtsamkeit und Effektivität ausgerichtet ist. Weltweit werden Ideen von Menschen aller Disziplinen gesammelt, die versuchen, eine bessere Lebensqualität für jedes Tier und jeden Menschen zu ermöglichen und dabei deren Individualität zu respektieren und achtsam mit den Gefühlen umzugehen.

Die Methode ist so anders und neuartig, obwohl sie nun schon so lange existiert, dass die Erfolge kaum erklärbar sind. Ähnliche Effekte wie bei der Akupunktur oder Yoga treten ein und verbessern die Lebensqualität aller Beteiligten.

Wann fängt man mit der Methode an?

Bei GREH haben wir dazu schon früh erkannt, dass besonders die Prophylaxe, die Welpenarbeit, entscheidend für das spätere Hundeleben ist. Daher haben wir sehr viele verschiedene Welpengruppen geschaffen, um möglichst jedem Hund-Mensch-Team einen guten Start zu ermöglichen. Wir haben das größte Zentrum für Welpen- und Junghundarbeit deutschlandweit aufgebaut. Selbst bei dem Clickertraining legen wir größten Wert auf einen ‚tteam-gemäßen' Umgang. Spätestens seit meinem Buch „Hunde erziehen mit dem Clicker" habe ich immer wieder Seminarwünsche erfüllt zum Thema „TTouch und Clicker", bei denen auch die Tellington-Philosophie einen großen Raum einnimmt.

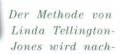

Linda Tellington bei Anwendung ihres Tellington Touch

Der Methode von Linda Tellington-Jones wird nachgesagt, dass sie angeblich auch die Selbstheilungskräfte der Tiere stimuliert. Was genau ist darunter zu verstehen?

Die Behandlung mit TTouch wird in vielen Bereichen der menschlichen sowie der tierischen Gesundheitspflege angewendet: z.B. nach chirurgischen Eingriffen, im akuten und chronischen Schmerzmanagement, bei der Behandlung von akuten Verletzungen und Traumata, bei Schlaganfällen, Verletzungen des Gehirns, beim geriatrischen Patienten, bei der Rehabilitation nach Unfällen und Krankheiten und bei Schwangerschaft und Geburt.

Der Tellington TTouch aktiviert bereits nach kurzer Zeit das parasympathische Nervensystem. Bei Untersuchungen wurde deutlich, dass eine nur 5-10-minütige Behandlung mit Tellington TTouch das Stresshormon Adrenalin sowie Blutdruck und Herzfrequenz signifikant senkt. Dieses Wohlbefinden ist sicherlich auch ein großer Faktor, wenn es zu positiven Verhaltensveränderungen durch die Tellington-Arbeit kommt. Es ist der ganzheitliche Aspekt, der alle drei Komponenten (Körper, Seele, Geist) anspricht.

Lässt sich die Wirksamkeit des Tellington Touch überhaupt wissenschaftlich belegen?

Zum Glück findet die Tellington-Arbeit seit ein paar Jahren auch in wissenschaftlichen Kreisen immer mehr Anerkennung. Inzwischen erhielt Linda Tellington-Jones ihren Doktortitel ehrenhalber. Zudem wurde an der Wisdom Universität in San Francisco ein eigens für sie kreierter Lehrstuhl geschaffen. Mit „Interspecies Communication", gemeint ist die Kommunikation zwischen den Arten, will man ihren bedeutenden Beitrag zum Verständnis von Gesundheit und Wohlbefinden von Mensch und Tier honorieren und weiter erforschen.

Dort wird auch speziell die Wirkweise der Tellington Methode untersucht. Linda Tellington-Jones spricht ja vom Aktivieren der Zellfunktionen des Kör-

Pfötchenhotel®
Hamburg

Pfötchenhotel®
Jade

Pfötchenhotel®
Resort Berlin

Pfötchenhotel®
Hilden

Pfötchenhotel®
das große Hotel für kleine Gäste

„HERRCHEN IST DER BESTE!"

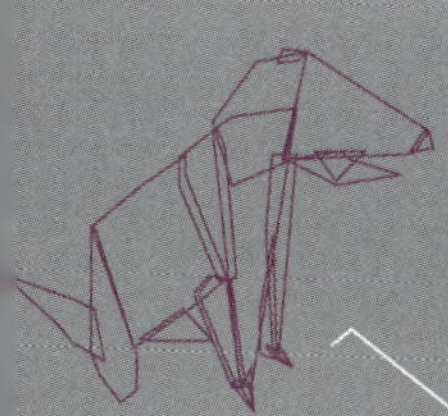

Fuchsbergstraße 18
40724 - Hilden
Tel: (02103) 39585-0
Fax: (02103) 39585-39
hilden@pfoetchenhotel.de

Pfötchenhotel®
Hilden

Jader Straße 27
26349 - Jade
Tel: (04454) 97886-0
Fax: (04454) 97886-19
jade@pfoetchenhotel.de

Pfötchenhotel®
Jade

Birkenallee 10-11
14547 - Beelitz
Tel: (033204) 6178-0
Fax: (033204) 6178-19
berlin@pfoetchenhotel.de

Pfötchenhotel®
Resort Berlin

www.pfoetchenhotel.de

Ein konfliktfreies Zusammenleben ergibt sich vor allem durch eine gewaltfreie Erziehung

pers sowie dem hirngerechten Lernen. Das ist tatsächlich nachweisbar. Ich war selber bei einer in Berlin durchgeführten Studie dabei, wo die Gehirnwellen von Pferden vor und nach dem Tellington TTouch untersucht wurden. Der Apparat, der den Pferden dazu aufgesetzt wurde, wurde durchgehend von einem Techniker betreut. Dieser Mann hatte an manchen Stellen den Eindruck, dass die Maschine defekt sein müsste, was sich als Irrglaube herausstellte, da er den Messwerten nach dem Tellington TTouch kaum Glauben schenken konnte. Die Gehirnwellen zeigten so sehr entspannte Pferde.

Mehr zum Thema Tellington TTouch und GREH-Hundeschulen

www.ttouch-for-you.de

Hundeschule GREH

Katja Krauß
General-Pape-Straße 48
12101 Berlin
Web: www.greh.de

Werbung

Gassi & Co.

Hundemenschen sind mobile Menschen. Zwangsläufig. Jeden Tag heißt es erneut: Raus, Gassi gehen. Die meisten wissen aber: Gassi gehen ist nicht gleich Gassi gehen. Um den Block zu streifen, macht höchstens gehbehinderte Senioren-Hunde glücklich. Hunde wollen mehr: Beschäftigung, Aufgaben, Abenteuer. Doch wo kann man das erleben? Wo sind die besten Auslaufgebiete der Stadt? Wie beschäftigt man seinen Hund beim Spaziergang? Und was macht man, wenn man Hundi mal zu Hause beschäftigen muss und die große Runde einfach nicht drin ist? Mobil sein heißt für uns Menschen aber auch: Zu arbeiten, Dienstreisen zu haben, mal übers Wochenende wegzufahren. Was dann mit dem Hund? Wir haben einen Blick auf den mittlerweile großen Markt Berliner Hunde-Dienstleister geworfen. Draußen unterwegs zu sein, ist auch mit einem ganz anderen Thema verbunden: Es gibt viele Konflikte – mit Nicht-Hundemenschen, mit dem Ordnungsamt, mit anderen Hundebesitzern. Wie reagiert man darauf und bleibt souverän?

Der tägliche Freilauf ohne Strick

Wo Berliner Stadthunde am schönsten toben und rennen können

Jeder Berliner Hundehalter kennt das Problem. Hunde sind in „1. Öffentlichen Grün- und Erholungsanlangen, 2. in Waldflächen, die nicht an den Zugangswegen durch besondere Schilder ausdrücklich als dafür freigegeben gekennzeichnet sind (Hundeauslaufgebiete) […] an einer höchstens zwei Meter langen Leine zu führen." So schreibt es das Berliner Hundegesetz vor. Die grün umrandeten, dreieckigen Schilder mit der Tulpe, die entsprechende Anlagen kennzeichnen, finden sich selbst am kleinsten Stückchen Grün.

Glücklicherweise gibt es im innerstädtischen Bereich 17 von der Stadt gestellte Flächen, sowie einige von Hundefreunden organisierte, auf denen der Hund legal ohne Leine laufen darf. Diese Hundefreiläufe sind in der Regel eingezäunte Hundeplätze für Vierbeiner, die den Kontakt zu anderen Hunden mögen und gerne spielen.

Hundeplätze

Bezirk Charlottenburg-Wilmersdorf

Hundefreifläche Reichsstraße – Spandauer Damm (Reichsstraße / Spandauer Damm)

Hundefreifläche Tegeler Weg (Tegeler Weg, nahe Schleusenkanal)

Hundeauslauffreifläche im Volkspark Wilmersdorf (zwischen Bundesallee und Prinzregentenstraße)

Bezirk Friedrichshain-Kreuzberg

Hundeplatz Gürtelstraße (Gürtelstr. 18/19)

Hundeauslauffreifläche im Volkspark Friedrichshain (Volkspark Friedrichshain, nahe Krankenhaus Friedrichshain)

Hundeplatz Revalerstraße 17 (Modersohnstraße/Revaler Straße)

Aus Freude am Rennen – Berliner Hunde im Auslaufgebiet

Bezirk Lichtenberg

Hundesportplatz Arnimstraße (privat), HSSV „Happy Dogs Berlin" e.V., Tel. 93 66 20 89 (best. Öffnungszeiten)

Hundeauslaufplatz Hausvaterweg 39, Tierschutzverein Berlin, Tel.: 030-768 880

Hundeplatz Lichtenberg (Dolgenseestraße/Hönower Weg, Nähe Betriebsbahnhof Rummelsburg) Web: www.hundeplatzlichtenberg.de

Freilauffläche Pablo-Picasso-Straße (östlich Pablo-Picasso-Straße)

Hundesportplatz Wartenberger Straße (westlich Wartenberger Straße)

Bezirk Mitte

Hundeauslauffläche im Volkspark Rehberge (am Schwarzen Graben, Dohnagestell)

Hundefreifläche Volkspark Humboldthain (nahe der Promenade an der Gustav-Meyer-Allee)

Bezirk Neukölln

Hundeauslauffläche im Volkspark Hasenheide (Eingang nahe Hasenheide)

Bezirk Pankow

Hundefreilauf im Mauerpark (Eberswalder Straße)

Bezirk Reinickendorf

Hundegarten Schäfersee (Stargardtstraße/Mudrackzeile)

Hundegarten Wittenau (Rosentreterpromenade, Steinbergpark)

Hundegarten Lübars (Fließtal Tegel, Am Freibad, nördlich Freibad Lübars)

Hundegarte Seggeluchbecken (Märkisches Viertel, am Sportplatz)

Volkspark Jungfernheide (Heckerdamm/Kurt-Schumacher-Damm)

Bezirk Tempelhof-Schöneberg

Hundefreilaufgelände Inselhunde Schöneberg e. V. (Tempelhofer Weg 63/64)

Tempelhofer Feld (3 Hundeplätze, Eingang Oderstraße und Tempelhofer Damm)

Bezirk Treptow-Köpenick

Hundeauslaufgebiet Forsthausallee (Forsthausallee Ecke Britzer Zweigkanal, nicht umzäunt)

Pepe im Auslaufgebiet Arkenberge

Und dann gibt es da noch die richtigen Hundeauslaufgebiete. Für Hunde, die mit Hundespielplätzen nichts anfangen können und die tatsächlich gerne laufen. Die Hundeauslaufgebiete finden sich vorrangig in den Berliner Forsten und eignen sich für längere Spaziergänge ohne Leine. Das Gebiet in Arkenberge beispielsweise erfreut sich dank seiner Felder und Wiesen großer Beliebtheit. Der Blick kann ein wenig schweifen und es gibt einen kleinen Kanal für den Badespaß zwischendurch. Das bekannteste und gleichzeitig größte zusammenhängende Hundeauslaufgebiet befindet sich im Grunewald. Wer es lieber etwas einsamer bevorzugt, sollte die Badestelle am Grunewaldsee und die Wege rund herum am Wochenende und bei schönem Wetter besser meiden. Wildschweine sind zu bestimmten Jahreszeiten ein weiterer Faktor, den es zu beachten gilt. Ungewöhnlich für ein größeres Hundeauslaufgebiet ist eine Umzäunung, wie man sie in Düppel zwischen dem Pohle- und dem Stölpchensee vorfindet. Für Hundehalter, die noch am makellosen Rückruf ihres Hundes arbeiten sicher von Vorteil. Und auch hier darf geplanscht werden. Das Freilaufgebiet Nikolskoe bietet einen direkten Blick auf die Pfaueninsel und ein hundefreundliches Restaurant für die kleine Pause. Ein Waldgebiet, über das man Hundebesitzer seltener sprechen hört, befindet sich im Stadtpark Spandau. Nicht zu überlaufen und in einem schönen Mischwald gelegen, befindet sich auch hier eine kleine Badestelle für die heißen Tage, sowie eine Hundewiese zum Flitzen. Eine Möglichkeit zum Baden für Vierbeiner gibt es außerdem im Auslaufgebiet Pichelswerder. Unter den besten Auslaufgebieten tummelt sich zudem der weitläufige Forst Jungfernheide, der sich wirklich für ausgedehnte Spaziergänge eignet. Das Rudower Fließ in Neukölln ist kein offizielles Hundeauslaufgebiet, wird aber gerne genutzt. Bei Unsicherheiten lohnt es sich, die Schilder vor Ort genau zu beachten. Eine Grauzone in punkto Hundefreilauf ist das an Kleingärten angrenzende Gebiet am Ende der Norwegerstraße in Pankow. Als Hundeauslaufgebiet in Planung, wird es jetzt schon rege genutzt, ist aber noch nicht offiziell als solches gekennzeichnet.

In allen Hundeauslaufgebieten gelten selbstverständlich die gängigen Benimmregeln für Hund und Halter. Auf Spaziergänger ohne Hund aber auch auf andere Hundehalter und sonstige Nutzer der Er-holungsgebiete ist in jedem Fall Rücksicht zu nehmen. Im Grunde ganz einfach: Je besser sich Hund und Mensch benehmen, desto höher ist Wahrscheinlichkeit, dass Hunde weiterhin in diesen wunderbaren Gebieten geduldet werden oder sogar noch weitere hinzukommen. Denn im Vergleich zu Haltern im brandenburgischen Umland, haben die Berliner ausgesprochenes Glück. Dort herrscht im gesamten Waldgebiet und in vielen Kommunen großflächig Leinenzwang und so haben es die Berliner Stadthunde streckenweise sogar besser als ihre Kollegen auf dem Land. (Text: Tanja Matzku)

HUNDEAUSLAUFGEBIETE

Bezirk Neukölln

Hundeauslaufgebiet Rudower Fließ (Klein Ziethener Weg/Welsumerpfad, kein offizielles Hundeauslaufgebiet)

Bezirk Pankow

Hundeauslaufgebiet Arkenberge (Schildower Straße)

Bezirk Reinickendorf

Hundeauslaufgebiet Frohnau (Welfenallee/Forstweg)

Hundeauslaufgebiet im Forst Jungfernheide (Bernauer Straße/ Kamener Weg)

Bezirk Spandau

Hundeauslaufgebiet Hakenfelde (Stadtpark Spandau, Cautiusstraße/ Schönwalder Allee, Nähe Johannisstift)

Hundeauslaufgebiet Fuchsberge (zwischen Fuchsbergeweg und Am Dorfwald)

Hundeauslaufgebiet Kladow (Groß-Glienicker-See, Gottfried-Arnold-Weg)

Hundeauslaufgebiet Pichelswerder (Heerstraße, Siemenswerder und Brandensteinstraße)

Bezirk Steglitz-Zehlendorf

Hundeauslaufgebiet am Grunewald (Fischerhüttenstraße)

Hundeauslaufgebiet am Wannsee (Pfaueninselchaussee/Königsstraße)

Hundeauslaufgebiet in Düppel (Kohlhaasenbrücker Straße, Pohlesee, Stölpchensee)

Hundeauslaufgebiet in Düppel (Am Waldhaus, Königsweg, nahe Waldfriedhof Zehlendorf)

Hundeauslaufgebiet Nikolskoe (Nikolskoer Weg/Moorlake Weg)

Potsdam

Babelsberg (an der Nutheschnellstraße/ Babelsberger Park)

Geschafft! Der Hund ist müde

Beschäftigungstipps für den alltäglichen Spaziergang

Irgendwie hatte man sich das leichter vorgestellt, mit der Auslastung des höfischen Caniden. Stolz kann man zwar behaupten, nicht zu jener Sorte Hundehalter zu gehören, die das arme Ding an Geschirr und Rollleine nur zwei Mal um den Block schleift. Und die Tipps der Hundeschule berücksichtigt man auch. Im Schnitt hält man sich nicht unter zwei Stunden draußen mit seinem Gefährten auf, sorgt für ein wenig Freilauf und auch für Sozialkontakte mit anderen Hunden. Trotzdem, da liegt er wieder, schaut einen unbefriedigt an und will mehr.

Wie lässt sich der tägliche Spaziergang mit wenig Aufwand so gestalten, dass der hündische Mitbewohner im Anschluss zuckend in Traumwelten abdriftet und dort auch eine Zeit lang verweilt?

Simone Laube von den Berliner Stadthunden kennt da einige Möglichkeiten: „Man kann alles, was einem auf dem täglichen Spaziergang begegnet, für sich nutzen. Den Hund auf Mauervorsprüngen balancieren lassen, ihm den Slalom um Straßenpoller beibringen oder alle Übungen, auch an der Leine, durch Tempowechsel spannender gestalten."

Für viele Hunde ist allein der Grundgehorsam in der Stadt schon eine große Herausforderung an Mut, Konzentration und Impulskontrolle. Platz auf einer erhöhten Schräge, Entfernung des Besitzers, dann ein Abrufen mit eingebautem Stopp. Auch sollte man für die alltäglichen kleinen Problemchen, den Hund mal selbst die Lösung finden lassen. Wie man hinter dem Zaun wieder vorkommt, den man an irgendeiner Stelle durchquert hat, ist eine kognitive Leistung, die manche Hunde durchaus fordert. Das Umlaufen von Bäumen auf Kommando ist eine weitere schöne Herausforderung, vor allem für Hütehunde. Kommando linksherum und rechtsherum und schließlich mit 15 Metern Abstand zu einer Reihe von Bäumen per Handzeichen gegeben und der Hund muss den richtigen Baum finden. Von unkontrolliertem Bällchenwerfen als Beschäftigung ist eher abzuraten. Aber kann ihr Hund die Selbstbeherrschung aufbringen, im Platz zu warten, bis Stock oder Ball gelandet sind und wartet er, bis er ihn suchen darf? Es darf auch mal eine kleine Kastanie sein, die im Schnee oder im hohen Gras verschwindet. Damit sind wir schon bei den Suchspielen. „Hunde lieben es, ihre Sinne, vor allem ihre Nase, zum Suchen ein-

Und was kommt jetzt? Hunde haben ein großes Bewegungs- und Erlebnisbedürfnis

zusetzen", erklärt Simone Laube. „Den einen Stock unter vielen im Wald findet ihr Hund schließlich durch den anhaftenden Geruch ihrer Hand". Auch den mitgenommenen Ball kann man zur Abwechslung ruhig mal gut verstecken, ein wenig Zeit verstreichen lassen und dann dem ungeduldig, oder noch besser geduldig wartenden Hund das Suchsignal geben. Hunde werden gerne gefordert.

Versteckspiele und Fährten legen

Sich selbst zu verstecken, im Moment höchster Gedankenverlorenheit des Hundes, ist auch ein schönes Spiel. Aus verwirrtem, orientierungslosem Suchen wird schnell professionelles Finden. Wer für Bello ab und zu ein wenig mehr Aufwand betreiben möchte, für den sind kleine Fährten eine wunderbare Sache. Ein Stück Wurst, Trockenfleisch o. Ä. in etwas Wasser aufgeweicht ergibt eine duftende Flüssigkeit, die man in eine kleine Flasche abgefüllt mitnehmen und als Fähre verteilen kann. Die Spur zu halten und sich von den Gerüchen der Stadt nicht ablenken zu lassen, ist eine nicht zu unterschätzende Herausforderung und harte Arbeit, die aber auch große Freude bereitet. Über den Aufbau einer einfachen Fährtensuche für Amateure oder die Freiverlorensuche gibt es ausreichend Literatur. Für Hunde mit Garten eignet sich Longieren, eine intensive aber zeitsparende Beschäftigung. Klingt es zunächst für Hunde ungewöhnlich, ist es bei genauerer Betrachtung eine wunderbare Möglichkeit, die körpersprachliche Kommunikation zwischen Hund und Halter zu optimieren.

Hunde brauchen Beschäftigung

Für gesunde, normal agile und nicht zu große Hunde ist eine der einfachsten Lösungen das Fahrradfahren. Einfach aber erst, wenn die Grundkommandos, vor allem ein sicheres Stopp aus allen Geschwindigkeiten und ein einwandfreier Rückruf, sitzen. Klappt dies, ist es eine Wonne Hunde am Fahrrad zu beobachten. Wie sie im canidentypischen Trab, wie ihr Vorfahr, ihr Territorium gemeinsam mit ihrem Menschenkumpel durchstreifen und sich endlich einmal nicht an dessen Schneckentempo anpassen müssen. Hoher Zufriedenheitsfaktor im Anschluss inklusive. (Text: Tanja Matzku)

DIE TOP 3 FÜR ZU HAUSE

1. Suchspiele aller Art
Für Anregungen gibt es ausreichend Literatur. Man kann einfache Spiele mit Futter aufbauen, sich mit anderen Gerüchen steigern, Hütchenspiele beibringen (unter welchem Hütchen ist der Käse), Spielzeuge suchen und unterscheiden usw.

2. Tricks kleinschrittig aufbauen
Jede Art von Denksport lastet aus. Kompliziertere Tricks langsam aufzubauen macht Spaß. Lassen Sie Ihren Hund sein Hundespielzeug selber wieder in die Kiste legen (dazu muss er z. B. auf Kommando etwas nehmen, tragen, ausgeben, Richtungen verstehen, etc.), die Tür schließen – wahlweise mit Pfote oder Schnauze, einen Hofknicks machen, ein Leckerchen auf der Nase balancieren und dann fangen. Trickbücher helfen.

3. Problemlösungen
Was macht der Hund mit dem rohen Ei? Oder mit dem Stückchen Wurst im Eimer? Was macht er, wenn sich ein zu suchender Gegenstand oder Futter außerhalb seiner Reichweite befindet? Was macht er, wenn sich das Futter in einem geschlossenen Pappkarton befindet?

Berliner Stadthunde

Simone Laube
Tel.: 030-85 96 41 41
Mobil: 0178-603 94 76
Mail: info@berliner-stadthunde.de
Web: www.berliner-stadthunde.de

Und was macht der Hund den ganzen Tag?

Der neue Luxus der vierbeinigen Kunden von Hundeausführservice & Co.

Der ideale Hundebesitzer, aus Sicht des Hundes, ist mit Sicherheit arbeitslos und wohlhabend und widmet sich den ganzen Tag vorrangig der Beschäftigung seines Haustiers. Studenten stehen garantiert ebenso hoch im Kurs und auch ein selbständiger Hundemensch ist wohl gerade noch zu tolerieren, wenn er seine Zeit hundegerecht organisiert und die richtigen Prioritäten setzt. Aber der Rest der arbeitenden, hundehaltenden Bevölkerung schneidet, davon ist auszugehen, nicht so gut ab. Nach der abendlichen Heimkehr mit dem vermeintlich vorwurfsvollen Hundeblick des haarigen Mitbewohners konfrontiert, bleiben Gewissensbisse nicht aus. Und das ist auch gut so. Die Zeiten, in denen Hunde aus organisatorischen Gründen und der Einfachheit halber fünf Tage die Woche für zehn Stunden im Zwinger saßen, sind zum Glück, zumindest in unseren Breiten, weitgehend vorbei. Wohin also, wenn die Zeit mal wieder fehlt, wenn eine arbeitsreiche Woche bevorsteht oder andere Gründe einen daran hindern, den Hund entsprechend auszulasten?

In Großstädten wie Berlin gibt es einen immer größer werdenden Markt an Betreuungsangeboten und das ist für viele Hunde die Rettung aus der Vereinsamung in Einzelhaft. In der „Huta" (Hundetagesstätte), dem tierischen Pendant zur Kita, kann man seinen Hund in der Regel zu bestimmten Zeiten abgeben und abends wieder abholen. Wird zusätzlich eine Betreuung über Nacht angeboten, wird die Huta zum Hundehotel oder der Hundepension. Das umfangreichste Angebot findet sich im Bereich der Ausführservices oder Dog Walker, die es mittlerweile für viele der Berliner Stadtbezirke gibt.

Lars Thiemann ist einer von ihnen, der Pionier der Berliner Hundeausführdienste. Seit nunmehr 19 Jahren sorgt er für ausreichend Bewegung vieler Berliner Hunde im Hundeauslaufgebiet Grunewald. Mit mittlerweile zwei fest Angestellten, einem Praktikanten und drei hundegerecht ausgestatteten Bussen bedient er vorrangig die südwestlichen Berliner Stadtteile. Wir sprachen mit Lars Thiemann …

An wen ist ein Angebot wie Ihres gerichtet und wie sieht so ein Tag für den Hund aus?

Eigentlich richtet sich das Angebot an jeden Hundehalter, da das regelmäßige gemeinsame Laufen in der Gruppe die artgerechteste Form der Hundehaltung bedeutet. In der Praxis nutzen vor allem Hundehalter, die jobbedingt sehr viel unterwegs sind, den Hundeausführservice. Es gibt aber auch Kunden, die über genügend Zeit verfügen, aber ihrem Hund das Gruppenerlebnis zwei oder dreimal wöchentlich gönnen. Die Hunde werden am frühen Vormittag mit einem speziell dafür ausgebauten Bus abgeholt, laufen zweieinhalb bis drei Stunden frei und in der Gruppe unter professioneller Aufsicht durch den Grunewald und werden anschließend wieder nach Hause gebracht. Während der Laufzeit dürfen die Hunde spielen und toben – aber nicht nur! Es gibt in der Gruppe klare Regeln und immer mal zwischendurch kleine Übungen. Benehmen im Auto, Rücksichtnahme auf andere Spaziergänger, Jogger und Radfahrer sind selbstverständlich.

Was sind die Anforderungen an einen Hund, damit er in einem Rudel mitlaufen kann?

Gute Voraussetzungen, um am Hundeausführservice teilzunehmen, sind soziale Verträglichkeit und ein gewisser Grundgehorsam. Beides kann jedoch auch gemeinsam erarbeitet werden. Ich investiere hier lieber etwas mehr Zeit, damit später alle etwas davon haben.

Können die Hunde spontan nach Bedarf mitgegeben werden oder ist eine gewisse Regelmäßigkeit wichtig?

Eine Regelmäßigkeit ist für meinen Service Grundvoraussetzung – fremde Hunde einfach so spontan mitzunehmen, halte ich für unseriös und fahrlässig. Für die Harmonie und Stabilität einer Gruppe ist Vertrautheit entscheidend, ein ständiger Wechsel würde für Stress und Unruhe sorgen. Nicht nur für die Hunde untereinander, sondern auch für die Beziehung zwischen Hundegruppe und Dogwalker ist Sicherheit und Vertrauen ein entscheidender Faktor, im Idealfall kennt der Ausführer seine Gruppe in- und auswendig und die Hunde orientieren sich völlig selbstverständlich an ihm.

Worauf sollten Hundehalter achten, wenn sie einen Hundeauslaufservice in ihrem jeweiligen Einzugsgebiet suchen?

Dogwalker ist wie auch Hundetrainer kein geschützter Beruf. Es kann sich also jeder so nennen. Für Hundehalter also gar nicht so einfach, den richtigen auszuwählen.

Lars Thiemann, Gassi-Dienstleister aus Berlin

106

Mit mehreren die Zeit zu verbringen, macht den meisten Hunden viel Spaß. Hunde-Sitting sollte auf keinen Fall nur eine Aufbewahrung der Tiere sein

Auf ein paar Punkte kann man allerdings achten: Ein guter Dogwalker wird bereitwillig über seine Qualifikationen Auskunft geben. Er verfügt über eine betriebliche Haftpflichtversicherung. Aussagen in den AGBs wie „der Halter haftet für alle Schäden selbst" sind selbstverständlich unseriös. Ein kompetenter Hundeausführservice wird einen Hund nicht einfach so mitnehmen, es gibt einen Probespaziergang mit Halter, so kann der Halter die praktische Arbeit beurteilen. Der Dogwalker wiederum kann die entscheidenden Infos über den Hund bekommen, wie z. B. Knallangst, Reaktionen auf Außenreize wie Pferde, Jogger, Fahrradfahrer, den Umgang mit Artgenossen, die Situation im Auto, etc. Der Halter vertraut dem Dogwalker seinen geliebten Hund an, also sollte neben aller fachlichen Eignung natürlich auch die Chemie stimmen. (Text und Interview: Tanja Matzku)

Hundeschule Lars Thiemann Berlin

Tel.: 030-25297610
Mail: info@lars-thiemann
Web: www.Lars-Thiemann.de

„Die Artigen dürfen in die Stube"

Rainer Heidrichs Hundepension und das feuerrote Hundeauto

20 Minuten raus aus Berlin gen Norden, Richtung Bernau. Hier, am Stadtrand, liegt Heidrichs Hundepension. Morgens fährt er los mit seinem feuerroten Oldtimerbus und sammelt seine Gäste ein. Rainer Heidrich ist einer von den vielen Hundedienstleistern, die es mittlerweile in der Stadt gibt. Es ist ein blühender Markt rund um den Hund entstanden – auch für die Betreuung. Hundekindergärten, und -pensionen, Gassi-Services und sogar Hundehotels haben Konjunktur. Stadthunde sind vor allem Wohnungshunde. Kein Hof, kein Garten, wo man's sich den Tag über gemütlich machen könnte. Und nicht unbedingt ist immer eine ganze Familie mit tobenden Kindern da, mit denen Bello rund um die Uhr Spaß haben kann. Viele Hunde sind Mitglied eines Single-Haushalts. Herrchen oder Frauchen müssen arbeiten. Dogs and the City halt. Wo soll Bello also bleiben, wenn die Besitzer den ganzen Tag arbeiten, Dienstreisen haben, in den Urlaub fahren?

Hardliner finden, dass Hunde in keinen Haushalt gehören, in dem der Vierbeiner über acht Stunden alleine zu Hause bleiben muss. Eine lange Zeit, auf jeden Fall. Wenn man nicht gerade Freiberufler ist und sich die Arbeitszeiten selbst einteilen kann, ist es tatsächlich schwer, den Bedürfnissen eines Hundes nachzukommen. Zwei bis drei Stunden am Tag raus gehen, das sollte schon sein. Wenn man's nicht schafft oder unterwegs sein muss, hilft Heidrichs Hundepension.

„Wer da?" Ein Pensionsgast wundert sich, wer vorbeigekommen ist

Rainer Heidrich mit Gästen seiner Pension

Etwas versteckt liegt die Ranch von Rainer Heidrich. Am Tor kommt eine ganze Meute von Hunden angestürmt. Jeder begrüßt die Gäste nach seinem Naturell: Die einen freuen sich, manche sind skeptisch, der eine sieht gar nicht ein, jemand reinzulassen: „Fremde? Haut ab!", mag sich der Rüde „denken". Aber der 45-jährige Heidrich winkt uns rein, für alle das Signal: Keine Gefahr. Sehr gut.

Heidrich sieht aus wie ... ja, ein lonesome City-Cowboy, der am Rande der Hauptstadt auf einem über 4.000 m² großen Areal sein Refugium geschaffen hat. Hier, auf seiner Ranch, springen sie herum, die Aila und der Willi, Babuschka, Luigi und die anderen Bellos. Im Freilauf versteht sich. Sicher eingezäunt, Zwinger lehnt Heidrich ab. Es gibt das Hundehaus für „Pensionsgäste" und das Wohnhaus von Heidrich. Der lebt mit Freundin, eigenen Hunden und seinen Pensionsgästen hier – und ist glücklich.

Glück mit Hunden

Welches Glück er gefunden hat? Heidrich beschreibt es etwas wortkarg: die Natur, jeder Hund sei eine Herausforderung. Ihm liegt daran, dass es den Hunden gut geht und sie sich im Rudel entwickeln. So wie Mimi, die im Laufe der Zeit bei Heidrich aus sich herausgekommen ist und sich nicht mehr verkroch. Ist das Glück? Ein kleines zumindest. Die Vielfalt der Hunde sei faszinierend, erzählt er. Jeder habe seinen Charakter. Und irgendwie haben Hunde schon immer eine Rolle in seinem Leben gespielt. Auf seiner Website zeigt sich Heidrich als guter Geschichtenerzähler darüber: „Wenn ich schreiben würde, dass mein Leben mit Hunden begonnen hat, ist das nur die halbe Wahrheit. Meine ersten Lebensschritte machte ich in einer Stadtwohnung, in der es so eng war, dass nicht einmal eine Maus darin Platz gehabt hätte. Also machte ich mich auf und ließ mir, zu- gegeben aus Verlegenheit und als zweifelhaften Ersatz für einen lebendigen schwanzwedelnden Vierbeiner, die Hundebücher rauf und runter vorlesen, bis meiner Mutter die Zunge soweit heraus hing wie bei Hunden in der größten Hitze." Hechelnde Mütter? Hm, …

Auf den Hund gekommen

„Hör auf zu meckern, Wilhelm", ruft Heidrich, während wir auf dem Gelände herumlaufen. Die Hunde, heute sind es rund zehn, trotten alle mit und unterhalten sich – auch mit uns. Das Gelände sieht toll aus: Oldtimerwracks stehen da rum, Unterstände, ein kleiner Teich für die Wasserratten, Wiese mit vielen Löchern. Kubikmeterweise schafft Heidrich pro Jahr neue Erde ran und pflanzt neuen Rasen. Seine Gäste pflegen halt gerne tiefe Löcher zu buddeln. Langzeitgäste haben ein eigenes Haus. Manche Hunde kommen auch mit in Heidrichs Wohnhaus, das auf der zweiten Hälfte des Areals liegt. Man kann so manche Rabauken gut trennen, wenn die sich mal nicht verstehen, erklärt Heidrich.

Er steckt sich eine neue Zigarette an. Wie er auf die Idee gekommen ist, Hunde zu betreuen? Irgendwie sei er da reingerutscht. Er hat vorher alles Mögliche gemacht. Er ist eigentlich Elektriker und Koch, arbeitete mal für eine Hundeschule als Fahrer, gründete dann einen

Rainer Heidrich betreibt bei Bernau eine Hundepension

Viel Platz in Heidrichs Hundepension

Gassi-Service. 2008 kam die Hundepension. Ein 7-Tage-Job. Feiertage existieren nicht. Jeden Tag morgens um sechs raus. Langeweile gibt es aber nicht. Dauernd gibt's was zu regeln oder Heidrich ist unterwegs mit dem Rudel. Die Schönower Heide ist vor der Tür und bis zum Gorinsee ist es nicht weit. Wenn er zurückkommt, ist Fressenszeit. Heidrich probiert neuerdings Kräuter-Futter von Dr. Schaette (www.schaette.de). Das Unternehmen aus Bad Waldsee in Süddeutschland unterstützt ausgewählte Dogsitter, Hundetrainer und Hundeheilpraktiker, die sich der gewaltfreien Haltung verschrieben haben und Schaette-Futter mit Heilpflanzen und traditionellen Kräutern geben. Ganzheitlich ist die Futterphilosophie, was Heidrich interessiert hat. Er erzählt gerne darüber. Aber Ideologe ist der Hundepensionär nicht. Jeder Hund bekommt, was Herrchen oder Frauchen möchte.

Später Nachmittag. Die Meute, sie wirken wie ein wilde Bande ausgelassener Kinder, wird zusammengerufen. Für die Tagesgäste gehts nun zurück in die Stadt. Einer nach dem anderen wird jetzt von Heidrich nach Hause gebracht …

Hundepension Heidrich

Rainer Heidrich
Puettenstraße 7a
16321 Bernau
Tel: 0157-37650031
Mail: info@hundepension-heidrich.de
Web: www.hundepension-heidrich.de
zu Dr. Schaette siehe:
www.schaette.de

Schon probiert? Zughundesport ...
Neue Trendsportarten erobern Berlin

Regelmäßige Bewegung ist gesund – das weiß eigentlich jeder. Und seit wir immer mehr über die Wirkung von Botenstoffen in unserem Gehirn erfahren, wissen wir auch, dass körperliches Training zur Ausschüttung von „Glückshormonen" führt. Bewegung macht also auch glücklich! Bewegung ist ein uraltes Grundbedürfnis von Mensch und Hund, der Körper braucht regelmäßiges Training und die Seele braucht soziale Zuwendung. Zwei Bedürfnisse, die in unserem überfüllten Alltag häufig zu kurz kommen. Da liegt es doch auf der Hand, mit dem besten Trainingspartner sportlich aktiv sein, den man sich vorstellen kann. Bei fast jedem Wetter und um fast jede Uhrzeit – Ihr Hund wird sie begleiten und motivieren.

Zugarbeit am Dog-Scooter

Natürlich kommt es dabei auch auf das richtige Maß und die Konstitution an. Bei Hunden wie bei Menschen gibt es den etwas distanzierten Ausdauertyp, den lebhaften Teamplayer oder den eher entspannten Genießer – in allen Mischungen und Variationen. Für manche Hunde ist stilles, aber gleichmäßiges miteinander Laufen erfüllend, andere mögen dynamische Abläufe mit viel Kommunikation und Abwechslung. Und der Genießer sucht die innere Verbundenheit in ruhigen kraftvollen Bewegungen. Da Mensch und Hund mit eigenen Fähigkeiten und Bedürfnissen ausgestattet sind, sollte die Wahl der passenden Beschäftigung für dieses Team gut überlegt sein.

Mehr als Schlitten fahren

Für die Ausdauer-Typen lohnt sich ein Blick auf die neueren Varianten des Zughundesports, die sich inzwischen weit über das Schlitten¬fahren hinaus entwickelt haben. Eine besonders interessante Möglichkeit für Hunde ab mittlerer Größe ist der Dog-Scooter. Das ist ein Tretroller, wie man ihn aus den eigenen Kindertagen kennt, allerdings in einer sehr stabilen und sportlichen Version. Mit der richtigen Ausrüstung und dem erforderlichen Wissen darf der Hund diesen Roller ziehen und natürlich kann und soll der Mensch ihn dabei tatkräftig unterstützen. Dabei kann man schon mal ordentlich

Canicross – Teamgeist & Vertrauen pur. Hier beim Nordberliner Canicross

ins Schwitzen kommen. Für einen kleineren Hund gibt es das Bikejöring, das wohl aus dem Skandinavischen Skijöring entstanden ist. Hier wird statt des Tretrollers ein Fahrrad gezogen. Dabei kann der Mensch noch aktiver unterstützen. Wer einmal in die Augen eines Hundes schaut, dem das im Blut liegt, den springen die Glückshormone förmlich an.

Canicross

Während der Mensch beim Dog-Scooter seinen eigenen Einsatz noch sehr gut steuern kann, muss er beim Canicross richtig ran. Über einen Beckengurt überträgt der Hund die Zugkraft direkt auf den Menschen. Je nach Temperament kann das recht gemütlich ablaufen, aber bei einem ambitionierten und eingespielten Mensch-Hund-Team geht hier mächtig die Post ab. In der international schon sehr aktiven Canicross-Szene sind Laufgeschwindigkeiten über 20 km/h durchaus üblich.

Diese Sportarten müssen natürlich Schritt für Schritt erlernt werden. Der Trainer muss in der Lage sein, das Wissen der Trainingslehre vom Menschen mit Gesundheit und Erziehung des Hundes zu verknüpfen und dies dem Sportler und seinem Hund leicht verständlich zu vermitteln. Eine anspruchsvolle Kombination, die auf die körperlichen Bedürfnisse des Menschen ebenso eingeht, wie auf die der Hunde - und für die immer mehr qualifizierte Trainer ausgebildet werden. (Robert Gaiswinkler)

canissa/SPORTS/

Dogscooter - Bikejöring – Canicross
Ansprechpartner: Robert Gaiswinkler
Mail: info@canissa-sports.de
Web: www.canissa-sports.de

Konflikte beim Gassi gehen: Tatort Berlin

Als Hundehalter muss man manchmal vor allem eines haben: ein dickes Fell

Berlin mit seinen über 100.000 gemeldeten Hunden ist zweifelsohne Hundehauptstadt. Aber leider nicht zwangsläufig die hundefreundlichste Stadt. Viele Hundehalter kennen sie, die Blicke, Kommentare und oftmals lautstarken Anfeindungen von Menschen ohne Hund. Das deutlichste Zeichen der Ablehnung von Hunden sind die erschreckend häufigen Fälle von ausgelegten Giftködern oder Ködern mit Rasierklingen in Parks und Auslaufgebieten. Es scheinen sich Fronten verfestigt zu haben. In Stadtteilen mit hoher Kinder- und Hundedichte ist das Konfliktpotential noch höher. Da wird wild mit den Augen gerollt und heftig gestikuliert, wenn ein schnüffelnder Hund dem Kinderwagen den Weg ‚versperrt'. Da muss man Position beziehen, für Hund oder für Kind. Entweder – oder. Ein entspanntes Miteinander scheint kaum noch möglich zu sein. Die steigende Bevölkerungsdichte tut ihr Übriges.

Dr. Silke Wechsung, Diplom-Psychologin aus Köln mit Schwerpunkt Mensch-Hund-Beziehung über die möglichen Gründe: „Manche Hundehalter akzeptieren nicht, dass sie durch die Hundehaltung niemanden einschränken dürfen. Nicht jeder mag Hunde, und das muss ein Hundehalter respektieren. Insofern sollte man sich mit seinem Hund verantwortungsbewusst in der Öffentlichkeit bewegen und dafür sorgen, dass man andere Menschen durch die Hundehaltung nicht belästigt, beispielsweise durch Hundekot, unangeleinte Hunde auf Kinderspielplätzen oder Liegewiesen, unerzogene, unkontrollierte Hunde, die sich nicht abrufen lassen usw. Meine Freiheit als Hundehalter endet dort, wo sie andere Menschen einschränkt."

Reizalarm

Die Gereiztheit der Menschen ohne Hund haben sich die Hundehalter leider zum Großteil selbst zuzuschreiben. Wer seinen Hund in die Speichen eines abgesperrten Fahrrads koten lässt, der vergiftet verständlicherweise die Atmosphäre. Schade ist nur, dass nicht ausreichend differenziert wird und alle Hundehalter, auch die, die ihren Erziehungsauftrag ernst nehmen, in einen Topf geworfen werden. Und selbst

Angela Lechner und Jack dick eingepackt – manchmal ist es gut, in Berlin ein dickes Fell zu haben. Ihr Rezept: Freundlichkeit und aufeinander zugehen.

wenn man sich bemüht, bleiben Kommentare nicht aus. „Als ich neulich meine Hunde wegen eines Fahrradfahrers zu mir rief, empörte sich dieser vom Rad herunter, ich solle doch die ‚armen Hunde' laufen lassen.", berichtet Tina aus Frohnau. Auch wer das Geschäft seines Hundes brav eintütet und in den Mülleimer wirft, kann sich nicht in Sicherheit wiegen: „Schämen Sie sich nicht, ihre Hundesch... in einen öffentlichen Mülleimer zu werfen?" Wie man es macht, ist es verkehrt.

Überraschenderweise geraten aber vor allem auch Hundehalter untereinander häufig aneinander. Handgreiflichkeiten nicht ausgeschlossen. Allein der Versuch, einen anderen Hundehalter darauf aufmerksam zu machen, dass die Hinterlassenschaft seines Hundes vor dem Hauseingang nicht in Ordnung ist, kann ins Auge gehen. Ein unschuldiges: „Oh, du hast keine Tüten mehr, ich kann dir eine von meinen geben.", ohne jeglichen Vorwurf, hat sich allerdings schon öfters als erfolgreich und sicher erwiesen. Hunde sind außerdem ein sehr emotionales Thema und in Zeiten von Hundetrainershows im Fernsehen und der Möglichkeit, sich im Internet zu informieren, laufen viele selbsternannte Hundeprofis durch die Stadt, die gerne ungefragt ihre vorwurfsvollen Erziehungsratschläge weitergeben. Übergriffige Einmischungen stoßen jedoch selten auf freudige Akzeptanz. Ein weiteres interessantes Phänomen sind eingeschworene Gruppen auf Hundeplätzen, Platzhirsch inklusive. Auf verschiedenen Grünflächen trifft man ihn, den Typus männlicher Hundehalter mit mindestens einem großem Hund. Unnötige Konfrontationen unter den Hunden werden überlegen lächelnd toleriert und eigene Regeln aufgestellt. Jo (31) aus Pankow begegnete einer solchen Gruppierung: „Als ich meinen Hund nicht bei einem unkontrollierten Ballspiel mitmachen lassen wollte und sogar noch versuchte, mich zu rechtfertigen, erwiderte der Rädelsführer forsch: ‚Hier gelten andere Regeln!'"

Dr. Silke Wechsung zum Konflikt zwischen Hundehaltern: „[…] Man sollte sich verantwortlich dafür fühlen, dass Begegnungen mit anderen Hunden friedlich ablaufen und unter der Kontrolle der Halter stattfinden. Ist beispielsweise ein anderer Hund angeleint, sollte ich meinen unangeleinten Hund nicht einfach zu diesem hin laufen lassen. […]. Verantwortungsbewusstsein, Übernahme einer Führungsposition in der Mensch-Hund-Beziehung, Kenntnisse zu Sozial- und Kommunikationsverhalten von Hunden und die Motivation, zwischenmenschliche Konflikte zu vermeiden […], führen zu einem konfliktfreien Miteinander von Hundehaltern und ihren Hunden."

Freundliche Ignoranz

Gründe, sich gegenseitig Vorwürfe zu machen, scheint es ausreichend zu geben. Ob sich das Selbstverständnis Berliner Hundebesitzer dabei von anderen unterscheidet, bleibt zu erforschen. Wichtig ist es, Konflikte im Vorfeld zu vermeiden und sich eine passende Deeskalationsstrategie anzueignen, die das Nervenkostüm schont und Frieden schafft. Der Versuch, sich ruhig zu erklären, kann helfen. Vor allem aber lösen sich durch freundliche Ignoranz potentielle Konfliktsituationen meist auf, bevor sie wirklich beginnen. (Text: Tanja Matzku)

Jörg Boehm hat bislang fast nur gute Erfahrungen gemacht. Grundlage der konfliktfreien Begegnung ist für ihn die Sozialisierung der Hunde

Forschungsgruppe Psychologie der Mensch-Tier-Beziehung, Universität Bonn

Mehr Infos unter:
www.mensch-hund-check.com

3 Schritte zum Cooldown

Die besten Strategien für den Streitfall mit Hund

„Nehmen Sie Ihren dämlichen Köter da weg!" Welcher Hundebesitzer hat diese oder ähnliche Situationen nicht schon einmal selbst erlebt. Ob man mit seinem Hund joggen oder einfach nur einen kleinen Spaziergang im Park machen möchte, ständig lauert die Gefahr, mit anderen Menschen in Konflikte zu geraten. Dabei kann es schon mal passieren, dass die Lage eskaliert. Dass dies nicht zwangsläufig passieren muss, hängt entscheidend vom Hundebesitzer selbst ab, meint die Deeskalationsexpertin und Persönlichkeitstrainerin Mona Oellers aus Aachen. Denn mit ein paar einfachen Strategien an der Hand, lassen sich selbst die schwierigsten Situationen meistern.

Das Malheur ist schnell geschehen. Hund von der Leine, Jogger kommt, Panik. Sofort kann das zu einem handfesten Streit ausufern. Oellers rät: Sich immer zu fragen, was hinter verbalen Attacken stecken kann. Warum ein Mensch positiv oder negativ auf Hunde reagiert, hängt entscheidend von seinen persönlichen Erfahrungen, als auch von seiner individuellen Wahrnehmung ab.

Ängste und eine ablehnende Haltung gegenüber Hunden kann auf Erlebnissen beruhen, die traumatisch sind. Der Wunsch nach Distanz zum Tier sollte da respektiert werden. Die Deeskalationstrainerin weist darauf hin, dass auch bei Tieren die unausgesprochene Regel gilt, dass der eigene Nahraum bei Unterschreiten einer Armlänge Abstand, verletzt wird. Daraus entwickelt sich ein für den Menschen unangenehmes Gefühl der Bedrohung. Ist man sich dessen bewusst, fällt einem die Entscheidung, nicht selbst in eine verbale Überreaktion zu verfallen, leichter.

Wenn der Streit aber vom Zaun gebrochen ist, helfen drei Schritte zum Cooldown:

Schritt 1

Ein erster Schritt stellt laut Oellers die ernstgemeinte Entschuldigung dar. Dabei spielt die richtige Wortwahl nur eine untergeordnete Rolle. Wichtiger sind: Positive Körpersprache, offene Haltung oder Blickkontakt, Tonfall, Mimik und Gestik. Eine flapsige, beiläufige Bemerkung oder Entschuldigungsfloskel trägt nicht dazu bei, vom Gesprächspartner ernst genommen zu werden.

Mona Oellers

Schritt 2

Die Entschuldigung bringt keinen Erfolg? Die Deeskalationstrainerin zeigt zwei mögliche Strategien auf, wie man auf den verbalen Frust vernünftig reagieren kann: „Geben Sie Ihrem Gegenüber einfach Recht." Dies wirke schnell entwaffnend, da man in einer sich eskalierend entwickelnden Situation eher eine entgegengerichtete Kommunikation erwarte. Bekommt man hingegen Recht und achtet man auch hier auf eine durch eine positive Körpersprache unterstützte Sprache, so lässt sich ein scheinbarer Konflikt schnell auflösen.

Als weitere Option benennt die Konfliktexpertin das Prinzip der Angleichung. Hier erreicht man eine Deeskalation, indem man durch das Herstellen einer Parallele Verständnis für die Situation zeigt. Eine mögliche Äußerung wäre: „Ich verstehe Sie gut. Ich habe mich in einer ähnlichen Lage auch schon einmal so erschrocken." Dieses geäußerte Einfühlungsvermögen lässt sich als eine Form der Gemeinschaftlichkeit interpretieren. Hier entsteht eine Verbindung zwischen den Konfliktparteien auf Augenhöhe, die auf Respekt und Achtung abzielt.

Schritt 3

Sollte dies alles nicht zum gewünschten Ergebnis führen, so ist es angebracht, wenn der Hundebesitzer von sich aus die Unterredung beendet, indem er durch einen Zweisilber wie „soso" oder „na dann" die Situation verlässt. Nachdem man versucht hat, sich einfühlend und ernstgemeint mehrmals zu entschuldigen und sein Gegenüber dennoch in Rage bleiben möchte, so hat man das Recht, diesen Streit nicht weiter zu führen, da hier vom anderen Konfliktpartner nicht signalisiert wird, sich auf eine Befriedung der Dinge einzulassen. Denn für eine erfolgreiche Kommunikation bedarf es der Mitwirkung beider Konfliktparteien.

cooldown®

Mona Oellers
Hundertsweg 8, 52076 Aachen
Tel.: 0157-8511 8050
Mail: info@cooldown-training.de
Web: www.cooldown-training.de

Waldlust für Berliner Schnauzen
Wieso Hundebesitzer verantwortungsvoll mit der Natur umgehen müssen

Für Berliner Stadthunde ist das Auslaufgebiet im Grunewald eine bekannte Größe: Hier wird stressfrei ohne Leine getobt. Sonntags findet das große Schaulaufen entlang der Wege am Grunewaldsee statt. Im Sommer baden die Hunde am Strand. Das über 800 Hektar große Auslaufgebiet hat Geschichte. Es ist eins der ältesten städtischen Hundeauslaufgebiete in Deutschland. Eingerichtet wurde es vor über 70 Jahren.

Das Auslaufgebiet ist ein Luxus. Für Hundebesitzer. Ein Alptraum für viele andere. Familien mit Kindern trauen sich so gut wie nie hierhin. Die Reiter des Pferdestalls neben dem Forsthaus Paulsborn können ein Lied davon singen, wie schwierig es manchmal mit den Pferden und Hunden ist. Vor einigen Jahren gab es sogar einen tödlichen Unfall einer jungen Reiterin. Und der Sprecher der Berliner Forsten, Marc Franusch, erzählt, dass es so einige Probleme mit den Hundebesitzern gibt.

Viele Wildtiere gibt es mittlerweile überhaupt nicht mehr im Auslaufgebiet. Die Wildtiere, die sich hier noch zeigen, werden nicht selten von Hunden gejagt. „Ein absolutes Verbot", wie Franusch kommentiert und erklärt: „Ein Hund muss immer abrufbar sein und darf auf keinen Fall wehrloses Wild oder die Schwäne des Grunewaldsees hetzen oder

Marc Franusch, Sprecher der Berliner Forsten plädiert für mehr Rücksichtnahme

angreifen". Mit Wildschweinen passieren immer wieder böse Unfälle – meist zu Ungunsten der Hunde, denn Wildschweine sind ungemein wehrhaft. Wohin es führen kann, wenn Halter nicht auf ihren Hund achten und der nicht steuerbar ist, zeigte sich vor Jahren. Ein

Zäune im Auslaufgebiet haben ihren Sinn: Dadurch können sich Teilabschnitte von der intensiven Nutzung erholen

Hund hetzte im eingezäunten Naturschutzgebiet Hundekehlefenn am Forstamt Grunewald ein Rudel Rotwild. Das Herrchen war weit und breit nicht zu sehen. Der Förster vor Ort musste den Hund schließlich beschießen. Der überlebte zwar. Das angegriffene Stück Rotwild war allerdings so schwer verletzt, dass es erschossen werden musste. Tatsächlich können laut Gesetz wildernde, hetzende Hunde erschossen werden. Die Tierschutzorganisation Peta spricht von vielen Tausend Fällen im Jahr in Deutschland. Zahlen, die Franusch verwundern. Zumindest in Berlin seien ihm keine Fälle in den letzten 25 Jahren bekannt. Trotzdem schließt er nicht aus, dass so etwas zum Schutz der Wildtiere passieren kann. „Das sind aber dramatische und akute Situationen. Keiner wird da leichtfertig reagieren", so der Sprecher.

Rücksicht nehmen

Neben dem Jagen nennt Franusch eine ganze Reihe weiterer Konfliktpunkte: Im Sommer kommt es immer wieder zu Streit mit Nicht-Hundebesitzern. Es sei ein Irrtum, dass in Auslaufgebieten die Hunde Vorrang hätten. Jogger oder Reiter, jeder Spaziergänger hat „Vorfahrt" vor den Hunden. Man muss eben damit leben, dass in den Wäldern viele verschiedene Nutzungsinteressen zusammen kommen. Und das heißt für jeden: Rücksicht nehmen.

Stolperfallen verhindern – Zäune achten

Das Eingreifen der Halter ist gefragt, wenn Hunde Bänke ausbuddeln oder Löcher graben. Das erzeugt Erosionen und Bodenwunden. Hänge können abrutschen und außerdem ist das eine große Stolpergefahr. Auch die Vegetation muss geschützt werden. Dazu stellen die Forsten immer wieder Zäune auf, um bestimmte Abschnitte zu schonen. „Wo Hunde unterwegs sind, wird es nach einiger Zeit sehr kahl und licht. Der Boden wird fast sandig blank. Da wächst nichts mehr. Deshalb müssen wir manche Areale aus der Nutzung nehmen und zäunen sie ein. Das kann dann zehn Jahre dauern, bis sich die Vegetation erholt hat", so Franusch.

Hundehaufen und Abfallbehälter

Und wie steht es mit den Hundehaufen? Hier herrscht bei vielen Haltern Verunsicherung. Manche lassen die Haufen liegen, manche heben sie auf. Andere knoten dann aber als Protest die Kotbeutel an die Zäune oder machen eigene „wilde Sammelstellen" auf – denn Abfallbehälter wird man im Auslaufgebiet so gut wie gar nicht finden. Das Problem ist: Es gibt kein Geld, um überall Mülleimer aufzustellen und eine regelmäßige Müllentsorgung zu gewährleisten. Es gab mal mehr Behälter, die aber bewusst abgebaut worden sind. Anlass waren Studien aus dem Schwarzwald: Je mehr man sich darauf verlässt, dass Mülleimer bereitstehen, andere sich kümmern und wegräumen, desto weniger achten die Leute auf ihren Abfall und lassen alles stehen und liegen. Der Sprecher meint, dass das Müllaufkommen in den Forsten durch den Abbau von Mülleimern tatsächlich gesunken sei. Letztlich sollte jeder idealerweise selbst für seinen Abfall verantwortlich sein. Im Wald heißt das: Mitnehmen und notfalls auch mal 20 Minuten tragen und entsorgen. Bei den Hundehaufen zeigt sich Franusch entspannt. Wenn ein Hund in den Wald macht, außerhalb der Wege, ist das okay. Ärgerlich ist es, wenn Haufen eingetütet und liegen gelassen werden. Denn das verwest dann nicht.

Franusch wünscht sich, dass die Berliner Wälder bewusster genutzt werden und die Hundebesitzer mehr Umweltbewusstsein zeigen. Niemand wolle im Moment die Auslaufgebiete wieder abschaffen, die Teil einer alten gewachsenen Struktur sind. Aber dennoch wird der Protest immer lauter. „Wenn die Berliner Hundebesitzer das Privileg erhalten wollen, ihre Hunde im Grunewald und anderswo in den Auslaufgebieten frei laufen zu lassen, dann müssen sich alle anstrengen, Rücksicht zu nehmen und behutsam mit der Natur umzugehen", so Franuschs Appell.

Stiller Protest, aber am Ende nicht mehr als ein Ärgernis. Eingetütete Hundehaufen müssen notfalls selbst entsorgt werden.

Mit Hund unterwegs in Berlin

Was zu beachten ist ...

Hunde im Nah und Fernverkehr

Hunde sind in Bussen sowie U- und S-Bahnen der Berliner Verkehrsgesellschaft grundsätzlich erlaubt. Egal von welcher Größe oder Statur, die Vierbeiner dürfen mit! Aber: Für große Hunde gilt die Maulkorbpflicht. Gerade bei Busfahrern kann man schon mal stehen gelassen werden, wenn man keinen Maulkorb dabei hat. Und nicht vergessen: Auch für den Hund muss ein ermäßigtes Ticket gelöst werden. In den gesamten Zügen und in den Bahnhöfen der Deutschen Bahn gilt die Maulkorbpflicht ebenfalls. Für große Hunde muss auch hier ein ermäßigtes Ticket zum halben Preis gekauft werden. Bei internationalen Fernreisen zahlt der Halter den Kinderfahrpreis der 2. Klasse für seinen Hund. In Nacht- oder Autozügen sind Hunde nur in einem angemieteten Abteil zur alleinigen Nutzung zugelassen. An Bord des Zuges wird eine Pauschale von 30 Euro pro Hund erhoben.

Öffentlicher Hunde-Nahverkehr – Vierbeiner dürfen überall mit in Berlin

Der Hund und der Drahtesel

Gerade in den warmen Sommermonaten treibt es viele wieder auf's Fahrrad. Wer seinen Hund nicht nebenher laufen lassen kann oder möchte, greift eventuell auf einen Hundeanhänger zurück. Gut verstaut können die Vierbeiner so durch die Stadt chauffiert werden. Besitzer kleinerer Hunde können ihn auch in einem Fahrradkorb

Eine alte Freundschaft: Drahtesel und Hund

lin ist groß. Beim Anbieter „flinkster" sind Hunde gestattet. „Drive now" hat in der Regel auch nichts dagegen, solange die Autos sauber bleiben. Eventuelle Sonderreinigungen können teuer werden. Bei „car2go" und „Citee" dürfen hingegen keine Hunde mitgenommen werden. Eine Alternative bieten Taxis: Nach vorheriger telefonischer Absprache wird ein Taxi geschickt, dass groß genug ist, um den Hund im Kofferraum unterzubringen.

Der Hund muss an die Leine

Berlin lädt zum Bummeln und Flanieren ein. Allerdings muss in Fußgängerzonen, an öffentlichen Plätzen wie z. B. in Bahnhöfen oder Geschäftshäusern, als auch in

transportieren. Bei beiden Möglichkeiten gilt: Der Hund muss gut gesichert sein. Denn sollte der Hund einmal etwas Interessantes entdeckt haben und losspringen, kann es gefährlich werden. Die Berliner Polizei sagt: Der Hund darf auf dem Fahrrad oder im Anhänger mit, solange er den Verkehr nicht behindert und eine Selbst- als auch Fremdgefährdung ausgeschlossen ist.

Mit Carsharing oder Taxi unterwegs

Das Angebot von Carsharing-Unternehmen in Ber-

Nicht jedes Taxi nimmt Hunde mit

123

öffentlichen Verkehrsmitteln der Hund an die Leine. Die darf nicht länger als einen Meter sein. Bei öffentlichen Grünanlagen, Kleingärten, Waldflächen und Campingplätzen darf die Leine nicht länger als zwei Meter sein. In den Hundeauslaufflächen gilt natürlich keine Leinenpflicht, ebenso auf Gehwegen am Straßenrand.

Hundekot muss weg

Auch das gehört zum Unterwegssein: Hundehalter müssen den Hundekot aufsammeln und in Plastiktüten entsorgen. An Grünanlagen stehen manchmal Tütenspender bereit. Trotzdem sollte man am besten immer Kotbeutel dabei haben. Die Haufen liegenzulassen, kann vom Ordnungsamt mit einem Bußgeld bestraft werden. Ein aufgeregter Berliner, der motzend Hundehalter ihrer Pflichten belehrt, ist allerdings auch häufig vor Ort.

Kennzeichnungspflicht und Steuermarke

Jeder Hund, der in Berlin unterwegs ist, muss ein Halsband bzw. Geschirr mit Name und Adresse des Halters tragen. Auch die Steuermarke muss am Hund befestigt sein. Haftpflichtversicherung ebenso wie der Identifikationschip sind gesetzlich vorgeschrieben. Besitzer von Listenhunden müssen einen Haltungsnachweis für das Tier dabei haben.

Stadtführungen auf vier Pfoten

Wer Berlin zusammen mit seinem Hund entdecken will, ist bei Melanie Knies an der richtigen Adresse. Sie bietet mit ihrem Hauptstadtprogramm sowohl dem Berlinbesucher als auch dem Berlinbewohner abwechslungsreiche Touren an. Touristen, die mit ihrem Vierbeiner die Hauptstadt entdecken möchten, werden von Melanie Knies und ihrem kleinen Rudel abseits der Touristenzentren durch Kreuzberg, Schöneberg oder Charlottenburg geführt. Eine Mischung aus Kult-Spaziergang gespickt mit Anekdoten, Zahlen & Fakten bietet spannende Eindrücke der Metropole. Ausgewählte Routen lassen auch den Hund dabei nicht zu kurz kommen. Abenteuerspaziergänge, die als Schatzsuche oder Krimitour daher kommen, runden das Programm für den Hauptstadthund ab.

Das Konzept der Agentur „Berlin mit Hund" geht auf, dies zeigt sich an dem in Großbuchstaben geschriebenen AUSVERKAUFT hinter den Terminen auf ihrer Homepage www.berlinmithund.de.

BerlinMitHund

the dog event agency
Melanie Knies
Rixdorfer Straße 11
12487 Berlin
Tel.: 030-60937771
Mail: mail@berlinmithund.de
Web: www.berlinmithund.de

Sightseeing für Hunde

Die Highlights von berlinmithund-Frontfrau Melanie Knies

1. Tiergarten – der Klassiker

Dass die große Parkanlage in der Mitte Berlins hier Erwähnung findet, ist sicher keine Überraschung. Trotz ihrer Nennung in einschlägigen Reiseführern kommen immer noch Berlinbesucher in die Stadt und sind verwundert keinen Zoo, sondern eine öffentliche grüne Oase vorzufinden.

Das Brandenburger Tor – für Vierbeiner ist der benachbarte Tiergarten wohl spannender!

Was früher Jagdrevier und Barockpark war, ist heute ein 2 Komma 1 Quadratkilometer großes grünes Areal, umringt von den Highlights, die aus Berlin Berlin machen. Bei einem Spaziergang durch den Tiergarten schlendern Sie vorbei an der Siegessäule, dem Schloss Bellevue und dem Regierungsviertel mit Brandenburger Tor und Reichstag. Der Potsdamer Platz schmiegt sich genauso an den Tiergarten wie das Botschaftsviertel. Aber auch nicht ganz so Offensichtliches verbirgt sich im Grünen. Entdecken Sie das Denkmal, das den Ort markiert, an dem Karl Liebknecht zu Tode kam. Oder finden Sie heraus, wer sich hinter den „Puppen" verbirgt.

Viel Grün, der Geruch nach Fuchs und Hase und das Treffen von Artgenossen macht eine ausgedehnte Runde durch den Tiergarten auch für Ihren Vierbeiner zu einem Highlight. Die richtige Vorbereitung sorgt dafür, dass Sie nicht blinden Auges an den Sehenswürdigkeiten vorbeistolpern. Wer es bequem mag, der bucht eine Sightseeingtour bei der Agentur BerlinMitHund und lässt sich ganz gemütlich Geschichte und Anekdoten der deutschen Hauptstadt näher bringen.

2. Hund und Hauptmann

„Gassi gehen mediterran" ist in dem südöstlichen Stadtteil Köpenick sehr gut möglich. Dieser Bezirk ist bekannt geworden durch den Schelm Friedrich Wilhelm Voigt, genannt: Der Hauptmann von Köpenick. Seine Statue ist vor dem von ihm ausgeraubten Rathaus zu besichtigen. Bei einem Spaziergang durch Köpenick sind Zwei- und Vierbeiner ständig von dem herrlich blauen Wasser der Dahme umgeben. Besonders viel Freude wird Ihr Hund bei der Durchquerung des Schlossparks haben. Besonders attraktiv für die Zweibeiner hingegen ist sicherlich „Kietz". So heißt eine Straße auf gleicher Seite und gegenüber dem Köpenicker Schloss. Kietz ist der Rest einer ehemals slawischen Fischersiedlung, in der Sie noch heute eine ganze Reihe von Häusern aus dem 18. und 19. Jahrhundert bewundern können. Fotoapparat nicht vergessen.

3. Spreepark

Um den ehemaligen VEB Kulturpark Berlin ranken sich wüste Geschichten und Gerüchte. Fakt ist, dass der im Plänterwald gelegene einstige Vergnügungspark seit 2002 keine Besucher mehr erfreut. Die Fahrgeschäfte ruhen und verrotten. Und je weiter der Zerfall fortschreitet, umso spannender scheint das Gelände für Besucher zu werden. Zwar ist der ehemalige Freizeitpark von einem Zaun umgeben, der sich aber hin und wieder für geführte Touren öffnet. Aber auch als Zaungast werden Sie auf skurrile Fotomotive treffen, wenn Sie einen Spaziergang durch den Plänterwald machen. Ihrem Hund wird dieser Ausflug auf jeden Fall gefallen, wird hier doch der Leinenzwang eher als Möglichkeit denn als Regel angesehen. Die nahegelegene Rummelsburger Bucht rundet den Ausflug mit der Möglichkeit ab, sich dort in Restaurants – teilweise auf Schiffen – zu stärken und dabei den Blick über das Wasser schweifen zu lassen.

4. Zwischen Kläre Bloch und Erich Klausener

Im Berliner Bezirk Charlottenburg liegen der Kläre-Bloch- und der Klausenerplatz. Und dazwischen scheint die Zeit still zu stehen. Im sogenannten Klausenerplatzkiez werden Sie nicht nur begeistert sein von den wunderbaren Altbauten, die hier die Straßen säumen. Auch die Geschäfte überraschen: Hier finden sich noch Schuster und Schneider, bei denen Handarbeit auch heute groß geschrieben wird. Mit offenen Augen durch dieses Viertel zu spazieren und den Blick auch mal nach oben zu richten, ist auf jeden Fall ein guter Rat. Am Klausenerplatz angekommen, liegen Ihnen dann 300 Jahre Geschichte zu Füßen: das Schloss Charlottenburg. Und bei einem ausgedehnten Spaziergang durch den Schlossgarten kommen Lassie und Boomer voll auf ihre Kosten.

5. Spukschloss Grunewald

Kennen Sie die Geschichte der schönen Gießerin Anna Sydow? Nein? Dann lassen Sie sich ihre Geschichte doch von ihr selbst erzählen, denn die Dame soll seit 1571 im Jagdschloss Grunewald herumspuken. Vielleicht treffen Sie sie ja bei einer Runde durch den Hot Spot der Berliner Hundeauslaufgebiete: den Grunewald. Ein gemütlicher Spaziergang rund um den gleichnamigen See bringt Sie zu eben diesem Jagdschloss. Es ist das älteste Berlins und beherbergt heute verschiedene Kunstausstellungen. Hunde sind im Schlosshof an der Leine willkommen, im Schloss leider verboten. Aber wer geht da schon freiwillig hinein, bei dem was da los ist?

6. Engelbecken

Erzengel Michael wacht vom First der Sankt-Michael-Kirche über das Engelbecken. Und das ist auch gut so. 1852 wurde der Luisenstädtische Kanal eröffnet, der am Engelbecken rechtwinklig Richtung Urbanhafen abbog. Später wurde der Kanal zugeschüttet, teilweise mit Aushubmaterial, der beim U-Bahnbau angefallen ist und später mit Kriegsschutt. Heute ist das Engelbecken gerade bei Sonnenschein ein Ort im Übergang von Kreuzberg nach Mitte, der sich zum Erholen, Durchschnaufen, in der Sonne brutzeln oder im Café am Engelbecken schlemmen eignet. Im alten Flussbett treffen Sie auf das Taj Mahal Berlins, einen indisch angehauchten Brunnen. Und hier stehen Sie auch auf dem ehemaligen Todesstreifen, der sich genau hier befand, als Deutschland noch in Ost und West aufgeteilt war.

Mehr Infos

www.berlinmithund.de

Aufgepasst: Bald erscheint bei FRED & OTTO das Buch zu den Sightseeingtouren durch Berlin von Melanie Knies

Werbung

FUNCTIONAL STUFF
www.annyx.de

Der lässigste Check-in für Vierbeiner

Das relexa hotel Stuttgarter Hof ist eines der hundefreundlichsten Häuser der Stadt

Otto stürmte erhobener Labrador-Schnauze voran, durch die Glastüren, rein in die Lobby und wurde gleich herzlich begrüßt von Jörg Thielmann, dem stellvertretenden Direktor des Hauses, das sich als eines der hundefreundlichsten der Stadt bezeichnet. Da wollten wir doch einmal genauer hinsehen: Was macht denn bitte ein hundefreundliches Hotel aus?

Die Begrüßung war schon einmal sehr nett, denn nichts ist störender, als wenn man von allen Seiten nur vermittelt bekommt, dass man so gerade mal geduldet ist und am besten durch den Seiteneingang kommt. Und wehe der Hund bellt einmal. „Alles kein Problem", sagt Christiane Molzen, die Direktorin, die für ihr Haus und die über 80 Mitarbeiter klare Abläufe bei vierbeinigem Besuch definiert hat. Beim Empfang gibt es einen speziellen Türhänger für Hundebesitzer – ein kleines, aber sinnvolles Detail. Wer seinen Hund einmal im Zimmer lässt, kann so an der Tür für die Zimmermädchen kenntlich machen, dass sie im Moment nicht reinkommen sollen. „Es gab Fälle, wo die Zimmer aufgeräumt werden sollten und die Vierbeiner dann mal schnell abgehauen sind. Mit dem Türhänger wissen wir, ob wir in die Zimmer können oder nicht", erklärt die junge Direktorin, die selbst leidenschaftlicher Hundefan ist.

Hundefreundliche Begrüßung beim Check-in: Jörg Thielmann überreicht den Türhänger für Hundegäste

Direktorin Christiane Molzen zeigt Otto das Hundebett – Spielzeug ist inklusive

Mit dem Türhänger ausgestattet geht's rauf aufs Zimmer. Zweite Etage, Blick nach vorne raus auf den Potsdamer Platz. Die Zimmer sind mit den üblichen Sachen ausgestattet, vier Sterne-Standard halt. Und dann, stopp: Frisches Wasser für Otto, ein Fressnapf, und am Fenster ein großes Hundekissen als Schlafplatz – sogar noch mit einem Gelkissen unterlegt, das bei den heißen Temperaturen den Liegeplatz kühlt. Es ist nicht viel, aber definitiv eine gute Botschaft: Hier sind Hunde willkommen! Die Diskussionen über Allergien und Hundedreck winkt Christiane Molzen ab. Mit Sprays und Hochleistungssaugern bekommt man heute das letzte Hundehaar weg. Außerdem gibt es spezielle Allergikerzimmer, die nie an Hundehalter gehen. Das Haus hat sogar einen eigenen kleinen Hundeplatz: Im Hinterhof gibt es einen ummauerten Garten, der immerhin für das erste oder letzte Beinheben am Morgen oder Abend gut ist. Und auch das schreibt sich das Hotel als hundefreundliches Haus auf seine Fahnen: Für die Hundegäste werden Dienstleister gebucht fürs Gassigehen – auch wenn das meistens die eigenen Mitarbeiter übernehmen wollen.

Mehrere Hundegäste kommen pro Woche, manche – wie Weimaraner Hugo – sind sogar Stammgäste geworden. Das Hundepackage kostet 12 Euro. Ein entspannter Preis für ein entspanntes Hotel, in dem Hunde an der Leine selbst ins Restaurant mitkönnen.

Mehr Infos

relexa hotel Stuttgarter Hof
Anhalter Straße 8-9
10963 Berlin
Tel.: 030-26483-0
Fax: 030-26483-900
Mail: berlin@relexa-hotel.de
Web: www.relexa-hotel-berlin.de/hotel/service/hunde-willkommen

Vierbeiner auf vier Rädern

Für wie viel Sicherheit sorgen Hundeboxen, Trenngitter und Hunde-Sicherheitsgurte im Auto?

So schön Berlin ist – irgendwann treibt es jeden Hundebesitzer raus aus der Stadt. Brandenburg wartet, die vielen Seen locken. Und wer kennt dieses „Ich muss raus"-Gefühl nicht? Der Vierbeiner kommt dann in den Kofferraum und ab gehts. Uns hat interessiert: Was kann man eigentlich in puncto Sicherheit tun, wenn es im Auto raus ins Grüne geht?

Soviel ist auf jeden Fall sicher: Spezielle gesetzliche Regelungen – beispielsweise eine Anschnallpflicht für Hunde – gibt es nicht. „Hunde werden beim Transport von Fahrzeugen als Ladung angesehen", erklärt der TÜV-Sachverständige Alois Decker. „Und grundsätzlich", so der Sicherheitsexperte, „ist der Fahrzeugführer für die Sicherung von Ladung und auch Passagieren verantwortlich". Eine Umfrage des Allianz Zentrum für Technik (AZT) offenbart jedoch, dass 78 Prozent der Hundehalter ihre Hunde ungesichert in Pkw-Limousinen transportieren – viele sogar unangeschnallt auf dem Beifahrersitz. 60 Prozent der Kombi-Fahrzeuge verfügen immerhin über ein Sicherheitssystem wie Trenngitter oder Hundebox. Auch das ist eine sehr geringe Zahl. Deshalb: Aufgepasst im Straßenverkehr – erst recht mit Hunden an Bord.

Klar sollte sein, dass Hunde während einer Fahrt weder durch lose Gepäckstücke verletzt, noch im Falle einer Notbremsung durch das Auto oder gar die Windschutzscheibe geschleudert werden dürfen. Dabei muss es gar nicht immer erst zum Äußersten kommen. Ungesicherte Hunde werden schon bei scharfen Kurven einem hohen Verletzungsrisiko ausgesetzt. Einmal scharf rechts abgebogen und Herrchens Liebling rammt sich unvorbereitet den Kopf am linken Seitenfenster. Und selbst wenn ein Unfall glimpflich abgelaufen ist, droht Gefahr. Beim Öffnen einer Autotür – oder im Falle einer zertrümmerten Fensterscheibe – muss gewährleistet sein, dass der Hund nicht eigenmächtig auf die Fahrbahn springen kann. Nicht selten verursachen freilaufende Hunde auf der Fahrbahn katastrophale Kettenreaktionen mit unabsehbaren Folgen. Ebenso wichtig: Bei allen Vorsichtsmaßnahmen darf die Sicherheit von Hunden nicht zulasten eines artgerechten Transportes gehen. Genügend Luft zum Atmen und Platz zum Sitzen bzw. Schlafen sollten bei Autofahrten mit Hund eine Selbstverständlichkeit sein.

Es gibt verschiedene Sicherheits- und Schutzsysteme, die die Mitnahme von Hunden bequem und sicher machen. Frauchen und

Eine Hundetransportbox der Kleinmetal GmbH (Vario Cage Hundebox). Erhältlich unter www.kleinmetall.de.

Herrchen haben die Qual der Wahl: festinstallierte oder transportable Boxen? Trenngitter oder doch lieber Sicherheitsgurte? Reicht nicht auch eine einfache Schutzdecke?

Hundebox

Am teuersten in der Anschaffung ist die fest installierte Hundebox im Koffer- bzw. Laderaum des Autos. Für den hohen Preis von bis zu 500 Euro erkauft man sich jedoch für Tier und Mensch die wohl größte Sicherheit – vorausgesetzt die Befestigung der Box erfolgt fachgerecht. Vertrieben werden die Boxen als Standardmodelle mit unterschiedlichen Höhenabmessungen, aber auch als Sonderanfertigungen. Die Boxen bieten ausreichend Platz für den Hund und sind durch die Metallverarbeitung (Stahl oder Aluminium) besonders stabil. Im Falle eines Unfalls sind die Hunde vor umfallenden Gepäckstücken geschützt, bei Vollbremsungen werden sie nicht durch das Auto geschleudert. Die Stabilität der Boxen wird durch eine zusätzliche Fixierung im Auto gewährleistet. Darüber hinaus wird der direkte Kontakt zwischen Mitfahrern und Hund unterbunden. Der Nachteil der Boxen ist, dass sie sehr viel Platz einnehmen und nicht in allen Autos installiert werden können (lediglich in Kombimodellen und anderen

Eine transportable Hundebox der Firma Petmate (Vari Kennel Ultra Fashion Flugbox Transportbox). Erhältlich u. a. bei Land of Dogs (www.landofdogs.de).

Großraumfahrzeugen wie z. B. Wohnmobilen). Darüber hinaus benötigen Hunde in der Regel eine gewisse Eingewöhnungszeit, bis sie in den Boxen freiwillig Platz nehmen.

Eine günstigere Alternative für kleinere Hunde ist die transportable Box. Ist sie ordnungsgemäß im Auto fixiert (durch Sicherheitsgurte oder eine Platzierung im Fussraum hinter den Vordersitzen), kann sie einen ebenso effektiven Schutz bieten wie die fest installierte Box. Voraussetzung dafür ist jedoch, dass sie aus besonders stabilem Material wie z. B. Aluminium gefertigt sind. Da die transportablen Boxen auch außerhalb des Autos angewandt werden können, fällt die Gewöhnung der Hunde an die Boxen in der Regel leichter.

Trenngitter und Sicherheitsnetze

Trenngitter und Sicherheitsnetze können sowohl in Kombis als auch in Schräghecklimousinen zwischen Lade- bzw. Kofferraum und Rücksitzen angebracht werden. Die Gitter bzw. Netze sollten vom Dachbereich bis zum Boden reichen. Das A und O von Trenngittern und Sicherheitsnetzen ist eine stabile Fixierung. Der Vorteil von Trenngittern und Sicherheitsnetzen ist, dass eine Trennung zwischen Mitfahrern und Hund gewährleistet ist. Bei großen Kofferräumen kann jedoch der Abstand zwischen Hund und Gitter zu groß sein, so dass dennoch eine Verletzungsgefahr für den Hund besteht. Befinden sich im Koffer- bzw. Laderaum zusätzliche Gepäckstücke, stellen diese eine zusätzliche Gefahrenquelle dar. Die Kosten für Trenngitter und Sicherheitsnetze liegen zwischen 150 und 350 Euro.

Hunde-Sicherheitsgurte

Gurte nehmen wenig Platz ein und können schnell um den Hund geschnallt werden. Die Gurte haben den gleichen Schutzeffekt wie bei Menschen. Bei korrekter Anwendung besteht im Falle eines Unfalls keine Gefahr, dass die Hunde durch das Auto katapultiert werden. Ein Hunde-Sicherheitsgurt erfüllt jedoch nur dann seine Schutzwirkung, wenn es sich um breite und gepolsterte Gurte handelt. Diese reduzieren im Falle eines Unfalls einerseits den Druck auf den Brustkorb, andererseits reißen sie bei extremen Belastungen nicht so schnell wie schmale Gurte. Außerdem muss darauf geachtet werden, dass der Bewegungsfreiraum für den Hund möglichst gering gehalten wird. Im Falle einer Kollision besteht einerseits nicht die Gefahr, dass der Hund trotz Gurt nach vorne geschleudert wird. Anderseits wird verhindert, dass andere Mitfahrer durch den Hund getroffen werden. Die Verschlüsse der Sicherheitsgurte sollten nicht aus Kunststoff, sondern aus Metall sein. Ebenso wichtig ist, dass die Gurte beidseitig fixiert werden.

Schutz- bzw. Schondecken

Schutz- und Schondecken dienen ausschließlich dem Schutz des Autos. Um die Sicherheit für Mensch und Tier zu gewährleisten, sollten die Decken mit Sicherheitsgurten kombiniert werden. So verfügen hochwertige Decken über entsprechende Schlitze, durch die der Hundegurt mit den Gurtschlössern verbunden werden kann. Ausgelegt werden die Decken auf der Rücksitzbank des Autos. Eine zusätzliche Fixierung erfolgt an den jeweiligen Kopfstützen der Vordersitze. Die Decken sind feuchtigkeitsabweisend sowie reiß- und abriebfest. Im Handel sind die Decken etwa ab 50 Euro erhältlich.

Feststeht: Keines der vorgestellten Systeme bietet 100-prozentige Sicherheit. Was für den Menschen im Straßenverkehr gilt, ist bei Hunden nicht anders. Selbst die teuersten Boxen, Gurte und Gitter können das Gefahrenpotential im Auto nicht auf Null reduzieren. Jeder Autofahrer sollte sich somit nicht nur der Vor- und Nachteile der Sicherheitssysteme, sondern auch der Verantwortung gegenüber dem Hund, den Mitfahrern und den anderen Verkehrsteilnehmern bewusst sein. Dann steht einem unbekümmerten Ausflug ins Grüne nichts mehr im Wege. (Text: Frank Petrasch)

Eine ausgerollte Schutzdecke der Firma Maelson (Cosy Roll 200). Erhältlich u. a. bei Land of Dogs (www.landofdogs.de).

Ottos Best of ...
Ausflüge ins Umland

Ja, wir wissen: Es gäbe tausende Tipps. Tausende schöne Orte um Berlin herum, viele geheime Orte, Plätze, an denen man sich wortwörtlich durch die Wildnis schlagen muss und garantiert außer Wildtieren ansonsten nichts und niemand begegnet. Fast jedes Wochenende sind wir im Umland unterwegs mit Otto und seinen wilden Freunden. Grundsätzlich sehr lustig ist, einfach an die Endstationen der S-Bahnlinien zu fahren und von dort die Umgebung zu erkunden. Bei den meisten findet man sehr schnell Wälder, Brachen, Naturschutzgebiete, Seen. Erstaunlich, wie sich Berlin an den Enden der S-Bahnen so darbietet.

Wer wirklich raus aus der Stadt will, kann selbst mit den Öffentlichen Nahverkehrsmitteln ganz schnell in absoluter Natur sein. Mit den Regional-Express-Zügen, die in alle Himmelsrichtungen von den Berliner Regionalbahnhöfen losfahren, ist man oft schon nach ein oder zwei Stationen in der Schorfheide, Spreewald und anderen spannenden Landschaften. In Brandenburg gilt überall Leinenpflicht. Ihr wisst Bescheid! Aber wenn wir mal in seltenen Fällen vergessen hatten, die Hunde anzuleinen, gab es bislang auch noch nie Ärger ...

Unser Motto bei den Brandenburg-Expeditionen für Hauptstadthunde und Potsdamer Fellnasen ist: Einfach drauf los. Bei den Tourismusämtern bekommt man überall kostenloses Kartenmaterial im Netz zum Ausdrucken und viele weitere Tipps. Das Essen unterwegs ist übrigens in den meisten Fällen wirklich sehr lecker und deftig. Es lohnt sich, in den brandenburgischen Dorfgaststätten das Angebot zu studieren.

Anbei haben wir fünf besonders schöne und außergewöhnliche Touren mit unterschiedlicher Länge zusammengestellt. Probieren Sie die mal aus ...

1. Ganz nah – so fern: Die Strausberger Seen

Start – Ziel: S-Bahnhof Strausberg-Stadt (Rundwanderung)
Dauer: ca. 5 Std.
Anreise: S-Bahn S 5 bis Bhf. Strausberg-Stadt, fährt rd. alle 40 Min.
Wieso dorthin?: Viel Wasser, streckenweise kaum andere Leute, Erlebnisfaktor durch die Fähre, mit der man über den Straussee übersetzen muss.
Sightseeing für Menschen: Strausberg ist nicht gerade die malerischste Kleinstadt, aber es gibt einige Sehenswürdigkeiten wie die Kirche St. Marien, um 1250 erbaut, eine der größten erhaltenen Kirchen des 13. Jahrhunderts in Brandenburg.
Tour: Vom S-Bahnhof folgt man dem Josef-Zelter-Ring bis zum Denkmal, dann weiter Richtung Altstadt. Dort kann man die Hegermühlenstraße, quasi das Herzstück

der Stadt, einmal auf und abgehen, zwei Bäckereien mit Café-Betrieb gibt es, einen Biergarten und wenig weitere Gastronomie – aber zum kurzen Ausruhen und Essen/Trinken ganz schön. Danach weiter zur Fähre (Karl-Liebknecht-Straße), über den Straussee mit der Fähre setzen und entweder die Tour entlang des Straussees wandern, oder die längere Tour zum Fängersee, danach zum Bötzsee und wieder zum Straussee zurück (immer der gelben Wegemarkierung folgen). Die zweite Tour ist aber fast schon ein richtiger Tagesmarsch, also nur für trainierte Zwei- und Vierbeiner zu empfehlen. Mehr Infos gibt's hier: http://www.stadt-strausberg.de/neu/cms/front_content.php?idart=651

2. Durch die Schorfheide nach Chorin

Start – Ziel: Kolonie Britz - Chorin
Dauer: ca. 4 Std.
Anreise: Mit dem Regionalexpress zum Bahnhof Britz
Wieso dorthin?: Schnell ist man mit dem Regionalexpress in der Schorfheide (nur 3 Stationen von Berlin-Gesundbrunnen), einem Gebiet, das durch Moore, zahlreiche Seen, Wälder und Ackerflächen geprägt ist. Am Ende der Tour wartet das Kloster Chorin.
Tour: Am Bahnhof Britz angekommen läuft man zunächst parallel zu den Bahngleisen in die Choriner Straße. Schon hier ist der Wanderweg mit dem gelben Balken markiert. Dann in die Hans-Ammon-Straße, die direkt in einen Waldweg führt. Von dort ist alles sehr übersichtlich ausgeschildert. Orientieren Sie sich Richtung Sandkrug. Auf dem Weg dorthin passieren Sie

die Ragöser Mühle und den Großen Heiliger See, eh Sie zum Amtssee kommen, an dem die wunderschöne Klosterruine Chorin liegt. Im Sommer finden hier jedes Wochenende Konzerte statt. Mit Hund kommt man zwar nicht in die Ruine, aber draußen auf den Wiesen hört man auch noch die Musik und kann es sich gemütlich machen. Mehr Infos auf der sehr ausführlichen Website: http://www.schorfheide.de

3. Die Rieselfelder in Hobrechtsfelde

Start – Ziel: S-Bhf. Buch
Dauer: ca. 2-4 Std.
Anreise: Mit der S-Bahn oder Auto
Wieso dorthin?: Noch wissen nicht viele Leute, dass aus den ehemaligen Rieselfeldern, auf denen die Berliner Abwässer bis 1985 gefiltert wurden, eine einmalige Kulturlandschaft geworden ist – mit vielen Spazierwegen, Landwirtschaft und Kunst. Überall stehen Kunstwerke unterschiedlicher Bildhauer. Hier sind auf den Hauptwegen relativ viele Fahrradfahrer unterwegs. Am Rande aber wunderbar zum Spazieren. Auf dem Gebiet gibt es viel Weidevieh und Pferdekoppeln – also Achtung mit den Hundis, auf den Weideflächen und bei dem Besucherzentrum gilt Leinenpflicht (wie ja überall in den Berliner Forsten und öffentlichen Grünflächen. Ihr wisst Bescheid!)
Tour: vom S-Bahnhof Buch Richtung Waldschule laufen, dann ist man am Rande des Bucher Forstes. Den Ausschilderungen Richtung Hobrechtsfelde und Gorinsee folgen (Gorinseeweg). Für eine kleinere Tour reicht der Weg bis zum Gut Hobrechtsfelde. Dort gibt es einen Imbiss und eine sehr gut gemachte kleine Ausstellung

im Besucherzentrum (ehemaliger Getreidespeicher) über die Geschichte der Rieselfelder, in die man auch Hunde mitnehmen kann (allerdings es dort Fledermäuse, was manchen Vierbeiner evtl. aus der Fassung bringt). Wer Lust hat, marschiert weiter zum Gorinsee. Wenn man dann wieder zur S-Bahnstation nach Buch läuft, hat man ca. 12 km hinter sich gebracht.

Die Senatsverwaltung bietet eine kostenlose Wanderkarte zu dem Gebiet an unter: http://www.stadtentwicklung.berlin.de/forsten/rieselfelder_hobrechtsfelde/download/rieselfhobr-wanderkarte.pdf

4. Wildes Schlaubetal

Start – Ziel: Bahnhof Müllrose
Dauer: am besten als 2-Tages-Tour planen
Anreise: Mit dem Regionalexpress vom Alexanderplatz bis Frankfurt/Oder, dann mit der Ostdeutschen Eisenbahn bis Müllrose
Wieso dorthin?: Es ist schon etwas verwegen, eine solche Tour vorzuschlagen, die mit Umsteigen und einer Wegstrecke verbunden ist, die man besser das ganze Wochenende abmarschiert. Aber: Das Schlaubetal ist eine der wildesten und verwegensten Gegenden mit urwaldhafter Atmosphäre, Schluchten und Bachtälern. Ein wirklich einmaliges Naturerlebnis.
Tour: In Müllrose beginnt das Tal, das dem NSG den Namen gegeben hat. Von dort schlängelt sich die Schlaube durch Wälder und Schluchten, lässt Bäche und Moore hinter sich, entlang von Wiesen und Binnendünen. Danach kommen bis zu 30 m hohe Schluchten. Allein 13 Tier- und Pflanzenarten kommen brandenburgweit nur noch im Naturpark Schlaubetal vor.

Weitere Stationen nach Müllrose: Weiter nach Kaisermühl, danach Richtung Ragower Mühle - Mixdorf - Kupferhammer - Siehdichum - Dammendorf - Chossewitz - Wirchensee - Siehdichum - Schernsdorf - Ragower Mühle – Müllrose. Unterwegs fahren auch Busse (Hunde werden offiziell nur mit Maulkorb transportiert). Fahrtzeiten und kostenlose Wanderkarten gibt es hier: http://www.schlaubetal-online.de/

5. Café-Tour mit Hund

Start – Ziel: Tierheim Berlin in Falkenberg
Dauer: 2-3 Std.
Anreise: S-Bahn-Linie 7 bis Ahrensfelde, dann Bus 197 (Richtung Falkenberg) bis zur Haltestelle Falkenberg/ Dorfstraße. Oder mit der S 75 bis Hohenschönhausen, in den Bus 197 (Richtung Mahlsdorf) steigen und bis zur Haltestelle Falkenberg/ Dorfstraße fahren.
Wieso dorthin?: Die Lieblingsrunde von Ottos Verlagskollegen Vanilla und Brigg: aufgelockerte Landschaft, Wasser und relativ ruhig.
Tour: Beginnend im Cafe Lehmsofa (http://cafelehmsofa.wix.com/falkenberg), geht es über den Stegeweg vorbei am Tierheim Berlin, zu den Falkenberger Rieselfeldern. Zu sehen gibt es neben Wildpferden und Weiderindern auch viele seltene Vogelarten. (http://www.stadtentwicklung.berlin.de/natur_gruen/naturschutz/schutzgebiete/de/nsg/nsg30.shtml). Wer noch Lust auf mehr hat, läuft Richtung Wartenberg und Malchow zur Naturschutzstation Malchow und kann hier im Garten des Storchencafés eine Stärkung genießen. (www.naturschutzstation-malchow.de)

Gesetz & Ordnung
Politik & Soziales

Hundepolitik macht jede und jeder von uns. Durch Engagement – oder durch Desinteresse. Im letzteren Fall lässt man andere bestimmen, was wir in Berlin mit Hund dürfen und was nicht. Wir haben uns die Hundepolitik in der Stadt genauer angesehen, nehmen den Bello-Dialog unter die Lupe, sprachen mit den tierschutzpolitischen Sprechern aller Parteien und haben uns gefragt, was man gegen Hundehaufen auf Bürgersteigen tun kann. Uns war es aber auch wichtig zu zeigen, dass Hunde nicht nur Zankapfel und „Gegenstand" öffentlicher Regulierung sind. Hunde tun was für unser Sozialleben: Als Assistenzhunde und Besuchshunde, die manchmal Wunder bewirken und Türen öffnen. Wie sehr Tiere aber auch von Armut ihrer Menschen betroffen sein können, zeigte unser Besuch bei der Tiertafel …

Vom Bello-Dialog zum Hundeführerschein?
Wie in der Stadt Hundepolitik gemacht wird

„Neben allen Schäden, den die exzessive Hundehaltung in Berlin verursacht (Häuser, Bäume, Laternen usw.), schadet sie auch dem Wohlbefinden vieler Bürger, die immerhin die Mehrheit bilden. Daher ist mir völlig unverständlich, wie die Politik einer Minderheit ein Geschenk von solcher Tragweite machen kann, wie im Grunewald geschehen!", schreibt ein Berliner im Forum des Bello-Dialogs über das Auslaufgebiet im Grunewald. Eine andere meint: „Das verfassungsgemäße Recht auf freie Entfaltung der Persönlichkeit ermöglicht jedem die Hundehaltung, soweit nicht die Rechte anderer verletzt werden (z.B. das Recht auf körperliche Unversehrtheit oder Unantastbarkeit der Menschenwürde). Die Beschädigung meiner Rechte ist aber bereits dann geschehen, wenn ich ertragen muss, wie mich ein Hund starrend fixiert und damit verunsichert, unaufgefordert beschnüffelt und körperlich bedrängt."

Hunde und Hundehalter sind immer wieder Angriffen ausgesetzt. Umgekehrt gibt es aber auch genügend Hundebesitzer, die keinerlei Sinn für andere haben. Das Problem ist, dass es einen Nutzungskonflikt in der Stadt gibt: Die einen fühlen sich bedrängt von Hunden, die Hundebesitzer selbst wollen möglichst viel Freiheit für ihre Vierbeiner. Bislang regelte das Berliner Hundegesetz weitgehend (neben einigen anderen Regelungen wie z. B. der Tierschutz) die Haltung der Tiere in der Stadt. Die wichtigen Punkte des Gesetzes betreffen die Leinenpflicht, die Pflicht Hunde zu chippen oder eine Haftpflichtversicherung abzuschließen. Hier ist auch ein Grundsatz formuliert, von dem sich vieles ableiten lässt: „Wer einen Hund außerhalb eines eingefriedeten Besitztums führt, muss die Gewähr dafür bieten, dass Menschen, Tiere oder Sachen durch den Hund nicht gefährdet werden." Klingt erst mal vernünftig. Umstritten war immer die Schlussfolgerung daraus, so genannte „gefährliche Hunde" wie Pitbulls oder Mastiffs auf eine Liste zu setzen und deren Haltung zu reglementieren. Das Gesetz war 2004 unter dem Eindruck einiger Vorfälle in Deutschland erlassen worden. Hunde hatten Kinder auf Spielplätzen angegriffen, teilweise mit tödlichem Ausgang. Das Thema wurde medial hochgekocht, die Politik reagierte schnell und verschärfte mit den neuen Hundegesetzen die Haltung von den so genannten „gefährlichen Hunden".

So geht Bello-Dialog: Hundefreunde und -gegner diskutierten unter moderierten Bedingungen, wie man das gemeinsame Zusammenleben gestalten möchte

Berlin war mit seinem Gesetz nicht besonders scharf, aber übermaßen liberal eben auch nicht. Zudem ist klar: Trotz Regelungen, gibt es beim Thema Hund seit Jahren Zündstoff – nicht nur in Bezug auf Kampfhunde. Und ausgerechnet in diesem Tretminenfeld wollte 2012 der neue Verbraucherschutzsenator Thomas Heilmann (CDU) einen neuen Weg ausprobieren, um Konsens zu stiften und Regelungen zu treffen, die von vielen mitgetragen werden. Der Bello-Dialog war geboren, schließlich hieß es ja bereits im Koalitionsvertrag, dass die Bürger stärker an politischen Entscheidungen beteiligt werden sollen. „Das Thema Hunde in der Stadt eignet sich dafür besonders gut, denn hier geht es nicht primär um Maulkorb, Kot und Leinenzwang, sondern zentral um das Zusammenleben", so Heilmann laut Tagesspiegel vom 7.6.2012. Rasseliste und Biss-Statistik hätten sich als unnütz erwiesen. In Berlin klaffe eben eine große Lücke zwischen der Rechtslage und ihrer Durchsetzung. Würde die Politik einfach nur wieder etwas von oben verordnen, würde auch eine neue Regelung Gefahr laufen, nicht angenommen zu werden.

Kommt er? Kommt er nicht? Berlin diskutiert schon lange den Hunde-Führerschein

Also ließ Heilmann die Berliner seit Mitte 2012 diskutieren. Es wurde ein runder Tisch einberufen, im Internet konnten alle mitdiskutieren. Ausdrückliches Ziel ist das möglichst konfliktfreie Zusammenleben von Mensch und Hund in Berlin. „Wir sind entschlossen, dieses Verfahren nach einem Vorschlag der Stiftung Zukunft Berlin als Form einer gemeinsamen Entscheidungsvorbereitung von Bürgern und Senat zu organisieren", heißt es auf der Senatswebsite. Sogenannte „Gewährsleute", 30 Fachleute, Betroffene und „normale" Bürger wurden ausgewählt, in mehreren Sitzungen das bestehende Hundegesetz kritisch zu überprüfen und Verbesserungs- oder Änderungsvorschläge zu erarbeiten. In fünf Sondierungsrunden, das letzte Mal am 18.2.13, tauschten die Gewährsleute ihre Positionen aus. Die saßen nicht nur in großer Runde, sondern diskutierten die spezielleren Themen in Arbeitsgruppen, von denen es vier gab:

- Sachkunde und Sachkundenachweis / undeführerschein / Leinenpflicht
- Rasseliste / Gefährliche Hunde
- Hundekot
- Hundeauslaufgebiete

Die Ergebnisse wurden protokolliert und allesamt im Internet veröffentlicht (siehe: http://www.berlin.de/sen/verbraucherschutz/tierschutz/gefahrenabwehr/hundegesetz/). Wer wollte, konnte über ein Web-Forum auch seinen Senf dazu geben. Erstaunlicherweise gab es sehr differenzierte Wortmeldungen, aber eben auch die erwartbaren „Müllabladungen".

Bürgerschaftliche Mitverantwortung

Der Bello-Dialog war für die Erfinder dieses Modells ein erster Anwendungsfall, um die Grundsätze für die bürgerschaftliche Mitverantwortung bei der Vorbereitung zur Planung von Entscheidungsprozessen in der Politik zu erneuern. So beschreiben es in komplizierten Worten die Macher vom Dialog. Bürgerbeteiligung ist das Stichwort, wie Projektmanagerin Anett Szabó von der Stiftung Zukunft Berlin erzählt (www.stiftungzukunftberlin.eu). Es ging darum, Demokratie durch mehr Beteiligung zu stärken, indem das Fachwissen und die Erfahrung der Bürger in den Vorbereitungsprozess von Entscheidungen „auf Augenhöhe" ernstgenommen werden. Das Modell des Bello-Dialogs ist in dieser Form deutschlandweit einmalig. Positionen der Bürger sollen im Vorfeld einer Gesetzgebung erfasst, Wissen von allen Beteiligten zusammengetragen werden. „Die Politik schult sich", beschreibt Szabó ein Ziel

des Bello-Dialogs. Ein anderes ist, mehr Verständnis zwischen den Beteiligten herzustellen, damit die aus dem Dialog entstehende Gesetzgebung tragfähiger wird. Szabó ist überzeugt, dass der Bello-Dialog nicht nur eine groß inszenierte Vorstellung ist, sondern dass hier tatsächlich ein neues Dialogmodell ausprobiert wird. Sie ist begeistert vom Sachverstand auf allen Seiten, der zusammengekommen ist und betont, dass auch die vielen Internetbeiträge systematisch ausgewertet worden sind. Im weiteren Verfahren sollen alle Beteiligten eingebunden bleiben. Wenn der neue Gesetzentwurf bis Ende 2013 entsteht, soll der Entwurf allen als Rückkopplung vorgestellt werden, bevor er in das parlamentarische Gesetzgebungsverfahren geht – und dabei wahrscheinlich auch nochmal ordentlich verändert wird. „Es geht kein Entwurf aus dem Parlament als Gesetz raus, wie es reingekommen ist", betont Szabó die Eigendynamik des Politikbetriebs. Aber das Element zivilgesellschaftlicher Beteiligung wird dennoch wesentlich stärker sein, als bei bisherigen Gesetzgebungsverfahren. Auch Claudia Engfeld, Sprecherin von Senator Heilmann, versichert, dass die Ergebnisse bzw. Empfehlungen der Sondierungsrundenteilnehmer in den Gesetzgebungsprozess einfließen. „Das heißt, die Punkte, die wir in der Senatsverwaltung für Justiz und Verbraucherschutz gesetzlich regeln können, werden von unseren Fachleuten im Haus (u. a. Juristen und Tierärzte) auf Umsetzbarkeit geprüft und dann in Gesetzesform gegossen. Wir können hoffentlich bis spätestens Ende des Jahres einen entsprechenden Entwurf ins Abgeordnetenhaus einbringen. Bei den Punkten, die der Sondierungsrunde zwar ebenfalls sehr wichtig waren, die aber regelungstechnisch nicht in unsere Zuständigkeit fallen, werden wir uns mit den Zuständigen zusammensetzen, um sie als Umsetzungspartner für diese Anliegen zu gewinnen", so Engfeld.

Der Bello-Dialog als Modell zur Planung von Entscheidungsprozessen ist nach Einschätzung von Engfeld ein echter Erfolg: „Wenn Sie die Bürgerinnen und Bürger anhören und um ihre Meinung bitten, bevor Sie Entscheidungen treffen, ist die Wahrscheinlichkeit, dass diese Entscheidungen später befolgt werden, einfach sehr viel größer. Gemeinschaftlich erarbeitete Regeln werden eher befolgt, ebenso wie Regeln, deren Sinnhaftigkeit zuvor diskutiert wurden, aber natürlich können Sie das Modell Bello-Dialog nicht 1:1 auf andere Entscheidungsprozesse übertragen."

Ergebnisse des Bello-Dialogs

Die bisherigen Ergebnisse nach der letzten Sondierungsrunde wurden heiß diskutiert. Wahrscheinlich ist derzeit, dass eine allgemeine Leinenpflicht für ganz Berlin eingeführt wird und Halter einen Hundeführerschein machen müssen. Ein strenger Vorschlag, wie auch Justizsenator Thomas Heilmann kommentierte, gleichzeitig aber betonte, dass man keine „Hundediktatur" einführen wolle. Wie umfangreich die Prüfungen für Hundehalter werden, wird dann geklärt. Die Prüfung könnte sich am Ende allerdings lohnen. Vorgeschlagen wurde, dass dann die Leinenpflicht aufgehoben wird und sich Hunde in Grünanlagen frei bewegen können. Einschränkend hieß es aber: Soweit es die Bezirke zulassen. Und genau hier liegt der Knackpunkt. Es bleibt zwar abzuwarten, was im neuen Hundegesetz am Ende wirklich stehen wird. Aber wenn zum Beispiel den Bezirken die Entscheidung überlassen wird, wo sich Hunde mit Führerschein-Haltern frei bewegen können, wird sich wohl gar nichts ändern. Am Ende könnte also auch eine wesentlich strengere Regelung herauskommen mit noch weniger Freilauf für die Hunde. Christoph Wüllner von der Initiative stadt&hund geht mit seiner Kritik noch weiter: Er sieht in dem Projekt einen netten Profilierungsversuch des Justizsenators, der nur für Verwirrung sorge. Die zentralen Forderungen der Diskussionsrunde, dass nicht nur die Leinenpflicht, sondern auch der Freilauf grundsätzlich für die Stadt geregelt werden sollte, finden in den Verlautbarungen keinen Niederschlag. Aber noch entscheidender ist, dass auf das grundsätzliche Problem, dass nur solche Gesetze und Regelungen sinnvoll sind, die auch durchgesetzt werden, keine Antwort gefunden werden konnte, so Wüllner.

Bello-Dialog im Netz

Mehr Infos zum Bello-Dialog gibt's hier: http://www.berlin.de/sen/ verbraucherschutz/tierschutz/ gefahrenabwehr/hundegesetz/

Was die Berliner Politik von Hunden hält

Meinungscheck bei den tierschutzpolitischen Sprechern

Leinenpflicht vs. Freilauf, Hundeführerschein vs. Selbstbestimmung bei der Hundeerziehung – es gibt viele Themen, bei denen die Politik mitredet, wenn es um Hunde geht. Die sind zwar Privatsache, aber immer wieder auch öffentliches Ärgernis. Wir haben alle tierschutzpolitischen Sprecher der Parteien im Berliner Abgeordnetenhaus und die Berliner FDP zu ihren Meinungen bei den wichtigsten Hunde-Themen befragt.

Daniel Buchholz, tierschutzpolitischer Sprecher der SPD in Berlin:

1. Welchen Stellenwert haben Hunde in Berlin?
Hunde sind aus dem Berliner Stadtbild nicht weg zu denken, schließlich gibt es rund 110.000 steuerlich registrierte Hunde in der Stadt. Dazu kommt noch so mancher Vierbeiner ohne Steuermarke. Die Berlinerinnen und Berliner sind zumeist sehr tierlieb und halten sich gerne Haustiere.

2. Was ist das größte Problem mit Hunden in Berlin und wie wollen Sie darauf reagieren?
Zu viele HundehalterInnen kümmern sich nicht um die Hinterlassenschaften ihres Lieblings, selbst wenn das „Geschäft" mitten auf dem Gehweg verrichtet wurde. Das ist weder schön anzusehen noch ist es hygienisch. Hier sind weitere Infokampagnen notwendig und die Ordnungsämter der Bezirke sollten mehr kontrollieren.

3. Hundeführerschein ja oder nein?
Der Hundeführerschein bringt mehr Sicherheit in der Stadt und eine artgerechtere Haltung von Hunden, darum befürworte ich ihn uneingeschränkt. Ihn verpflichtend für alle HundehalterInnen zu machen, ist wegen der damit verbundenen Kosten leider etwas schwierig.

4. Generelle Leinenpflicht?
Eine generelle Leinenpflicht, wie sie immer wieder vorgeschlagen wird, kann ich mir vorstellen. Allerdings hat sich die bisherige Regelung für Berlin bewährt, danach sind Hunde in öffentlichen Grün- und Erholungsanlagen, in Verkehrsmitteln, auf belebten Plätzen und im Hausflur immer anzuleinen. Gerade in den Parks wird die Leinenpflicht in der Praxis zu selten befolgt.

5. Wird es mehr Auslaufgebiete geben?
Wir haben in Berlin über 30 Hundeauslaufgebiete und –flächen, zuletzt wurden drei große neu auf dem Tempelhofer Feld eingerichtet. Weitere Auslaufgebiete sind in der Innenstadt kaum möglich, zumal in dicht besiedelten Stadträumen die Bedürfnisse von Kindern und Erholungssuchenden Vorrang vor den Anforderungen einer Haustierhaltung haben.

6. Ist die derzeitige Regelung mit der Hundesteuer in Ordnung für Sie?
Die Hundesteuer beträgt in Berlin für den ersten Hund 120 Euro und für jeden weiteren Hund 180 Euro pro Jahr. Das ist mehr als fair, die Werte wurden seit 2001 nicht verändert.

7. Was wünschen Sie sich von den Berliner Hundebesitzern? Und was von den Nicht-Hundehaltern?
HundehalterInnen: Hundekot beseitigen, Stadthunde für ein vernünftiges Mitei-

nander gut erziehen und artgerecht halten, viel Auslauf für die Lieblinge, Rücksicht nehmen auf „hundelose" Menschen und insbesondere Kinder. – Nicht-HundehalterInnen: Übertriebene Ängste z. B. durch Kurse oder geschützte Begegnungsmöglichkeiten von Kindern und Hunden abbauen. Einen Hund nur anschaffen, wenn genug Zeit und Auslauf gewährleistet werden können.

Alexander J. Herrmann, tierschutzpolitischer Sprecher der CDU

1. Welchen Stellenwert haben Hunde in Berlin?

Hunde haben in der Stadt Berlin und natürlich besonders auch für die Berlinerinnen und Berliner einen hohen Stellenwert. Das zeigt sich schon daran, dass Hunde hier in öffentlichen Verkehrsmitteln mitgenommen werden dürfen und es bereits in vielen Geschäften und Restaurants spezielle Hundeplätze gibt. Nicht ohne Grund hat daher Berlin im Jahr 2012 den beliebten Dog Award, die Auszeichnung als hundefreundlichste Stadt, erhalten.

2. Was ist das größte Problem mit Hunden in Berlin und wie wollen Sie darauf reagieren?

Das sichtbarste Problem bleibt leider der Hundekot. Täglich bleiben davon bis zu 55 Tonnen auf Berlins Straßen liegen. Ich setzte mich gemeinsam mit meinen Fraktionskollegen dafür ein, mehr Tütenspender für Hundekot aufzustellen und die Kontrollen zu verschärfen. Aktuell bemühe ich mich gegenüber den städtischen Wohnungsbaugesellschaften, dass diese in ihren Wohnungsquartieren dabei mit gutem Beispiel vorangehen.

3. Hundeführerschein ja oder nein?

Nein. Ein allgemeiner Hundeführerschein macht keinen Sinn und geht zu weit. Ein Hundeführerschein ist aber dann sinnvoll, wenn der Nachweis der besonderen Sachkenntnis dem Halter auch ein Mehr an Rechten im Umgang mit seinem Hund bringt. Hierzu hat der „Bello Dialog" gute Anregungen gegeben.

4. Generelle Leinenpflicht?

Im Interesse der Ordnung und Sicherheit bin ich auf allgemeinem Straßenland für eine Leinenpflicht, um so die im Straßenverkehr lauernden Gefahren für die Hunde zu minimieren und zu einem guten Miteinander von Menschen und Tieren beizutragen. In Parks nach geprüftem Nachweis der entsprechenden Sachkunde kann ich mir grundsätzlich eine Befreiung von der Leinenpflicht vorstellen. Die Frage der Kennzeichnung geprüfter Hunde und Kontrolle ist hierfür aber noch nicht abschließend geklärt.

5. Wird es mehr Auslaufgebiete geben?

Die CDU setzt sich dafür ein, dass in den Berliner Bezirken mehr Auslaufgebiete geschaffen werden. Die abschließende Entscheidung bleibt jedoch den Bezirken vorenthalten. Die Bezirke haben bei ihrer Grünflächenplanung die schwierige Aufgabe, für ein gesundes Mittel zwischen Auslaufgebieten für 110.000 Hunde und innerstädtischen Erholungsgebieten für 3,5 Millionen Menschen in Berlin sorgen zu müssen.

6. Ist die derzeitige Regelung mit der Hundesteuer in Ordnung für Sie?

Wir sehen bei der Hundesteuerregelung derzeit keinen Handlungsbedarf, wohl aber bei der Kontrolle der Steuerzahlungen. Es darf nicht sein, dass der Steuerehrliche letztlich der Dumme ist.

7. Was wünschen Sie sich von den Berliner Hundebesitzern? Und was von den Nicht-Hundehaltern?

Im Interesse eines guten städtischen Miteinanders wünsche ich mir von beiden Gruppen ein Quäntchen mehr Verständnis für die jeweils andere Gruppe.

Claudia Hämmerling, tierschutz-politische Sprecherin bei Bündnis 90/Die Grünen

1. Welchen Stellenwert haben Hunde in Berlin?
Hunde haben einen hohen Stellenwert für Ihre BesitzerInnen, sie sind für viele Menschen oft die einzigen Sozialpartner. Sie leisten viele wichtige Aufgaben bei Polizei, Zoll, Bundeswehr, als Assistenz- oder Therapiehunde. Andererseits werden Hunde auch falsch oder schlecht gehalten und von gewissenlosen Menschen ausgesetzt.

2. Was ist das größte Problem mit Hunden in Berlin und wie wollen Sie darauf reagieren?
Das größte Problem sind rücksichtslose HundehalterInnen, die ihre Hunde nicht im Griff haben und sich über die Regeln hinwegsetzen. Ein leidiges Thema ist die Hundekotbeseitigung bzw. die Nichtbeseitigung.

3. Hundeführerschein ja oder nein?
Ja, und zwar für alle. Damit es keine soziale Benachteiligung gibt, soll die Hundesteuer um den Betrag gesenkt werden, den der Hundeführerschein kostet.

4. Generelle Leinenpflicht?
Nein, die derzeitige Regelung reicht aus, wenn der Hundeführerschein Pflicht ist.

5. Wird es mehr Auslaufgebiete geben?
Das liegt allein im Ermessen der Bezirke. Ich wünsche es mir.

6. Ist die derzeitige Regelung mit der Hundesteuer in Ordnung für Sie?
Kleine Korrektur: siehe Antwort 3

7. Was wünschen Sie sich von den Berliner Hundebesitzern? Und was von den Nicht-Hundehaltern?
Ich wünsche mir im Umgang beider Parteien das, was der §1 der Straßenverkehrsordnung von allen VerkehrsteilnehmerInnen verlangt: Vorsicht und gegenseitige Rücksichtnahme.

Mirco Dragowski, Vorsitzender des Landesfach-ausschuss Tierschutz der FDP Berlin:

1. Welchen Stellenwert haben Hunde in Berlin?
Hunde sind wichtige Sozialpartner der Berlinerinnen und Berliner. Sie sind auch gerade für ältere Menschen oft eine Möglichkeit, aus der Isolation auszubrechen und mit anderen Menschen ins Gespräch zu kommen. Für ihre Halter haben Hunde daher einen hohen Stellenwert. Aufgrund der Anzahl von Hunden in Berlin und der dichten Besiedelung sind Konflikte mit Nichthundehaltern nicht zu vermeiden. Daher müssen klare Regeln für Hundehalter gefunden und eingehalten werden. Im Gegenzug müssen Nichthundehalter Hunde in der Stadt akzeptieren und tolerieren.

2. Was ist das größte Problem mit Hunden in Berlin und wie wollen Sie darauf reagieren?
Ein großes Problem ist die Sauberkeit. Der Hundekot muss von den Haltern entfernt werden. Beutelspender, soziale Ansprache, eine gezielte Öffentlichkeitsarbeit sowie Kontrollen durch das Ordnungsamt sind hier geeignete Maßnahmen für mehr Sauberkeit. Ein weiteres großes Problem sind die fehlenden Hundeauslaufmöglichkeiten in der Stadt. Siehe Nr. 5

3. Hundeführerschein ja oder nein?
Sachkundenachweis für Ersthundebesitzer grundsätzlich ja. In dem Zusammenhang aber zuerst die Erfahrungen z. B. in Niedersachsen auswerten

4. Generelle Leinenpflicht?
Nein. Ein dauerhaft angeleinter Hund kann zum Problem werden. Auch fehlen in Berlin kieznahe Auslaufmöglichkeiten.

5. Wird es mehr Auslaufgebiete geben?
Wir setzen uns für mehr Hundeauslaufgebiete ein.

6. Ist die derzeitige Regelung mit der Hundesteuer in Ordnung für Sie?
Nein. Die Hundesteuer muss abgeschafft werden. Hunde sind keine Luxusgegenstände, sondern Sozialpartner. Hunde führen zu einem erhöhten Aktivitätsniveau ihrer Halter. Die immer wieder hergestellte Verbindung zwischen Hundekot und Hundesteuer gibt es nicht: Wer seiner Pflicht zur Hundekotentfernung nicht nachkommt, muss bestraft werden – auch härter als in der heutigen Praxis üblich. Dafür dürfen die pflichtbewussten Hundehalter nicht mit einer Hundesteuer bestraft werden.

7. Was wünschen Sie sich von den Berliner Hundebesitzern? Und was von den Nicht-Hundehaltern?
Von beiden Seiten Toleranz und die Einhaltung der Regeln. Von der Politik und der Verwaltung wünsche ich mir Dialoge im Kiez anstelle von Hundeverboten.

Simon Kowalewski, tierschutz-politischer Sprecher der Piratenfraktion im Abgeordnetenhaus

1. Welchen Stellenwert haben Hunde in Berlin?
Hunde sind in Berlin allgegenwärtig, das erfreut manche Menschen, andere ärgern sich.

2. Was ist das größte Problem mit Hunden in Berlin und wie wollen Sie darauf reagieren?
Hundeauslaufplätze sind selten und in vielen Fällen nicht wohnortnah. Von daher kommt es häufig nicht nur zu Unfällen, sondern auch zu Verschmutzung von Gehwegen durch Hundekot, sodass leider der Eindruck entsteht, Berlin sei von Hundehaufen übersät. Wir wollen uns dafür einsetzen, dass für alle Hunde Auslaufplätze in gut erreichbarer Entfernung zur Verfügung stehen.

3. Hundeführerschein ja oder nein?
Wenn Hunde oder Halter auffällig werden, sollten sie zu einem Wesenstest aufgefordert werden.

4. Generelle Leinenpflicht?
Ein Hund an der Leine ist besser vor Verkehrsunfällen geschützt. Deshalb sollte gerade in Straßennähe die Leine als Schutz angelegt werden. Eine Leine ist jedoch auch kein Allheilmittel und in manchen Situationen sogar kontraproduktiv, deshalb sollte es keine generelle Verpflichtung geben.

5. Wird es mehr Auslaufgebiete geben?
Ja, siehe oben.

6. Ist die derzeitige Regelung mit der Hundesteuer in Ordnung für Sie?
Die Hundesteuer generiert viel Bürokratie aber kaum Einnahmen und wird von einer großen Zahl von Hundehaltern folgenlos nicht bezahlt. Insofern herrscht hier keine Steuergerechtigkeit.

7. Was wünschen Sie sich von den Berliner Hundebesitzern? Und was von den Nicht-Hundehaltern?
Von beiden Seiten: Mehr Verständnis füreinander und mehr Rücksicht aufeinander.

Marion Platta ist umweltpolitische Sprecherin und Sprecherin für Tierschutz in der Fraktion Die Linke im Abgeordnetenhaus.

1. Welchen Stellenwert haben Hunde in Berlin?
Allein, dass etwa in jedem siebten Haushalt in Berlin ein Hund lebt, zeugt von großer Akzeptanz. Die alltägliche Leistung von Hunden mit besonderen Aufgaben – sei es als Assistenzhund für Menschen mit Behinderungen oder im Wachschutz – wird auch von Nicht-Hundehaltern geachtet.

2. Was ist das größte Problem mit Hunden in Berlin und wie wollen Sie darauf reagieren?

Wo Regeln des Zusammenlebens nicht eingehalten werden, entstehen Probleme. Das kann hier der nicht beseitigte Hundekot und dort der allein gelassene, laut bellende und vielleicht stark vernachlässigte Hund sein. Am Ende spitzt es sich stets auf den verantwortungslosen Umgang der Halter mit dem Tier zu. Verantwortung muss also bewusst gemacht, Hilfen für Mensch und Tier müssen ausgebaut werden, damit Verantwortung auch von allen wahrgenommen werden kann.

3. Hundeführerschein ja oder nein?

Auf den ersten Blick macht es Sinn, einen solchen Nachweis zu verlangen. Auch wenn er kein Garant für einen dauerhaft verantwortungsvollen Umgang mit den Hunden ist. Und Menschen, die seit Jahren problemlos mit Hunden zusammenleben, können einen zusätzlichen Nachweis eher als Schikane empfinden. Wir wollen dennoch eine Regelung, und zwar eine bundesweite Verordnung über Anforderungen an Kenntnisse und Fähigkeiten von Personen, die Hunde halten, betreuen oder zu betreuen haben und an einen möglichen Nachweis dieser Kenntnisse und Fähigkeiten. Diese Aufgabe besteht für den Bund nach dem Tierschutzgesetz § 2a. Eine Regelung allein für Berlin halten wir nicht für sinnvoll. Menschen wechseln ja auch mal den Wohnort.

4. Generelle Leinenpflicht?

Eine generelle Leinenpflicht in der Stadt ist über das bisher in Gesetzen, Verordnungen und den Hausordnungen der öffentlichen Verkehrsbetriebe Geregelte hinaus nicht erforderlich. Sensible Bereiche wie Sportplätze, Fußgängerzonen, Grünanlagen, Wald- und Schutzgebiete und die Gefährlichkeit von Hunden werden damit beachtet. Entscheidend ist, dass sich die Hundehalter/-innen ihrer Verantwortung bewusst sind und sich an die bestehende Regeln auch halten.

5. Wird es mehr Auslaufgebiete geben?

Der Nutzen und die Nutzung von Auslaufgebieten in der Stadt sind umstritten – nicht nur bei Nicht-Hundebesitzern. DIE LINKE hat sich des Themas Hundeauslaufgebiete schon in der Vergangenheit angenommen und mit dem Liegenschaftsfonds und in den Bezirken für eine Ausweitung dieser Flächen an geeigneten Stellen gesorgt. Zukünftig soll die Verantwortung der Nutzer bei der Betreibung dieser Flächen durch passende Nutzungsvereinbarungen weiter ausgebaut werden. Dadurch sollen auch neue Flächenausweisungen wie auf dem Tempelhofer Feld möglich sein.

6. Ist die derzeitige Regelung mit der Hundesteuer in Ordnung für Sie?

Das ursprüngliche ordnungspolitische Ziel dieser Aufwandssteuer wird mit der derzeitigen Regelung in Berlin meiner Meinung nach nicht mehr erreicht. Viele Hundehalter/-innen zählen zu den sogenannten Steuersündern, von ca. 30 % ist die Rede. Soziale Kriterien bei der Erhebung könnten z.B. wirkungsvoller für die allgemeine Akzeptanz dieser Steuer sorgen. In dieser Hinsicht hat die Berliner Regelung nach zwölf Jahren einen Effektivitätsschub verdient.

7. Was wünschen Sie sich von den Berliner Hundebesitzern? Und was von den Nicht-Hundehaltern?

Ich wünsche mir von beiden Parteien verantwortungsvolles Verhalten im Umgang miteinander und mit den Tieren. Dazu zählt in jedem Fall, Rechte und Pflichten zu kennen und einzuhalten.

„Der tut nix!" – Und wenn doch?

Rechtsanwalt René Thalwitzer über die Fallstricke des Hunderechts

Hunde sind unsere treuen Begleiter. Das Zusammenleben mit ihnen bereitet in erster Linie große Freude und bereichert unseren Alltag – keine Frage. Aber: Hunde eröffnen heutzutage auch eine nahezu unüberschaubare Anzahl von Rechtsfragen und Problemen, in denen sich kompetenter Rechtsrat bewährt. Zunehmend gibt es deshalb auch spezialisierte Anwälte, die sich mit den Fallstricken des „Hunderechts" beschäftigen. Tieranwälte helfen zum Beispiel bei Problemen wie z.B. der Tierhalterhaftung, dem Tierkauf sowie der Tiermängelgewährleistung, bei Fragen zur Haltung von Hunden in Mietwohnungen oder bei der rechtlichen Behandlung des Hundes bei einer Scheidung.

Es ist leicht möglich als Hundehalter mit dem Gesetz in Konflikt zu kommen. Im Hunderecht gibt es viele Konstellationen, in denen eine sog. Tierhalterhaftung möglich ist. Der Hund ist nicht nur der beste Freund des Menschen, sondern auch ein Lebewesen, das in unterschiedlichen Situationen unterschiedlich und nicht immer vorhersehbar reagiert. Die Tierhalterhaftung ist in § 833 BGB geregelt und als sog. Gefährdungshaftung ausgestaltet. Danach haftet der Halter eines Hundes allein aufgrund der Gefährlichkeit seines Tieres grundsätzlich für alle Schäden, die der Vierbeiner verursacht. Eigenart dieser Gefährdungshaftung ist, dass es auf ein Verschulden des Hundehalters nicht ankommt. Allein die Tatsache, dass man ein Tier hält, begründet die Haftung für durch das Tier verursachte Schäden. Ein Hundehalter haftet also auch dann, wenn er das Tier gut erzieht und sorgsam beaufsichtigt. Für jeden von einem Hund verursachten Schaden haftet sein Halter, egal ob dieser irgendetwas falsch gemacht hat oder nicht. Diese Tierhalterhaftung kann also selbst den reichsten Hundebesitzer in den finanziellen Ruin treiben: Im schlimmsten Fall kommt es zu einem Millionenschaden – wenn der Hund etwa einen Verkehrsunfall verursacht, bei dem es zu einer Massenkarambolage kommt. Dabei gilt es zu beachten, dass man persönlich nicht nur für die beschädigten Fahrzeuge, sondern insbesondere auch für Schäden der verletzten Verkehrsteilnehmer wie z.B. Heilbehandlungskosten aufkommen muss. Damit ist die Haltung eines Hundes mit finanziellen Risiken wie der Zahlung von Schadenser-satz und Schmerzensgeld verbunden, weshalb man als Hundehalter eine Tierhalterhaftpflichtversicherung abschließen sollte – vielfach ist das sogar gesetzlich vorgeschrieben.

Nicht immer voller Schadensersatz

Ist der Hundehalter haftpflichtversichert, ist diese im Versicherungsfall einstandspflichtig und muss eingetretene Schäden grundsätzlich ersetzen, so z.B. wenn der Hund ein anderes Tier oder einen Menschen beißt. Aber auch hier ist Vorsicht geboten: Der Geschädigte kann nur dann vollen Schadenersatz verlangen, wenn ihn kein Mitverschulden trifft. Streichelt man einen fremden Hund, der daraufhin zubeißt, muss man damit rechnen, dass man nur einen Teil des Schadens ersetzt bekommt. Gleiches gilt nach der Rechtsprechung für denjenigen, der in eine Auseinandersetzung zwischen Hunden eingreift, um die Tiere zu trennen.

Viele Hundehalter sind sich auch nicht bewusst, dass sie sich durch ein Hinweisschild „Vorsicht! Bissiger Hund" nicht von jedweder Haftung befreien können. Dies wird an dem Beispiel eines Kleinkindes deutlich, dass ein solches Schild gar nicht lesen kann. Generell gilt: Nicht Schilder machen das Recht, sondern der Gesetzgeber und die Gerichte.

Rechtsanwalt René Thalwitzer

Bayreuth:
Isoldenstraße 10a
95445 Bayreuth
Tel.: 0921-1512341
Fax: 0921-1512342

Zweigstelle Frankfurt am Main:
Weilbrunnstraße 20a
60435 Frankfurt am Main
Tel.: 069-95407125
Fax: 069-95407126

Web: www.tierrecht-frankfurt.de

24 Stunden-Notruf
0151-19631570

Politik für Mensch – Hund – Hundemensch

Die Initiative stadt&hund will das Zusammenleben mit Hunden in der Stadt besser machen

Michael Krockauer und Christof Wüllner von der Initiative stadt & hund

Sie sind keine Hundehalter, aber haben auch nichts gegen die Vierbeiner dieser Stadt. Emotionslos – so beschreiben Michael Krockauer (54) und Christof Wüllner (43) ihre Haltung, wenn es um das Thema geht, das beide seit Jahren umtreibt: Das Zusammenleben zwischen Mensch, Hund und Hundemenschen. Dass da was im Argen liegt, haben beide seit ihren ersten Jahren in Berlin in den 80ern mitbekommen. „Hunde sind schön und gut, aber es ist nun mal eine Tatsache, dass sie auch viel Dreck hinterlassen", sagt Abfallmanager Wüllner und hat auch gleich – ganz Ingenieur – beeindruckende Zahlen parat, wie viele Haufen pro Jahr auf Berlins Straßen landen und meist nicht beseitigt werden. Die genauen Ausmaße will man sich hochgerechnet besser nicht vor Augen halten, aber bitte: 330.000 neue Hundehaufen oder 55 Tonnen Hundekot hinterlassen die Vierbeiner pro Tag. Darin könnte Halb-Berlin untergehen.

Für manche mögen solche Hochrechnungen nur die wahre Lage der Stadt widerspiegeln, aber dafür braucht man dann schon etwas Galgenhumor. Für Krockauer und Wüllner war es Anlass, um zu gucken, wie man dieses Problem in den Griff bekommen könnte. Im Jahr 2000 gründeten sie die Initiative stadt&hund (www.stadtundhund.de). Ein vernünftiges Anliegen denkt man. Aber erstaunlicherweise mussten die beiden die Erfahrung machen, dass man mit diesem Engagement nicht unbedingt beliebter wird. Mit ihrer Initiative stadt&hund stießen Krockauer und Wüllner in eine

155

Regelungslücke. Seit vielen Jahren gibt es ein Vakuum in der Stadt mit Blick auf ein zentrales Problem: Es gibt viele Menschen, viele Hunde, wenig Grün, viel Kot. Am Ende ist der Nutzungskonflikt der öffentlichen Flächen vorprogrammiert. Obwohl es entsprechende Gesetze gibt, bewegt sich nichts. Das Straßenreinigungsgesetz schreibt vor: „Hundehalter und Hundeführer haben dafür Sorge zu tragen, dass ihre Hunde die Straßen nicht verunreinigen. Dies gilt nicht für blinde Führhundhalter." Im Grünanlagengesetz Berlin heißt es: „Hundehalter und -führer haben dafür Sorge zu tragen, dass ihre Hunde die öffentlichen Grün- und Erholungsanlagen nicht verunreinigen. Sie haben den Kot ihrer Hunde unverzüglich zu beseitigen. Dies gilt nicht für blinde Hundeführer." Bei Hundekot handelt es sich um Abfall im Sinne des subjektiven und objektiven Abfallbegriffes nach Kreislaufwirtschaftsgesetze (KrWG), der ordnungsgemäß über die Restabfalltonne durch den Hundehalter bzw. durch die verantwortliche Person zu entsorgen ist. Die Zuwiderhandlung stellt mindestens eine Ordnungswidrigkeit nach dem Abfallrecht dar, in manchen Fällen greift sogar das Strafrecht.

Soweit die Gesetze. Aber es gibt ein Umsetzungsproblem, sagen die Ingenieure. Im Senat, in den Bezirken und Verwaltungen fühlt sich keiner so richtig zuständig. Und ein Verständnisproblem zwischen Hundehaltern und ihren Gegnern kommt dazu. Die Mütter der „Prenzlzwerge" stehen da z. B. unversöhnlich den Hundehaltern gegenüber – und umgekehrt. Aber auch bei den Hundehaltern selbst stieß die Initiative nicht immer auf Gegenliebe. Die meisten Hundebesitzer sind sowieso eher unpolitisch und wenig engagiert. Ignoranz ist deshalb das größte Problem. Und untereinander sind sich viele auch nicht gerade grün. Da wollen die Halter von Rassehunden nichts mit den anderen zu tun haben. Wer einen Kampfhund besitzt, ist sowieso schon mal unten durch. Und welcher Besitzer von den rund einem Drittel nicht angemeldeten Hunden in Berlin, für die keine Steuern bezahlt werden, käme auf die Idee, sich aktiv für das Gemeinwohl einzusetzen.

Terrarien für Krokodile?

Auch in der Bezirkspolitik stießen die stadt&hund-Aktivisten oftmals auf Unverständnis. Ein ehemaliger Stadtrat eines Bezirks polterte gegen die Vorschläge der Initiative überall Kotbeutelspender aufzustellen, dass Hundehaufen Privatsache seien und bot einen etwas schiefen Vergleich: Wenn einige Berliner auf die Idee kämen, sich Krokodile anzuschaffen, dürfte doch keiner erwarten, dass die öffentliche Hand gleich die entsprechende Infrastruktur zur Verfügung stellen müsste. Nun ja, Krokodile gibt es wohl eher selten, bei Hunden, so zeigt der nüchterne Blick in die Statistik, handelt es sich immerhin um Genossen von rund 10 Prozent aller Berliner Haushalte.

Lernen, Regeln anzuwenden

„Das wirkliche Problem liegt in der Ignoranz der Verwaltung. Es gibt Regelungen und Gesetze. Man muss sie nur anwenden und einen Konsens stiften, dass diese Regeln befolgt werden", argumentiert Wüllner, der im gleichen Atemzug aber auch meint, dass viel mehr für die Hunde in der

Stadt getan werden muss. Es könne nicht sein, dass in Grünanlagen Leinenzwang herrsche und die Frage des Freilaufs für die Tiere ansonsten unbeantwortet bliebe. „Wer Leine sagt, muss auch Freilauf sagen und entsprechende Flächen überall in den Bezirken schaffen", so Wüllner. Wie schwierig es mit dem Auslauf in manchen Bezirken ist, zeigt das Beispiel Nord-Neukölln, wo es keinerlei Hundeauslaufflächen gibt. Und wo es Flächen gibt, sind die teilweise so klein, dass sie gänzlich ungeeignet sind. Die Folge: Die Leute gehen mit ihren Hunden auf der Straße Gassi und dort, wo andere picknicken. Wüllner verweist hier gerne auf Städte wie Hamburg, wo es rund 140 Freiflächen für Hunde gibt. In Berlin sind es zwölf Flächen in Wäldern und dazu einige Hundeplätze in Parks.

Die Hundefrage ist für stadt&hund keine Frage um Recht oder Unrecht. Es geht nicht darum, ob man Hunde mag oder nicht. An dieser Frage zeigt sich vielmehr, wie sehr eine Gemeinschaft in der Lage ist, einen guten Ausgleich zwischen den Interessen zu finden. Die Initiative will dafür ganz konkrete Anstöße geben. So organisierte sie 2011 mit anderen die Fachtagung „Berlin wird häufchenfrei" und sammelte Ideen. Besonders wirksam erweisen sich Kotbeutelspender. Wenn überall welche stehen, steigt die Sensibilität für das Wegmachen der Haufen enorm. stadt&hund betreibt deshalb auch ein Patenschaftsprogramm. Paten befüllen regelmäßig die über 270 Beutelspender der Initiative. Das Aufstellen dieser Spender ist jedes Mal ein bürokratischer Akt, viel Arbeit steckt dahinter. Aber eine, die sich offenbar lohnt. Von allen Instrumenten scheint das Aufstellen von Beutelspendern das erfolgreichste zu sein. In den Projektgebieten der Initiative steigt die Quote der Haufen, die entfernt werden, auf 60 bis 70 Prozent. Normalerweise liegt diese Quote bei lediglich 15 Prozent.

Kampagnenplakat der Initiative stadt&hund

Projektbüro stadt&hund

gemeinnützige GmbH
Lahnstraße 13
12055 Berlin
Tel.: 030-252 99 277
Mail: kontakt@stadtundhund.de
Web: www.stadtundhund.de

Ein Haufen Probleme auf Berlins Straßen

Im Frühjahr 2012 horchten viele Leser des Berliner Tagesspiegels auf. Die Zeitung verkündete, dass eines der größten Alltagsprobleme der Stadt, die Hundekotplage, schon bald Berliner Geschichte sein könnte. Angeblich stand die BSR kurz davor, eine Hundekot-App zu launchen. Der Clou an der Sache: Hundehalter – aber auch Nicht-Hundebesitzer – könnten sich ab sofort eine gebührenpflichtig App der BSR auf ihr Handy laden. Mithilfe des Smartphones, so der Tagesspiegel, könne man zukünftig den Standort eines Hundehaufens im öffentlichen Raum mit GPS-Koordinaten markieren. Über die App werden anschließend die Geodaten an die BSR weitergeleitet, die nach Erhalt der Koordinaten mit einem mobilen Reinigungsteam ausrückt und den Haufen beseitigt. Die Entledigung der Reinigungspflicht solle Hundebesitzer 7,99 Euro im Monat kosten. Teuer, aber mit Sicherheit effizient, so der Tagesspiegel. Einen Tag später verkündete die Zeitung, dass es sich lediglich um einen Aprilscherz handelte.

Der ironische Artikel trifft dennoch den Nerv der Zeit. Seit Jahren wird in der Hauptstadt diskutiert, wie man der Hundekot-Problematik Herr werden könne. Flächendeckende Erfolge sind bisher im Stadtgebiet nicht zu verzeichnen. In seiner 2008 erschienenen Berlin-Hymne „Schwarz zu Blau" drückt es der Musiker Peter Fox etwas drastischer aus: „Überall liegt Scheiße, man muss eigentlich schweben". In manchen Ecken Berlins kann man dem Sänger nicht vorwerfen, dass er übertreibt. 2010 führte der Tagesspiegel eine Umfrage durch, in der die Berliner und Berlinerinnen aufgefordert wurden, die größten Alltagsprobleme der Stadt zu nennen. Mehr als 40.000 Stimmen wurden abgegeben. Das Ergebnis: Neben Lärmbelästigung werden Hundehaufen auf den Straßen und Plätzen Berlins als das schwerwiegendste Alltagsärgernis angesehen – noch vor der Unfreundlichkeit im Servicebereich. Das will was heißen in Berlin. Angesporrnt durch den Unmut in der Bevölkerung sowie aufgrund erfolgreicher Strategien in anderen Großstädten nahmen sich Politik, Wissenschaft und engagierte Bürgerinitiativen 2011 zusammen der Hundekot-Problematik an und veranstalten eine Fachkonferenz mit dem Titel „Berlin wird häufchenfrei".

Auf der Fachtagung fasste die Initiative „stadt&hund" die Berliner Hundekot-Situation in Zahlen zusammen. Pro Tag wird der gesamte Berliner Stadtraum Berlins mit mehr als 300.000 Hundehaufen zugepflas-

Alles andere als lecker: Berlin hat haufenweise Probleme

dekotsauger beseitigt werden, lässt sich laut BSR-Pressesprecher Bernd Müller nicht in Zahlen ausdrücken. Die Initiative „stadt&hund" schätzt den Anteil jedoch auf knapp 30 Prozent. Der restliche Kot verwest vor Ort bzw. an den Schuhsohlen der Berliner und Berlinerinnen.

Die Verantwortung für die Beseitigung des Kots liegt per Gesetz beim jeweiligen Hundehalter. Weigern sich Hundebesitzer, die Hinterlassenschaften ihres Hundes zu beseitigen, begehen sie eine Ordnungswidrigkeit. Wird man erwischt, drohen 35 Euro Strafe. Doch sind Herrchen und Frauchen tatsächlich allein daran schuld, dass in Berlin die Hundekot-Problematik im wahrsten Sinne des Wortes so schwer wiegt? Die Hunde- und die Nicht-Hundefraktion stehen sich in diesem Punkt – wer hätte das gedacht – unversöhnlich gegenüber. Für Nicht-Hundehalter liegt das Fehlverhalten der Hundebesitzer klar auf der Hand. Deren Bequemlichkeit und Gleichgültigkeit seien die Hauptursachen für das Fäkalienproblem. Die Hunde-Community

tert. Bei einem durchschnittlichen Haufengewicht von etwa 160 g bedeutet dies über 50 Tonnen Kot pro Tag. Hochgerechnet auf ein Jahr produzieren Berlins Hunde somit knapp 20.000 Tonnen Hundekot bzw. hinterlassen 120 Millionen Haufen. Diese Zahlen sind eigentlich nicht weiter verwerflich. Hunde müssen nun mal. Das Problem ist: Die Haufen werden nicht weggemacht. Befragungen der Initiative „stadt&hund" haben ergeben, dass lediglich 15 Prozent aller Hundehaufen durch den Halter entfernt werden. Der Rest bleibt an Ort und Stelle. Wie viele Haufen durch die Gehwegreinigung der BSR und deren elf mobile Hun-

wiederum hat längst die Politik als Schuldigen ausfindig gemacht. Sie argumentieren, dass die Bezirke und der Berliner Senat die Verantwortung dafür tragen, dass es in Berlin zu wenig Hundeauslaufflächen und Hundekotbeutelspender gibt. Das sind zumindest die Ergebnisse einer Untersuchung von Forschern der Humboldt-Universität. Als Gegenmaßnahme plädierten die Wissenschaftler daher auf der Fachkonferenz „Berlin wird häufchenfrei" sowohl für eine stärkere Sensibilisierung der Hundebesitzer für städtische Sauberkeit und deren Verantwortung. Gleichzeitig nahmen sie die Politik in die Pflicht, die

Infrastruktur für Hunde in Berlin zu verbessern.

Vorbild Mitte

Als Vorbild könnte dabei der Bezirk Mitte gelten. Seit 2003 installiert das Bezirksamt mit Unterstützung engagierter Partner wie Quartiersmanagements, Bürgerinitiativen und Wohnungsbaugesellschaften in ausgewählten Quartieren des Bezirks kostenlos Hundekotbeutelspender. Mittlerweile sind es 74 an der Zahl. Flankiert wird die Aufstellung der Beutelspender durch Kiez- und Parkläufer. Diese kümmern sich sowohl um die regelmäßige Wiederauffüllung der Spender, sprechen im Bedarfsfall Hundebesitzer an und verteilen Infoflyer über die korrekte Beseitigung von Hundekot. Rückblickend, so Ines Blumenthal vom Bezirksamt Mitte, hat sich die Kombination aus Beutelspendern und Öffentlichkeitsarbeit durch die Kiezläufer als sehr erfolgreich erwiesen. Nach Erhebungen des Bezirks werden mittlerweile in den entsprechenden Quartieren 60-80 Prozent alle Hundehaufen sofort durch die Halter entfernt. Doch trotz oder gerade wegen der positiven Erfahrungen über die letzten Jahre sind die Kapazitäten der Kotbeutelspender längst erreicht. Nach Angaben des Bezirksamtes gibt es im Bezirk Mitte einen täglichen Bedarf von ca. 15.000 Hundekotbeuteln. Der Bezirk kann mit den vorhandenen Spendern jedoch nur 3.000 Beutel pro Tag zur Verfügung stellen – immerhin eine Million Beutel im Jahr. Für mehr reicht das Geld nicht. Dies ist ein Problem, dass der Bezirk mit dem Rest der Stadt teilt. Insgesamt verfügt Berlin derzeit gerade mal über etwas mehr als 300 Beutelspender. Zum Vergleich: In Wien sind es etwa 2.700. (Text: Frank Petrasch)

Das Braune muss weg
Was man gegen Hundehaufen tun kann

Hundehaufen auf dem Gehweg sind echte Ärgernisse. Die Initiative stadt&hund (www.stadtundhund.de) hat deshalb ein Projekt unter dem Motto gestartet „Das Braune muss weg". Diesem Slogan schließen wir uns an und meinen: Jeder kann doch den Haufen seines Hundes wegmachen. Dabei muss es im Kampf gegen das Braune wirklich nicht so weit gehen wie in der unterfränkischen Kleinstadt Volkach. Da wollte der Bürgermeister vor einigen Jahren eine genetische Datenbank aller Hunde anlegen. Die Idee: Findet das Ordnungsamt einen Haufen, könne man sofort testen, wer der Scheißer … äh … Übeltäter gewesen ist. Das ist schon hart am Überwachungsstaat. Wir haben zusammen mit stadt&hund einige Ideen zusammengestellt, was man als engagierter Hundehalter oder auch als Nicht-Hundemensch dagegen tun kann:

1. Hundehaufen per App melden: Es gibt sie wirklich, die Hundehaufen-App. Naja, fast. Mit www.mängelmelder.de gibt es eine bundesweite Sammelstelle für kom-

munale Mängelmeldungen. Mit dem Mängelmelder kann jeder Bürger mit seinem Smartphone oder über das Internet Missstände selbst melden und mit aussagekräftigen Informationen, wie Foto und genauer Standortposition, an seine Stadtverwaltung weiterleiten.

2. Sie sehen, dass ein Hund auf den Gehweg macht und der Besitzer den Haufen liegen lässt? Reden Sie mit ihm freundlich, den Haufen zu beseitigen. Wenn Sie einen Kotbeutel weiterreichen können, umso besser. Verweisen Sie auf Kotbeutelspender, falls in der Nähe vorhanden.

3. Werden Sie Pate eines Kotbeutelspenders: Wahrhaftig, es gibt anrührendere Patenschaften als für Kotbeutelspender, aber glauben Sie uns: Es gibt nur wenige, an der sich so viele Leute am Ende freuen. Bei stadt & hund kann man einen Beutelspenderstandort (Straße, Hausnummer, Befestigungsmöglichkeit, Foto) vorschlagen, für den Sie eine Patenschaft übernehmen. Bitten Sie Ihre Nachbarn, Kollegen und/oder die Gewerbetreibenden in der Umgebung um Unterstützung.

4. Sponsern Sie selbst eine Hundetoilette oder Kotbeutelspender und lassen Sie das in Absprache mit dem Bezirk aufstellen.

5. Machen Sie im Bezirk auf die Hundehaufen aufmerksam: Basteln Sie kleine Papierfähnchen (mit Schaschlikstäbchen und Papier), schreiben Sie auf die Fahne: „Wäre schön, wenn Sie den beseitigt hätten". Oder besorgen Sie sich goldenes Farbspray und besprühen Sie die

Hinterlassenschaften – auch so wird jeder aufmerksam, lenkt seinen Blick darauf und wird am Ende vielleicht sensibilisiert.

Für ein Berlin mit Hunden, aber ohne Hundehaufen!

Unterschreiben. Unterstützen.

Bündnis Berlin-häufchenfrei
Spendenkonto:
Bank für Sozialwirtschaft BLZ 100 205 00
Konto Nr. 105 67 02
Inhaber: Projektbüro stadt&hund gGmbH
Zweck: Spende häufchenfrei

Zahlenspiele für die Katz

Die Berliner Beißstatistik

Seit Monaten wird in Berlin über die Aktualisierung des bestehenden Hundegesetzes diskutiert. Neben der Einführung eines Hundeführerscheins wird dabei auch über das Für und Wider der umstrittenen Rasseliste diskutiert. Die Liste unterteilt die in Berlin gehaltenen Hunderassen in „gefährliche" und „ungefährliche" Hunde. Für „gefährliche Hunde" gelten strengere Auflagen als für andere Hunde. Gegner der Liste sprechen von Diskriminierung, Befürworter von einer Notwendigkeit. Vertreter beider Gruppen ziehen im Streit um die Rasseliste Jahr für Jahr mit der „Beißstatistik" ins Feld. Aus deren Zahlen lässt sich ablesen, wie viele Hunde im Jahr Menschen durch Beißen oder Anspringen verletzt haben. Erstellt wird die Liste vom Berliner Senat, das Material stammt von den Veterinär- und Lebensmittelaufsichtsämtern der Bezirke.

Der Streit um die Rasseliste und Statistik wird emotional geführt. Hauptkritik: Die Zahlen sagen lediglich aus, wie viele Zwischenfälle mit Hunden („Beißen" und „Anspringen") im entsprechenden Jahr den Behörden gemeldet worden sind. 2011 gab es demnach 706 gemeldete Zwischenfälle mit Hunden, in denen Menschen verletzt worden sind. Zusätzlich ist die Statistik untergliedert nach Hunderassen, woraus sich Jahr für Jahr ein Ranking der „bissigsten Hunde" erstellen lässt.

So eindeutig sich die Statistik erst mal liest, so schwierig ist aber deren Interpretation. Zunächst einmal lassen die reinen Zahlen keinen Rückschluss auf die tatsächlichen Ursachen für die Attacke eines Hundes zu. Griff ein Hund von sich aus an, wurde er provoziert oder gar vom Hundebesitzer animiert, ist vollkommen offen. Für die Bewertung der Gefährlichkeit eines Hundes ist der Anlass jedoch von großer Bedeutung. Darüber hinaus wird nicht nur das „Beißen", sondern auch das „Anspringen" durch einen Hund in der Statistik vermerkt. Das Anspringen durch den Hund – so sehr es auch zu Verletzungen führen kann – ist ebenfalls nicht per se Ausdruck eines gesteigerten Aggressionspotentials, sondern gerade bei jungen Hunden ein Zeichen von Verspieltheit.

Die Top-Ten der bissigsten Hunde von 2011:

Mischling: 226 Zwischenfälle
Deutscher Schäferhund: 85 Zwischenfälle
Terrier: 45 Zwischenfälle
Rottweiler: 30 Zwischenfälle
Amerikanischer Staffordshire Terrier: 18 Zwischenfälle
Dobermann: 17 Zwischenfälle
Labrador Retriever: 17 Zwischenfälle
Hirtenhund: 17 Zwischenfälle
Dackel: 15 Zwischenfälle
Boxer: 12 Zwischenfälle

Nicht jeder Listenhund ist gefährlich – und nicht jedes Schoßhündchen lieb. Beißstatistik und Listen von „gefährlichen Hunden" verzerren das Bild

Des Weiteren bleibt in der Statistik die tatsächliche Hundepopulation in der Hauptstadt vollkommen unberücksichtigt. Laut Statistik bissen 2011 Hundemischlinge am häufigsten zu. Sind demnach also Mischlinge die gefährlichsten Hunde in Berlin? Gewiss nicht. Die hohe Zahl von Bissattacken lässt sich aus zwei anderen Gründen erklären. Erstens machen Mischlinge die größte Zahl an Hunden in der Stadt aus. Die Wahrscheinlichkeit von einem Mischling gebissen zu werden, ist demnach sehr viel höher als bei einem Rassehunde. Aus den absoluten Zahlen lässt sich demnach nicht ableiten, wie gefährlich eine Hunderasse tatsächlich ist. Verlässlicheres Datenmaterial erhielte man, wenn die Bissattacken in Relation zur Population der jeweiligen Rassen gesetzt werden würden. Zweitens kann die Aussage, dass Mischlinge 2011 insgesamt 226 Mal zubissen auch schlichtweg falsch sein. Bei der Beißstatistik handelt es sich wohlgemerkt nur um Attacken, die den Behörden gemeldet wurden. Die Dunkelziffer könnte sehr viel höher liegen. Aber auch das Gegenteil ist möglich. Denn: Genauso wie nicht jeder auf den ersten oder zweiten Blick Automarken voneinander unterscheiden kann, kann das auch bei Hunderassen so sein. Der Einfachheit halber wird der Schwarze Peter den Mischlingen – oder auch den „Kamphunden" – zugeschoben, selbst wenn es eine ganz andere Rasse war.

Kampfhunde gar nicht so gefährlich?

Die Beißstatistik zeigt ebenfalls, dass „Kampfhunde" wie Pitbulls oder American Staffordshire Terrier 2011 seltener zugebissen haben, als Deutsche Schäferhunde oder Rottweiler. Selbst der Dackel war auffälliger als der Bull Terrier. Auch hier ist bei der Interpretation des Zahlenmaterials Vorsicht geboten. Die Behauptung, Kampfhunde seien demnach weniger gefährlich, lässt sich aus der Statistik nicht ableiten. Erneut gilt es zu unterscheiden, was Ur-

sache und was Wirkung einer Beißattacke war. Ist allein die Tatsache, dass gelistete Hunde 2011 seltener zubissen als andere Hunde tatsächlich ein Indiz dafür, dass sie ungefährlich sind? Oder sind die wenigen Attacken der gelisteten Hunde letztlich ein Resultat der strengen Auflagebedingungen für das Halten von „Kampfhunden"? 1999 – noch vor der Einführung der Rasseliste – gab es 279 Zwischenfälle mit Pitbulls, American Staffordshire Terrier, Bullterriern, Dogo Argentinos und Mastino Napoletanos. 2011 waren es nur noch 32 – immerhin ein Rückgang um das Achtfache! Niedrige Beißzahlen können also das Ergebnis strengerer Auflagen sein.

Auf der anderen Seite gab es 1999 auch 197 Beißattacken von Rottweilern. 2011 waren es hingegen nur noch 30 – ein Rückgang um mehr als das Sechsfache. Dies ist wiederum ein Hinweis darauf, dass es auch ohne strengere Gesetzesauflagen möglich ist, Beißattacken zu verhindern. Der Besuch von Hundeschulen sowie die stärkere Sensibilisierung der Hundehalter haben ebenfalls einen entscheidenden Einfluss auf das Zusammenleben zwischen Mensch und Hund – ganz unabhängig, um welche Hunderasse es sich handelt. Inhaltlich trägt die Berliner Beißstatistik in diesem Zusammenhang hingegen wenig Nützliches bei. Für sich allein genommen, eignet sie sich nicht einmal als Argumentationshilfe. (Text: Frank Petrasch)

Futter als Sozialhilfe

Ohne die Tiertafel könnten viele Berliner ihren Hund nicht mehr versorgen

Schon an der S-Bahn-Station Baumschulenweg sieht man eine ganze Reihe von Hundebesitzern, die wohl den gleichen Weg haben wie wir heute. Es ist Samstag, kurz vor Weihnachten. Wie alle zwei Wochen hat die Ausgabestelle der Tiertafel geöffnet. Seit 10 Uhr morgens sind rund 20 Ehrenamtliche in der Baracke an der Mörickestraße am Werk und verteilen Tierfutter an Bedürftige. 400 bis 500 Kunden werden heute wieder kommen. Denn auch das gehört zum Alltag eines reichen armen Landes: Es gibt immer mehr Menschen in Deutschland, die kaum etwas zum Leben haben. Tatsächlich waren seit der deutschen Vereinigung noch nie so viele Menschen von Armut bedroht wie heute.

Berlin ist arm. Für die Betroffenen ist das nicht sexy. Jeder siebte Berliner muss monatlich mit weniger als rund 766 Euro – 60 Prozent des örtlichen Durchschnittseinkommens – auskommen. Und Armut bedeutet nicht einfach, weniger shoppen zu gehen. Armut macht krank, Arme sterben früher, sie verlieren ihre sozialen Kontakte und vereinsamen. Armut lässt den Anschluss ans Leben verlieren. Wer ein Tier hat, dem bleibt zumindest noch ein Teil eines normalen Lebens. Normal heißt: Aufstehen, rausgehen, mit anderen quatschen. Jeder kennt das. Wer aber nach dem Verlust seines Jobs oder Krankheit so arm ist, dass er sich sein Tier nicht mehr leisten kann, der verliert leicht den letzten Halt. Genau dagegen wollte Claudia Hollm angehen. Sie sah zusammen mit ihrem Mann einen Fernsehbericht über eine Familie, die ihren Hund nicht mehr halten konnte. „Das kann doch nicht sein!", erregt sich die Gründerin noch heute, wenn sie die Geschichte erzählt. Wegen vielleicht 40 Euro im Monat das Tier weggeben zu müssen war für sie ein Unding. Der Bericht war die Initialzündung für die Tiertafel.

Eine Erfolgsstory

Was mit spontaner Empörung startete, ist heute eine rasant wachsende Hilfsorganisation mit Ausgabestellen in ganz Deutschland, mehr als 2000 Ehrenamtlichen und Spenden von einigen hunderttausend Euro im Jahr. Die Tiertafel ist eine Erfolgsstory, wohl auch, weil es bei ihr nicht nur um Tiere geht, sondern un-

Claudia Hollm, Gründerin der Tiertafel e. V.

glaublich „menschelt". Bei den Medien ist das eine wichtige Währung. Über die Tiertafel wird wie kaum über eine andere Tierschutzorganisation berichtet: wie Claudia Hollm das Zentrallager in Rathenow managt, die Ausgabestellen mit Sachspenden beliefert, wo die lokalen Ausgabestellen nicht selbst genug zusammenbekommen. Wie sie um Sponsoren ringt, fast alle eigene Zeit in „ihr" Projekt steckt. Wie sie in der Berliner Ausgabestelle am Baumschulenweg mit ihren Mitstreitern neue Kunden begrüßt, die sich registrieren lassen und ihre Bedürftigkeit nachweisen – denn das ist wichtig, um denen zu helfen, die es wirklich brauchen.

„Wo bin ich denn hier?"

Was die Tiertafel macht, freut nicht alle. Vor allem arbeitet sie nicht immer zum Wohlgefallen der Platzhirsche am Markt der Hilfsorganisationen. Claudia Hollm musste erfahren, dass man nicht einfach so aus Gutmenschentum eine Hilfsorganisation in Deutschland gründen kann. „Hallo, wo bin ich denn hier gelandet", beschreibt sie noch heute ihr Gefühl, das sie langsam beschlich. Schließlich gibt es ja Verbände und Dachverbände, andere, die auch gerne Spenden haben wollen, und viele, die Probleme damit haben, wenn ein Newcomer so viel Aufmerksamkeit bekommt. Die FRED & OTTO-Redaktion hat das selbst erlebt. Vom Verkauf eines jeden Stadtführers gehen 25 Cent an die Tiertafel. Als die Redaktion das Tierheim Berlin um Interviews und Termine für eine andere Geschichte bat, wollte man nicht darauf eingehen und legte nahe, den falschen Partner zu haben. Die Sprecherin des Tierheims schlug nach unseren Notizen vor, Spenden doch besser für das Tierheim einzusetzen. Durch die Blume, so unser Eindruck, verwies man auf angebliche finanzielle Ungereimtheiten bei der Tiertafel. So was ist harter Tobak. Nachgehakt zog die Sprecherin diese Aussagen zurück. Später hieß es, es sei nur Spaß gewesen. Die Vorsitzende des Tierschutzvereins für Berlin, Ines Krüger, widersprach – ohne gefragt worden zu sein – vorsichtshalber nochmal schriftlich, dass ihre Sprecherin der Tiertafel die Veruntreuung von Spendengeldern vorgewor-

Wettbewerb am Spendenmarkt

Eine solche ungewöhnliche Reaktion macht schon neugierig. Was steckt dahinter, wenn einer der reichsten und größten Vereine in Berlin so allergisch auf eine erfolgreiche, aber vergleichsweise kleine Hilfsorganisation reagiert? Wir haben uns umgehört und weiter recherchiert. Veruntreuung von Spenden? Fehlanzeige. Zwei Fälle konnten wir in der Medienberichterstattung nachweisen, wo Ehrenamtliche von regionalen Ausgabestellen in Westdeutschland Zoff hatten. Geld wurde da nicht veruntreut. Einmal überließ eine Tierärztin der Tiertafel ihre Praxis als Ausgabestelle. Aus Versehen, so die Beteiligten, wurde dann so einiges Inventar noch mitverschenkt, was am Ende zum Prozess gegen einige Ehrenamtliche in einer Ausgabestelle führte.

Futterausgabe bei der Tiertafel am Baumschulenweg

fen habe. Man habe lediglich auf Berichte im Internet hingewiesen. Von Mitgliedern des Tierschutzvereins für Berlin und vom Tierheim wies man deutlich darauf hin, auf keinen Fall mit der Tiertafel zusammenarbeiten zu wollen. Echte Gründe konnte niemand nennen: Es sei halt Politik des Hauses.

Für Claudia Hollm kommt die Reaktion des Tierschutzvereins nicht überraschend. Sie kennt das. Als sie sich anfangs dafür entschied, nicht unter das Dach des Tierschutzbunds zu kommen, weil die Tiertafel eben keine reine Tierschutzorganisation ist, sondern auch Menschen hilft, kam es zum Bruch. Hollm wollte unabhängig bleiben, dachte sie so arglos. Aber, so Hollm, der Tierschutzbund arbeitet massiv gegen Nicht-Mitglieder. Sponsoren wurden bearbeitet, nicht mit der Tiertafel zusammenzuarbeiten. Angeblich, so erzählen andere, gäbe es so einige Kaltgestellte. Hollm ließ sich davon nicht abbringen und fand eigene Verbündete. Das IFAW, viele Tierärzte, hunderte Ehrenamtliche und Sponsoren.

Wie die Tiertafel arbeitet

Die Tiertafel lief von Anfang an und überrollte Hollm geradezu. Die gelernte Hotelfachfrau tat bald schon nichts anderes mehr als alle Energie – und eigenes Geld – in ihren Verein zu stecken. Jahrelang hat sie den Verein aufgebaut und hat die Leitlinien mit ihren Unterstützern ausgeformt. Ihre Arbeit ist eigentlich ganz einfach: Tierfutter als Sachspenden einsammeln und Bedürftigen für ihre Haustiere weitergeben. Aber dem reinen Helfenwollen folgten nach und nach auch ernüchternde Erfahrungen. Da gab es Abgreifer und Leute mit arroganten Ansprüchen nach dem Motto: „Ne, dit will ick nich, dette da!", erzählt Hollm mit einem lustigen bayerischem Unterton und macht Klienten nach, die die Hilfsbereitschaft der Tiertafel-Leute auf die Probe stellten. Wem will man helfen? Wo nützt es etwas? Das waren zentrale Diskussionspunkte bei der Tiertafel. Ganz klar ist heute: Wer sich einen Hund neu zulegt und ihn eigentlich gar nicht versorgen kann, bekommt von der Tiertafel auch keine Hilfe. „Man muss schon Verantwortung übernehmen, wenn man sich ein Tier holt", meint Hollm, „und dazu gehört auch, dass man vorher genau überlegt, ob man das Geld für die Versorgung hat". Die Tiertafel will für solche Unüberlegtheiten nicht geradestehen. Was die Tiertafel-Leute aber auch immer mehr mitbekommen haben ist, dass ihre Arbeit nicht nur einfach den Tieren zu Gute kommt. Sie sind an der Schnittstelle zwischen Tierschutz und Wohlfahrt. „Man merkt hier viele Sachen", bestätigt die Vereinsvorsitzende und erzählt von der 87-jährigen Dame, die letztens Decken für ihren Hund haben wollte, bis man feststellte, dass man ihr im Winter die Heizung ausgestellt hatte und an ganz anderer Stelle Hilfe leisten musste. Fälle für Manja Pietrowski, die sich strahlend zwischendurch vorstellt und die Hand schüttelt, eh sie wieder mit den Kunden – so nennt die Tiertafel die Menschen, die kommen – weiterspricht, zuhört, Probleme klärt, die über das Hundefutter hinausgehen. Pietrowski ist Street Workerin beim Gangway e. V. Für sie hat die Arbeit bei der Tiertafel eine wichtige Erkenntnis gebracht: Einige der Kunden haben völlig ihre Tagesstruktur verloren. Gäbe es die Tiere nicht, mit denen man raus muss und für die man Futter besorgen muss, würde man viele gar nicht mehr erreichen.

Lange Schlangen: Die Hilfe der Tiertafel wird gebraucht. Gründerin Claudia Hollm im Flur der Ausgabestelle am Baumschulenweg

Tiertafel Deutschland e. V.

Semliner Chaussee 8
14712 Rathenow
Tel.: 03385-494965
Mail: claudia@tiertafel.de
Web: www.tiertafel.de
Spendenkonto
Tiertafel Deutschland e. V.
Spendenkonto: 11111
BLZ: 120 700 24
Verwendungszweck „Spende"

Nicht ohne meinen Hund

Wie Assistenzhunde das Leben vieler Menschen mit Handicap leichter machen

Es gibt nicht nur Stadthunde zum Spazierengehen und Liebhaben. Manche von ihnen haben sogar noch echte Aufgaben. Blindenführhunde zum Beispiel. Blindenführhunde sind Assistenzhunde – die ältesten, die es gibt. Im Einsatz sind sie seit dem Ersten Weltkrieg. In den letzten Jahrzehnten sind eine ganze Reihe weiterer Assistenzhunde dazugekommen. Die Idee dazu kam aus den USA und schwappte dann nach Deutschland rüber. 1991 gründete sich in Berlin zum Beispiel der Verein Hunde für Handicaps. Hunde für Handicaps (www.hundefuerhandicaps.de) bildet seitdem Behinderten-Begleithunde als Partner und Helfer für behinderte Menschen aus. Die Welt der Assistenzhunde ist bunt, wie Sabine Häcker, Vorstandsmitglied, erzählt. Die Tierärztin, die für den Deutschen Blinden- und Sehbehindertenverband e. V. (www.dbsv.org) arbeitet, weiß, wie vielfältig Hunde heute eingesetzt werden. Es gibt neben den Blindenführhunden auch Signalhunde für Gehörlose oder Anzeigehunde für Menschen mit Epilepsie oder starken Allergien. „Es ist möglich, Hunde so ausbilden, dass sie anzeigen, wenn auch nur Haselnussspuren im Essen sind", so Häcker. Für starke Allergiker kann das lebensrettend sein. Entsprechend eng ist das Verhältnis von Assistenzhunden zu ihren Menschen. Beide zusammen bilden ein Winning-Team. Denn: Was der menschliche Partner nicht kann, übernimmt der Hund und umgekehrt. Es ist eine Beziehung, für die allgemeine Beziehungsregeln gelten: Die Chemie und die Kommunikation müssen stimmen und beide Partner müssen einander vertrauen können, damit das Team harmoniert. Dann wird eine Zusammenarbeit möglich, die Otto-Normalhundehalter ins schiere Staunen bringt. Assistenzhunde lernen Dutzende Befehle, erkennen Straßen und Hindernisse, machen Lichtschalter an und öffnen Türen – im wahrsten Sinne des Wortes. Möglich ist das durch intensives Training. Der Verein Hunde für Handicaps wendet dabei wissenschaftsbasierte Trainingsmethoden

Assistenzhunde machen das Leben von Menschen mit Handicap leichter

an. Die Tiere werden für erwünschtes Verhalten positiv verstärkt und belohnt. Klickertraining ist die Grundlage aller Ausbildungsziele. Die Hunde lernen, sicher und sorgfältig zu apportieren, wobei ihnen die unterschiedlichsten Materialen, Größen oder Gewichte vertraut gemacht werden. Darüber hinaus lernt jeder Hund drei Hilfeleistungen, die sich nach dem individuellen Bedarf des Halters richten. Denn je nach Behinderung, nach Wohnsituation oder nach Hilfsmittel, die zum Einsatz kommen, entstehen bei jedem Menschen unterschiedliche Bedürfnisse, wie der Hund das Leben erleichtern kann.

Bis ein Hund zum veritablen Assistenten wird, braucht es seine Zeit. Die Spezialausbildung für einen jung-erwachsenen, gesunden und im Grundgehorsam gut erzogenen Hund dauert je nach Hilfeleistungsbedarf sechs bis acht Monate. Das hängt auch davon ab, wie viel Zeit der Trainer täglich dem Hundetraining widmen kann. Da es für die Ausbildung der Behinderten-Begleithunde keinen Kostenträger gibt, erfolgt die Ausbildung nebenberuflich. Im Klartext heißt das: Die Ausbildung muss privat finanziert werden. Lediglich bei Blindenführhunden kommen die Krankenkassen für die Kosten zum größten Teil auf.

Kategorien von Assistenzhunden

Die europäische Dachorganisation Assistance Dogs Europe (www.assistance-dogseurope.org) teilt die Assistenzhunde in fünf Kategorien auf. Neben den Führhunden (guide dogs), gibt es Hörhunde (hearing dogs), Service-Hunde (service dogs) und Signal- oder Anzeigehunde (alert dogs). Darüber hinaus gibt es noch die Kategorie der Besuchshunde (social dogs), die mit ihren Haltern soziale Einrichtungen besuchen, damit aber eine andere Rolle spielen als Assistenzhunde, die fest in das Leben ihres Menschen eingebunden werden.

Kein Einfacher Alltag

So einleuchtend es ist, dass Hunde als Assistenten sinnvoll eingesetzt werden können, und so sympathisch das die Hundefraktion auch findet: Der Alltag für Assistenzhunde und ihre Halter ist alles andere als einfach. Sabine Häcker ist es vor allem ein Anliegen, die Rechte von Assistenzhundhalterinnen und -haltern auszubauen. „Die Zugangsrechte mit Assistenzhunden sind weder juristisch eindeutig geklärt, noch ist die Umsetzung geltender Regelungen gesichert", fasst sie knapp zusammen. Gemeint ist damit, dass Blinde mit Führhund in Supermärkten wieder rausgeschickt werden, dass ein Kind mit Epilepsie seinen Anzeigehund nicht mit in die Schule nehmen darf oder jemand mit Handicap im Krankenhaus ohne seine tierische Assistenz völlig hilflos wird. Auf der anderen Seite stehen Hygienevorschriften, oftmals aber vor allem Unwissen und Ignoranz. Solche Szenen sind Alltag für Menschen mit Handicap – und stehen im krassen Gegensatz zu dem Aufwand der Hundeausbildung und der Notwendigkeit, Behinderten einen normalen Alltag zu ermöglichen. Assistenzhunde werden für viele Tausend Euro ausgebildet – Kapital, das ungenutzt bleibt, wenn die Hunde nicht vollständig zum Einsatz kommen. Von der Diskriminierung, die damit einhergeht, einmal ganz abgesehen. Im Moment steht das Hausrecht scheinbar im Widerspruch zum Allgemeinen Gleichbehandlungsgesetz. Nachgehakt bei den Juristen des Deutschen Blinden- und Sehbehindertenverbands ist man sich sicher, dass hier etwas im Argen liegt: „Nach dem Allgemeinen Gleichbehandlungsgesetz vom 14. August 2006 stellt ein generelles Verbot der Mitnahme eines Blindenführhundes in aller Regel eine unzulässige Diskriminierung dar und kann Unterlassungs- und Schadensersatzansprüche auslösen. Dies gilt ungeachtet eines generellen Verbotes zur Mitnahme von Hunden und auch ungeachtet der Regelungen zum Hausrecht." Und was für Blindenführhunde gelte, ließe sich auch ohne weiteres auf alle Assistenzhundehalter übertragen. Der Deutsche Blinden- und Sehbehindertenverband versucht sich immerhin in pragmatischen Lösungen und stellt Blindenführhundhaltern einen Ausweis aus, den man Entscheidungsträgern über Zugangsrechte vorlegen kann. Aber ein Ausweis eines Verbandes, wie auch der Hinweis auf seine Rechte, müssen nicht jeden Supermarktleiter oder Hausmeister überzeugen. Hier sind noch dicke Bretter zu bohren und ist einiges an Überzeugungsarbeit zu leisten.

Hunde für Handicaps - Verein für Behinderten-Begleithunde e. V.

Wiltbergstr. 29G
13125 Berlin
Tel.: 030-29492000
Fax: 030-29492002
info@servicedogs.de
Spendenkonto
Berliner Volksbank
Konto: 520 242 0003
BLZ: 100 900 00

Allgemeiner Blinden- und Sehbehindertenverband e. V. (ABSV)

Fachgruppe der Führhundhalter
Auerbachersr. 7
14193 Berlin

Deutscher Blinden- und Sehbehindertenverband

Projekt Blindenführhunde
Rungestr. 19
10179 Berlin

Werbung

Leben im Dunkeln

Wie Blindenführhunde den Alltag ihrer Menschen gestalten – ein Interview mit einem Ausbilder

Eine der wichtigsten Institutionen bei der Ausbildung von Blindenführhunden ist die 1995 gegründete Stiftung Deutsche Schule für Blindenführhunde (www.fuehrhundschule.de), die sogar über eine eigene Zucht verfügt. Blindenführhunde werden natürlich nicht geboren, aber durch eine sorgfältige Zucht können bestimmte Charaktereigenschaften bei einem Hund beeinflusst oder Krankheiten ausgeschlossen werden. Ein wichtiger Aspekt, wie Stiftungs-Geschäftsführer Mario Fiedler erzählt, denn bei rund 35.000 Euro Ausbildungskosten dürfen die Hunde nicht mit drei Jahren einen schweren Hüftschaden bekommen, was sie für ihren Einsatz untauglich machen würde.

Der Weg zum Blindenführhund ist lang. In den ersten Wochen werden die Welpen bereits auf alle möglichen optischen und akustischen Reize trainiert. Ab der zehnten Woche kommen sie dann zunächst in Patenfamilien oder zu engagierten Singles, die viel Zeit haben. Rund 15 Monate sind die Tiere bei ihren Paten, die ein bis zwei Mal im Monat zur Schule kommen, trainieren und ansonsten so viel Alltag und Stadterfahrung mitgeben sollen wie nur möglich. Die Hunde sollen Autos, Straßenbahnen, belebte Plätze, andere Tiere kennen lernen. Nichts sollte ihnen später noch Angst einjagen. Während dieser Zeit trägt die Stiftung die lebensnotwendigen Kosten.

Mit etwa einem Jahr muss der Hund weitere Tests ablegen und ausgiebige Tierarztuntersuchungen über sich ergehen lassen. Ist da alles ok, kommt er von seiner Familie zum Trainer, wo er bis zu vier Wochen gecheckt wird. Zeigt sich hier eine gute Anlage zum Blindenführhund, folgen sechs bis neun Monate Training. Während dieser Zeit leben die Hunde bei ihren Trainern, die meist zwei bis drei Hunde bei sich haben. Parallel dazu beginnen die ersten Kontakte mit dem zukünftigen Halter. In dieser Vorstellphase guckt man, ob die Chemie stimmt oder der Blinde überhaupt geeignet ist, um das Tier zu halten. „Das ist nicht immer einfach", so Mario Fiedler. Die Lebenslage der Menschen muss genau betrachtet werden. Wer gerade erst in der Ausbildungs-und Findungsphase ist, sollte sich besser keinen Hund zulegen. Bewerber müssen deshalb bei der Stiftung drei Tage vor Ort verbringen. Mit dem Üben ist dann aber noch nicht Schluss. Haben sich Halter und Hund gefunden, stimmt das Umfeld und die Chemie, kommt ein mehrwöchiger Einführungskurs für die Halter, die auch danach weitertrainieren und ihre Hunde konditionieren müssen. Erst danach kommt das Hund-Mensch-Dreamteam so richtig in Fahrt.

Andreas Schmelt im Interview

Neben der Stiftung Deutsche Schule für Blindenführhunde gibt es in Berlin noch andere Aktive wie den Verein Deutsche Blindenführhunde e. V., der sich ebenfalls seit Jahren für die Ausbildung von Blindenführhunden stark macht. Wir sprachen mit Andreas Schmelt über die Arbeit des Vereins:

Was sind die genauen Aufgaben Ihres Vereins?

Unser Verein steht für die Förderung und Durchführung der kompetenten Auswahl geeigneter Welpen, aber auch der fachgerechten Begleitung von Patenfamilien für angehende Blindenführhunde, denn die werden ja erst mit circa einem Jahr dazu ausgebildet. Die Ausbildung ist hochqualifiziert und findet nach internationalen Standards statt. Daneben begleiten wir zukünftige Führhundhalter, sind bei der lebenslangen Nachsorge für Führhundgespanne aktiv, vermitteln pensionierte Blindenführhunde und organisieren wissenschaftlich fundierte Fortbildungsangebote und Fachseminare.

Was leisten Blindenführhunde alles für ihre Menschen?

Viel mehr als nur das sichere führen im öffentlichen Raum. Die mindestens 30 Hörzeichen wie etwa „links, such Lift (Fahrstuhl), such Schalter, Ampel, Eingang, etc. leisten alle Blindenführhunde. Auch das selbstständige enge umgehen von Hindernissen aller Art oder das verweigern von Hörzeichen bei Gefahr (z. B. Absturzgefahr) leisten gute Führhunde. Wenn aber das sogenannte „Gespann" (Mensch und Blindenführhund) zusammengewachsen ist, passt kein Blatt Papier dazwischen. Der Hund ist immer dabei. Man erreicht einen Grad der selbstbestimmten, sicheren Mobilität, der sehenden Menschen sehr nahe kommt. Ihr Blindenführhund ist immer für Sie da. Tag und Nacht. Man vertraut ihm im wahrsten Sinne des Wortes blind.

Wie wird ein Hund eigentlich zum Blindenführhund?

Schon als Welpe bei ausgesuchten Züchtern oder aus der eigenen Zucht, wird auf ganz bestimmte Merkmale geachtet. Ist die Auswahl gefallen, erfolgen die ersten tierärztlichen Untersuchungen und der Welpe kann bis zum ersten Lebensjahr in einer Patenfamilie aufwachsen. In dieser Zeit soll der Hund sozialisiert werden. D. h. er soll aktiv die Umwelt erleben. Auto, Bus Bahn, Katzen, Kinder, Artgenossen etc. Halt mit allem was dazu gehört. Ist diese Phase abgeschlossen, kommt eine weitere umfangreiche tierärztliche Untersuchung hinzu. Ist der Hund kerngesund, wird eine Wesensprüfung durchgeführt. Sind auch hier die Voraussetzungen erfüllt, erfolgt der Test der Lernbereitschaft und des Arbeitswillen. Wenn auch das erfolgreich war, geht die eigentliche Blindenführhundausbildung los. Sie dauert im Schnitt neun bis zwölf Monate. Nach erfolgreichem Abschlusstest mit dem zukünftigen Besitzer, ist aus dem Welpen das Hilfsmittel Blindenführhund entstanden.

Wie sieht der Alltag mit einem Blindenführhund aus? Dürfen sie auch mal spielen und wild sein?

Dies ist so individuell, wie für jeden einzelnen der Tagesablauf in unserer Gesellschaft. Ein Blindenführhund leistet nur dann wirklich gute Arbeit, wenn das Gesamtpaket stimmt. Hierzu zählt natürlich das ausgelassene Toben mit Artgenossen, der Spaziergang mit schnüffeln und spielen, das Schmusen und das Nickerchen zwischendurch. Die Führleistungen der cirka 3.000 bundesweit aktiven Führhundgespanne hängen sehr stark davon ab, dass der Führhund ausgeglichen ist. Übrigens offizielle Arbeitszeit ist für den Hund immer dann, wenn er das weiße Führhundgeschirr trägt. Es ist ein Schutzzeichen nach der Straßenverkehrsordnung, wie auch der weiße Blindenlangstock. Missbrauch ist strafbar.

Die Ausbildung zum Blindenführhund, die Einarbeitung und Nachbetreuung kostet rund 35.000 Euro. Wer trägt diese Kosten?

Ein Satz vorab. Der Blindenführhund ist das einzige anerkannte lebende Hilfsmittel laut Sozialgesetzbuch. „Bissig" gesagt, hat er den Status z. B. einer Armprothese oder eines Rollstuhls. Im Schnitt eignen sich nur zwei von zehn Hunden zum wirklich guten Führhund. Das gesamte wirtschaftliche Risiko, bis zum erfolgreichen Ausbildungsabschluss, liegt bei der Blindenführhundschule allein. Auf unserer Website www.dbfh.de gehen wir ausführlich auf dies und die anderen Themen ein.

Für gesetzlich Krankenversicherte ist der Leistungsträger die gesetzliche Krankenkasse. Bei Privatversicherten, ergibt sich nur dann eine Leistungspflicht, wenn diese vertraglich vereinbart wurde. Leider ist dies nur selten der Fall. Oftmals werden im Verhältnis nur geringe Zuschüsse gewährt.

Wie kommt es, dass nur so wenige Blindenführhunde im Einsatz sind? Sind es nur die Kosten?

Nein! Die Kosten sind nur ein Punkt unter vielen. Grundsätzlich muss die / der Betroffene körperlich und seelisch in der Lage sein, einen großen Hund zu halten und eine artgerechte Unterbringung und Versorgung sicherstellen. Man sollte ständig als Gespann üben, und für einen Ausgleich zwischen Arbeit und artgerechter Freizeit Sorge tragen. Diese und viele andere Pflichten halten sicher viele Betroffene ab.

Ein weiterer Punkt ist leider die Diskriminierung, die man als Gespann erlebt. Sei es das Taxi, das trotz Beförderungspflicht die Mitnahme verweigert, oder der Schlachter, das Restaurant oder der Supermarkt, der den Zutritt verweigert, obwohl es gegen das Gleichstellungsgesetz verstößt und das Gesundheitsministerium, Hygieneinstitute und Ordnungsämter die Unbedenklichkeit bescheinigen. Hier muss man als

Betroffener sehr viel Energie aufwenden, um seine Rechte zu erhalten. Noch ein Punkt, den wir immer wieder erleben, ist die mangelnde Bereitschaft der Krankenkassen, ihrer Leistungspflicht nachzukommen. Oftmals müssen erst Gerichte entscheiden und das dauert oft mehr als zwei Jahre.

Was ist eigentlich, wenn der Hund alt ist und seine Aufgaben für seinen Menschen nicht mehr erledigen kann? Wohin kommen die Hunde?

Wann ein Blindenführhund seinen Dienst nicht mehr ausüben kann, wird je nach individueller Situation entschieden. Ob der verdiente Ruhestand in der gewohnten Umgebung erfolgen kann, was immer angestrebt wird, oder eine tägliche Betreuung aus vielerlei Gründen im bisherigen Umfeld nicht gesichert ist. Unser Verein hilft hier auch, einen verdienten Ruhestand zu sichern. Übrigens ist ein pensionierter Blindenführhund nicht immer alt.

Stiftung Deutsche Schule für Blindenführhunde

Schmausstraße 40
12555 Berlin
Tel.: 030-555 761 170
Fax: 030-65261591
Mail: info@dbsv.org
Web: www.fuehrhundschule.de
Spendenkonto
Berliner Sparkasse
Konto:95 95
BLZ: 100 500 00

Deutsche Blindenführhunde e. V.

Mandelblütenweg 10
12526 Berlin
Tel.: 030-69 20 20 88
Mail: info@dbfh.de
Web: www.dbfh.de
Spendenkonto
MBS-Potsdam
Konto: 100 000 3864
BLZ: 160 500 00

Werbung

Hunde als Türöffner

Wie Besuchshunde manchmal Wunder bewirken

Als die 107-jährige Dame nicht mehr aufstehen wollte und mit dem Leben abgeschlossen zu haben schien, bekam sie eines Tages Besuch: Von einem Hund. Der störte sich überhaupt nicht am Alter, Krankheiten, ignoriert Depressionen. Die Frau bekam tatsächlich wieder Lust, zu laufen. Wenn Winfried Börner von seiner Arbeit beim Verein Therapiehunde Berlin erzählt, wirkt er sehr begeistert. Seit vielen Jahren arbeitet er als Vorsitzender des Vereins. Seine Frau ist die größte Stütze. Beide können solche und ähnliche Geschichten erzählen: Von dem Wachkomapatienten, der irgendwann beim Besuch des Hundes dessen Name nannte. Autisten, die nach einem Jahr steter Besuche plötzlich anfangen, den Hund zu streicheln. „Oft sitzt man nur da", beschreibt Börner die Aufgaben der Ehrenamtlichen und ihrer Hunde. Es geht schließlich nicht darum zu therapieren und ärztliche Behandlungen zu ersetzen – aber ein Stück weit zu unterstützen und zu ergänzen. Tiergestützter Besuchsdienst nennt er das.

Hohe Toleranzgrenze

Die rund 60 Ehrenamtlichen des Vereins investieren in der Woche etwa eine Stunde ihrer Zeit und gehen in eine der Partnereinrichtungen. „Es gibt viel zu viele Interessenten und leider viel zu wenig Hunde", erzählt Börner, der den Verein seit 2009 leitet. Seinen Hund als Besuchshund einzusetzen, ist schließlich gar nicht so einfach. Meist werden nur bestimmte Rassen akzeptiert. Ein Mastiff würde, so Börner, bei keinem Heimleiter durchgehen. Die Tiere müssen gut sozialisiert sein, eine hohe Toleranzgrenze haben, keinerlei Aggressivität zeigen und auch keine Angsthasen sein. Auch die feste Bindung zu seinem Besitzer spielt eine Rolle, und das Hören auf gängige Befehle wie Sitz, Platz, Bleib sind absolut selbstverständlich. Denn dann sind viele problematische Situationen, bei denen die meisten Hunde Panik bekommen würden, ausgeschlossen. So was kann man üben: Plötzliche Bewegungen machen, Decken oder sich selbst mal über den Hund werfen, komische Geräusche machen. Auch mal vorsichtig zwicken. Alles ist bei der Arbeit insbesondere mit Jugendlichen möglich. Der Hund muss auch so was gelassen wegstecken. Deshalb prüft der Verein das Verhalten der Tiere, zieht einen Tierarzt zu Rat und investiert viel in die Be-

Besuchshunde machen glücklich

gleitung der Ehrenamtlichen. Und die Ehrenamtlichen geben viel Geduld und Zeit. Am besten ist es, wenn sie über Jahre Einsatz zeigen. Aber genau daran hapert es. Und genau deshalb hat der Verein Nachwuchssorgen. Die meisten Berufstätigen haben schließlich keine Zeit. Einige merken erst nach Monaten, dass sie den tiergestützten Besuchsdienst des Vereins gar nicht wirklich unterstützen können – und verabschieden sich wieder. Für Börner ist das jedes Mal ein großer Verlust.

Idee kam aus den USA

Gegründet wurde der Verein 2002. Die Ideen zu Besuchsdiensten mit Hunden in sozialen Einrichtungen kamen aus den USA. Ein Forschungsprojekt an der FU Berlin wurde dann zur unmittelbaren Initialzündung für den Verein. Besuchshunde, wie sie auch Börners Verein vermittelt, werden von Laien geführt, die Lust haben, sich karitativ zu engagieren. Therapiehunde haben eine spezielle Ausbildung und werden gezielt von Medizinern oder anderen Fachleuten eingesetzt, z. B. bei der tiergestützten Kinderpsychotherapie. Aber egal, ob nun der Psychotherapeut oder der engagierte Laie beim Besuchsdienst mit Hund vorbeikommt. Alle sind sich einig, dass Hunde wahre „Türöffner" sein können. Sie kommunizieren direkter, sind vorbehaltlos und freuen sich. Sie schließen die Seele eines Menschen auf – und durchbrechen dabei manchmal Barrieren, die unglaublich sind.

Neben Therapiehunde Berlin e. V. gibt es eine ganze Reihe anderer in der Region, die ähnliche Ziele haben. So etwa der Verein Therapiehunde Brandenburg (www.thera-

piehunde-brandenburg.de). Auch Privatleute engagieren sich hier, wie etwa Ute und Holger Günzel aus Oranienburg mit ihren Labradoren, die sie als Besuchshunde einsetzen (www.therapiehund-labrador.de). Bei Trainerin Jana Döbler (www.fellnase-im-training.de) oder der Assitenzhundeschule Berlin von Birke Inka Bürger (www.ahs-berlin.de.tl) können wiederum Hundebesitzer ihren Hund gezielt für den Besuchsdienst vorbereiten.

Therapiehunde Berlin e. V.

Warener Str. 5
Haus 3
12683 Berlin
Tel.: 0176-51212243
Mail: info@therapiehunde-berlin-ev.de
Web: www.therapiehunde-berlin-ev.de
Spendenkonto
Berliner Volksbank
Konto: 705 416 7002
BLZ: 100 900 00

Werbung

GOOD BOY!

Die Bekleidung für Hundehalter!

Allwetter-Bekleidung
- Jacken & Westen
- Kurzmäntel
- Sweatjacken
- Hosen & Stiefel

Der original GOOD BOY! Ausstattung:

- Leckerlibeutel, am Karabiner zu befestigen
- große Rückentasche für Trainingsdummys
- Einschubtasche für Hundepfeife
- Schulterklappen zum Befestigen der Leine
- extra viele verschließbare Taschen innen & außen
- Taillen-Tunnelzug & abtrennbare Kapuze
- Paspel-Reflektoren & 2-Wegereißverschluss
- wasserdicht, winddicht, atmungsaktiv

ab € 129,95
„3 in 1" Jacke „MAX"

GOOD BOY!

Die Bekleidung für Hundehalter

Design und Funktion für Sport und Outdoor-Freizeit mit dem Hund: hochfunktional, vielseitig, strapazierfähig, wasser- und winddicht.

GOOD BOY! – multifunktionale Freizeitmode für Hundehalter
Bestellen Sie einfach unseren Katalog unter 04171 - 60 70 94 0 oder www.goodboy.de

Versicherung & Schutz

Zugegeben: Es ist nicht das spannendste Thema, darüber nachzudenken, was alles Schlimmes auf dieser Welt passieren könnte. Aber Tatsache ist auch: Es passieren einfach mal verdammt dumme Dinge auf dieser Welt. Da rennt der Dackel in den Dachsbau und der Jungrüde in seiner Sturm-und-Drang-Phase haut quer über die Straße ab, weil er den Duft eines läufigen Weibchens gerochen hat. Versicherungen sind auf jeden Fall ein Thema für Hundebesitzer. Wie man Hunde wieder bekommt, die verloren gegangen sind, verrät ein Interview mit dem Verein Tasso …

14.000 Euro für einmal Gassi gehen
Wenn Bello abhaut und die Feuerwehr ausrückt

In Berlins Grünanlagen und Waldgebieten herrscht eine allgemeine Anleinpflicht für Hunde. Aber wenn man ehrlich ist, nehmen es die Berliner Hundebesitzer mit dieser Verordnung nicht ganz so genau. Im schlimmsten Fall, so denken viele, droht ein Verwarnungsgeld von maximal 35 Euro vom Ordnungsamt. Manchmal kann aus zunächst harmlosen Situationen aber bitterer Ernst werden. 2011 forderte das leinenlose Herumtollen eines Hundes ein Menschenleben. In einem anderen kostete Waldis Ausbüchsen die Hundebesitzerin schlappe 14.000 Euro.

„Ich dachte nicht, dass das so ein Ausmaß annimmt", beteuerte eine Hundebesitzerin im Mai 2012 vor dem Amtsgericht Tiergarten. Verständlich: Die Anklage lautete „fahrlässige Tötung". Angefangen hatte alles ganz harmlos. Am 2. April 2011 peste Boxermischling Lotte den Berliner Wuhle-Wanderweg entlang. Mit etwas Abstand folgte die Hundebesitzerin zusammen mit ihrem Partner. Angeleint war Lotte zu diesem Zeitpunkt nicht. Es kam zur Kollision. Ein Radfahrer, ein 76-jähriger Rentner, stürzte vom Rad und zog sich mehrere Rippenbrüche zu. Der Hund blieb unverletzt. Wütend über den freilaufenden Hund, ließ sich der Rentner weder von Lottes Besitzerin, ihrem Partner, noch von einem herannahenden Pärchen – ebenfalls mit unangeleintem Hund – helfen. Erst zwei Tage später suchte der Rentner aus Marzahn ein Krankenhaus auf. Dort starb er an akuter Lungenschwäche. Knapp ein Jahr später sah es der Richter des Amtsgerichtes als erwiesen an, dass Lotte am Tod des Rentners Schuld hatte – und sich somit ihre Besitzerin zu verantworten hatte. Die Anklägerin sprach während der Verhandlung von einer Verkettung „ganz unglücklicher Umstände". Trotzdem: Aus einer Ordnungswidrigkeit wurde fahrlässige Tötung. Anstatt 35 Euro verhängte das Gericht eine Strafe von 40 Tagessätzen à 15 Euro – zusammen 600 Euro, was angesichts des Delikts immer noch sehr zurückhaltend war.

Die teuerste Hunderettung Berlins

Deutlich tiefer musste eine Hundebesitzerin – eine Tierärztin aus Tegel – in die Tasche greifen, als aus einem Abendspaziergang mit Terrier Skipper im November 2012 die bis dato teuerste Tierrettung Berlins wurde. Besonders kurios: Die Hundehalterin war gar nicht anwesend, als Skipper in einem Waldstück bei Konradshöhe einen Dachs witterte und sich von der Leine des Ex-Partners der Tierärztin losriss. Die Jagd endete für Skipper drei Meter unter der Erde im Dachsbau. Der Hund hatte sich mit der hintergeschliffenen Leine verheddert und kam nicht mehr von alleine an die Oberfläche. Der Ex-Freund wusste sich nicht anders zu helfen, als die Berliner Feuerwehr zu rufen

Wenn die Feuerwehr anrückt, kann's teuer werden. Abgerechnet wird bei Hunderettungen pro abgelaufene Minute

– und die wartete mit einem Großaufgebot auf. Insgesamt 40 Einsatzkräfte, unterstützt vom Technischen Hilfswerk, buddelten den gesamten Dachsbau frei. Schließlich – nach sieben Stunden Plackerei – sprang Skipper aus der immerhin schon drei Meter tiefen Grube in die Arme Ihrer Besitzerin. Diese war mittlerweile ebenfalls am „Tatort" angekommen und traute Ihren Ohren nicht: Der leitende Feuerwehrmann schätzte die von ihr zu tragenden Einsatzkosten auf etwa 10.000 Euro. Es sollten letztlich 14.000 Euro werden.

Minutengenaue Abrechnung

Wir fragten bei der Berliner Feuerwehr nach, wie eine so hohe Rechnung zustande kommen konnte. Bianca Olm von der Presseabteilung der Feuerwehr erklärte, dass bei solchen Einsätzen „minutengenau" nach der „Feuerwehrbenutzungsgebührenordnung" abrechnet wird. Darin ist geregelt, dass z.

B. ein Löschfahrzeug pro angefangener Minute 4,70 Euro kostet. Ein Kranwagen sogar 11,60 Euro pro Minute. Auch die Arbeitszeit des Feuerwehrpersonals wird in der Gebührenordnung centgenau beziffert: So kostet ein Feuerwehrmann des technischen Einsatzdienstes pro Minute 71 Cent, ein Beamter im höheren Dienst 25 Cent mehr. Da beim Einsatz in der besagten Novembernacht 40 Beamte über sieben Stunden arbeiteten, läpperten sich allein die Personalkosten auf über 10.000 Euro. Dass nun ausgerechnet die Hundebesitzerin die Rechnung zahlen musste, obwohl sie während des Ausreißens von Skipper gar nicht vor Ort war, verwunderte viele. Auch die Senatsverwaltung für Inneres und Sport, die der Berliner Feuerwehr übergeordnet ist, war sich nicht so ganz sicher, wem denn nun die Rechnung zu stellen sei: der Hundebesitzerin oder ihrem Ex-Partner? Letztlich entschied sie, die Hundebesitzerin müsse die Rechnung zahlen. Auf Nachfrage der FRED & OTTO-Redaktion wollte jedoch niemand aus der Senatsverwaltung zu der Entscheidung Stellung nehmen.

In den Medien zeigten sich ebenso viele Hundefreunde irritiert, dass nicht die Feuerwehr – und somit das Land Berlin – die Kosten für die Rettung von Skipper übernommen hat. Berliner Tageszeitungen schrieben, die Feuerwehr habe überlegt, auf eine Rechnung für die Hundebesitzerin zu verzichten. Dem war jedoch nicht so, versichert Bianka Olm von der Presseabteilung der Feuerwehr. Zu einer Kostenbefreiung komme es grundsätzlich nur dann, wenn die Berliner Feuerwehr für ihre eigentliche Aufgabe gerufen wird – für die Brandbekämpfung. Bei allen anderen Einsätzen werden die Verursacher immer zur Kasse gebeten. Das betrifft die Rettung der Katze aus dem Baum ebenso wie die Beseitigung von Benzin- oder Öllachen aus defekten Autotanks. Hunderettungen machen da keine Ausnahme. Wie häufig die Feuerwehr im letzten Jahr ausrücken musste, um in notgeratenen Hunden zu helfen, lässt sich nicht beziffern. „Bei insgesamt 380.000 Einsätzen im Jahr, also täglich 1.000 am Tag, führen wir bei der Feuerwehr keine Statistik über gerettete Hunde", so Bianka Olm. „Am häufigsten", so die Sprecherin der Presseabteilung, „werden aber eher Schwäne und andere wildlebende Tiere in und um Berlin von der Feuerwehr gerettet".

Was trägt die Versicherung?

Juristisch lässt sich die Rechnung nicht anfechten. Und wie sieht es mit der Versicherung aus? Nicht gut, wie Siegfried Furkert von der Allianz Versicherung erklärt. Denn die für Hundebesitzer obligatorische Hundehaftpflichtversicherung kommt für Schäden dieser Art nicht auf – und zwar aus zwei Gründen. Erstens ist bei der Rettung von Skipper kein Dritter zu Schaden gekommen. In Rechnung gestellt wird quasi eine „Dienstleistung" der Feuerwehr. Zweitens sind mit einer Haftpflichtversicherung nur die Ansprüche versichert, die „privatrechtlichen Inhalts" sind, wie es im schönsten Versicherungssprech heißt. Rein rechtlich gesehen stellt der sogenannte „Leistungsbescheid" der Feuerwehr jedoch einen öffentlichen Verwaltungsakt dar. Bei manchen Versicherungen – wie zum Beispiel bei der Uelzener Versicherung – können Rettungs- und Bergungskosten jedoch mit einer Zusatzversicherung abgedeckt werden. Hat Skippers Besitzerin lediglich eine normale Haftpflichtversicherung, „wird sie die Rechnung leider aus eigener Tasche bezahlen müssen", so Furkert. (Text: Frank Petrasch)

Jeder Hund muss eine Haftpflichtversicherung haben

Das Bürgerliche Gesetzbuch schreibt vor: Wenn ein Hund Menschen, Tieren oder Gegenständen Schaden zufügt, haftet sein Halter für alle entstehenden Kosten! Und das reicht vom zerrissenen Hosenbein des Briefträgers bis hin zu ernsthaften Verletzungen oder Autounfällen. Haftung heißt in diesem Fall auch: Es können schnell enorme Kosten auf Sie zukommen. In vielen Bundesländern ist deshalb eine Hundehaftpflicht bereits heute verbindlich vorgeschrieben, so auch in Berlin. Die Kosten sind relativ gering im Vergleich zu den Schäden, die evtl. entstehen können, meist sind es nur wenige Euro pro Monat – je nachdem, wie viel Sicherheit man will. Prüfen Sie genau, was abgedeckt ist und vergleichen Sie die verschiedenen Anbieter.

Werbung

Fast täglich müssen unschuldige Hunde grausam verenden, weil brutale Tierquäler vergiftete- oder mit Rasierklingen gespickte "Leckerli" ausgelegt haben.

Giftköder Radar - Die erste App für iPhone, iPad und iPod Touch, die Sie automatisch vor tötlichen Köderfallen in der Umgebung warnt.

Mehr Sicherheit für deinen Hund! www.giftkoeder-radar.com

tierversicherung.biz

Telefon: 02233/99076050
Sondertarife im Bereich Hundehaftpflicht und Hundekrankenversicherung
www.tierversicherung.biz

Skadi Wedewardt

Gebietsbeauftragte
Agentur Wedewardt

Ihr Experte für Gesundheit, Einkommensabsicherung und Altersvorsorge.

DKV

Der Gesundheitsversicherer der ERGO

Ich vertrau der DKV

Ausrüstung für Mensch und Hund

Hund-unterwegs.de

Bestell-Hotline: 0 23 58 - 25 78 2-0

124,95 EUR

OWNEY OUTDOOR

OWNEY Tuvaq Damenparka
- wärmt auch den unteren Rücken
- in zwei Farben erhältlich
- ausreichend Platz für Leine und Trainingszubehör (incl. herausnehmbarer Leckerchentasche)
- Material: Oberstoff 100% Polyamid, Futterstoff: 100% Polyester

5,00 € GUTSCHEIN

 QR-CODE MIT DEM HANDY SCANNEN

 PRODUKT IN DEN WARENKORB LEGEN

 BARES GELD SPAREN !

NEU

ab 2,75 EUR (im Sparpaket 400g Dose / 6,88 pro Kg)

GUTES FUTTER verschiedene Sorten
- auch für Allergiker geeignet
- gesundes, glänzendes Fell
- für starke, belastbare Gelenke
- geringe Kotmengen
- Ausschließlich zertifiziertes Bio-Fleisch aus artgerechter deutscher Tierhaltung!

service@hund-unterwegs.de

Lohnt sich eine Krankenversicherung für meinen Hund?

Hundebesitzer wissen: Ein Arztbesuch kann teuer werden. Kleine Unannehmlichkeiten reißen zwar noch lange kein Loch in die Haushaltskasse, aber was passiert, wenn der Hund einmal ernsthaft erkrankt oder eine Operation ansteht? Das alles kann man versichern – aber lohnt sich das am Ende?

Das Rundumsorglos-Paket ist auf jeden Fall die Krankenversicherung für den Hund. Dafür werden dann fast alle Kosten beim Tierarzt übernommen: Vorsorgeuntersuchungen wie Impfungen und Wurmkuren, Operations- und Medikamentenkosten, selbst Physiotherapie oder Naturheilbehandlungen deckt der Krankenschutz ab. Die Kosten sind von verschiedenen Faktoren abhängig: Alter, Rasse und Vorerkrankungen. Für größere Hunde kommen da schon rund 40 Euro im Monat zusammen. Ebenfalls wichtig: Versicherungen nehmen Hunde nur bis zu einer bestimmten Altersgrenze auf. In den meisten Fällen beträgt die sechs bis sieben Jahre. Es sollte also gut überlegt sein, wann eine Versicherung abgeschlossen wird.

OP-Versicherung als Kompromiss

Wer nicht regelmäßig 40 Euro berappen, aber dennoch einen Schutz vor den ganz großen Kosten im Falle eines Unfalls und OPs haben will, für den ist eine OP-Versicherung richtig. OP, Medikamente und gegebenenfalls der Aufenthalt in einer Klinik werden abgedeckt. Andere Behandlungen und Untersuchungen werden nicht übernommen.

Den Tierarzt fragen

Aber wann lohnt sich eine Kranken- oder OP-Versicherung für meinen Hund überhaupt? Oft kann ein Tierarzt Tipps geben, welche Versicherung am besten geeignet ist. Er weiß über Vorerkrankungen Bescheid und kann am ehesten einschätzen, wie es um die Gesundheit des Vierbeiners bestellt ist. Ein wichtiger Aspekt ist auch: Vor der Anschaffung eines Hundes sollte man sich mit der Situation auseinandersetzten, dass das Tier krank werden kann. Gibt die Haushaltskasse das nötige Geld her im Falle einer Erkrankung, Verletzung oder Operation? Eine Bisswunde kann am Ende schon mal mehrere hundert Euro kosten. Eine komplizierte OP schlägt mit tausenden Euro zu Buche. Wenn man dieses Geld im Notfall nicht hat, ist eine Krankenversicherung für den Hund auf jeden Fall eine sinnvolle Sache.

Anbieter von Tierversicherungen

mehr Infos unter: www.uelzener.de
www.agila.de

Vermisst & Gefunden

Der Verein Tasso hilft seit über 30 Jahren, wenn Haustiere ausgebüchst sind

Tasso-Plakette

Seit über 30 Jahren widmet sich TASSO im Tierschutz der Registrierung und Rückvermittlung entlaufener Tiere. So wird mittlerweile alle zehn Minuten ein entlaufenes Tier durch TASSO zurückvermittelt. Daneben unterstützt der Verein verschiedene Tierschutzprojekte im In- und Ausland und weist mit seinen Kampagnen auf wichtige Themen rund um Hund und Katze hin. Die FRED & OTTO-Redaktion sprach mit Andrea Thümmel über die Arbeit von Tasso:

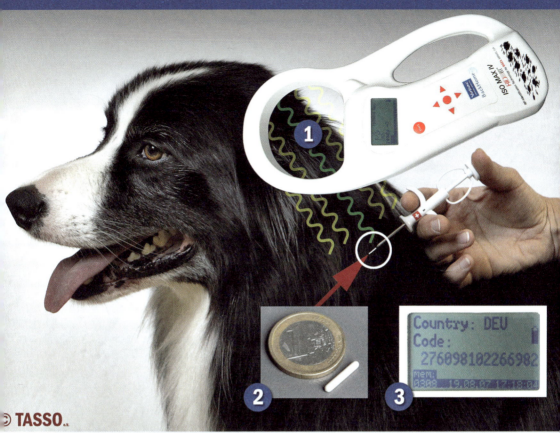

Das Lesegerät (1) sendet sehr schwache Radiowellen aus (gelb), die durch eine Spule im ansonsten völlig inaktiven Transponder (2) in elektrische Spannung umgewandelt werden, und zwar durch die so genannte induktive Kopplung. Diese Energie versorgt den Sender im Transponder, der daraufhin seinen Zahlencode ausstrahlt (grün). Das Lesegerät empfängt den Code und zeigt ihn auf dem Display an (3). Die 15-stellige Zahl besteht aus der Länderkennzeichnung (276 für Deutschland), dem Herstellercode (0981 für Datamars) und der Seriennummer. Weitere Daten enthält der Chip nicht.

Weshalb ist es so wichtig, sein Tier chippen und registrieren zu lassen?

Ohne die – übrigens kostenlose – Registrierung ist ein entlaufenes Tier so gut wie gar nicht an seinen Besitzer zurückzuvermitteln. Der Chip ist der Personalausweis des Tieres. Der dort gespeicherte 15-stellige Zahlencode wird bei TASSO mit den Tier- und Halterdaten in der Datenbank hinterlegt. So kann sekundenschnell eine Zuordnung eines entlaufenen Tieres zu seinem Besitzer erfolgen.

Muss man für das Registrieren tatsächlich immer noch so viel Öffentlichkeitsarbeit machen?

6,5 Millionen registrierte Tiere in unserer Datenbank hören sich natürlich nach viel an und die Tierärzte unterstützen uns auch seit Jahren mit Aufklärungsarbeit. Dennoch ist bisher nur knapp jedes zweite Tier bei TASSO registriert. Wenn man bedenkt, dass die Registrierung bei TASSO den deutschen Tierheimen Kosten in Millionenhöhe spart, wenn ein Ausreißer anstatt im Tierheim wieder

Zuhause landet, dann ist jede Art der Öffentlichkeitsarbeit wichtig und sinnvoll.

Wenn mein Hund weggelaufen ist: Wie bekomme ich ihn am schnellsten wieder?

Der erste Schritt im Verlustfall sollte immer sein, bei TASSO in der Notrufzentrale anzurufen. Dort ist 24 Stunden an 365 Tagen im Jahr ein Mitarbeiter erreichbar, der weiterhilft. Wenn das Tier unsere SOS-Halsbandplakette am Halsband trägt, kann der Finder Ihres Tieres uns anrufen. Die Zusammenführung von Finder und Besitzer geht dann meist ganz schnell. Wichtig ist in diesem Zusammenhang, keine private Telefonnummer bei der Suche nach dem Tier zu veröffentlichen. Wir erleben es immer wieder, dass das Erpresser auf den Plan ruft, die ein Tier nur dann zurückgeben, wenn ein Lösegeld gezahlt wird.

Wie sieht eigentlich der Alltag in der Tasso-Zentrale aus? Was sind das für Situationen, die man täglich erlebt?

Tierschutz ist immer mit Emotionen verbunden, auch nach 30 Jahren noch. Oft sind die Kollegen wahre Seelentröster, wenn ein Tier vermisst wird oder weniger erfreuliche Nachrichten übermittelt werden müssen; am nächsten Tag sind sie dann die Helden, wenn das Tier wieder da ist. Lachen und Weinen liegt da ganz nah beieinander und gehört fast schon zum Alltag.

Wie kam es eigentlich zur Gründung von Tasso?

TASSO wurde gegründet, um dem damals vorherrschenden Tierdiebstahl einen Riegel vorzuschieben. Das hat auch wunderbar funktioniert. Im Laufe der Jahre wurde die Rückvermittlung entlaufener Tier aber immer wichtiger.

Mittlerweile machen Sie ja wesentlich mehr als am Anfang. Wie kam es dazu?

Für viele Tierhalter ist TASSO der Ansprechpartner, wenn es um das Thema „Tier" geht – ganz gleich welcher Art. Neben der Registrierung rückten daher immer mehr Themen in den Vordergrund: Die Aufklärung über unseriöse Hundevermehrer in Deutschland zum Beispiel oder die Tatsache, dass man seinen Hund im Sommer nicht im verschlossenen Auto lässt. So entstand zum Beispiel auch unser eigenes Tier-Vermittlungsportal shelta, auf das Tierheime ihre Vermittlungstiere kostenlos einstellen können.

TASSO-Haustierzentralregister für die Bundesrepublik Deutschland e.V.

Frankfurter Str. 20
65795 Hattersheim
Tel.: 06190-93 73 00
Fax: 06190-93 74 00
Mail: info@tasso.net
Web: www.tasso.net
Spendenkonto
Nassauische Sparkasse
Konto: 238 054 907
BLZ: 510 500 15

Die Gesundheits-Versicherung für Ihren Hund

Für schnelle Hilfe im Fall der Fälle!

Ihr Vermittler vor Ort hilft Ihnen gerne weiter.
(s. Stadtplan & Rubrik
„Versicherung & Schutz")

TIERFOTOGRAFIE

Mit viel Geduld versuche ich, das Vertrauen Ihres Hundes zu gewinnen und seinem Wesen gerecht zu werden.
Ich zeige die unterschiedlichen Facetten seines Charakters in einer passenden Umgebung.

Mein Angebot an Sie:
- 2 Stunden Begleitung und 15 Hundefotos als Dateien
  auf CD   150 €
                      oder
- 4 Outdoor-Hundeportraits, gefertigt in Berlin-Tiergarten
  im Format 13 cm x 18 cm   65 €

Vereinbaren Sie Ihren persönlichen Shooting-Termin:
Thomas Fröhlich
030 / 398 76 252
contact@thfroehlich-fotoevents.de

Verschaffen Sie sich einen Eindruck auf den Galerien meiner Homepage: www.thfroehlich-fotoevents.de

Bitte beachten Sie den Rabattgutschein in diesem Buch!

„Die Tiere empfinden wie der Mensch Freude und Schmerz, Glück und Unglück."

(Charles Darwin)

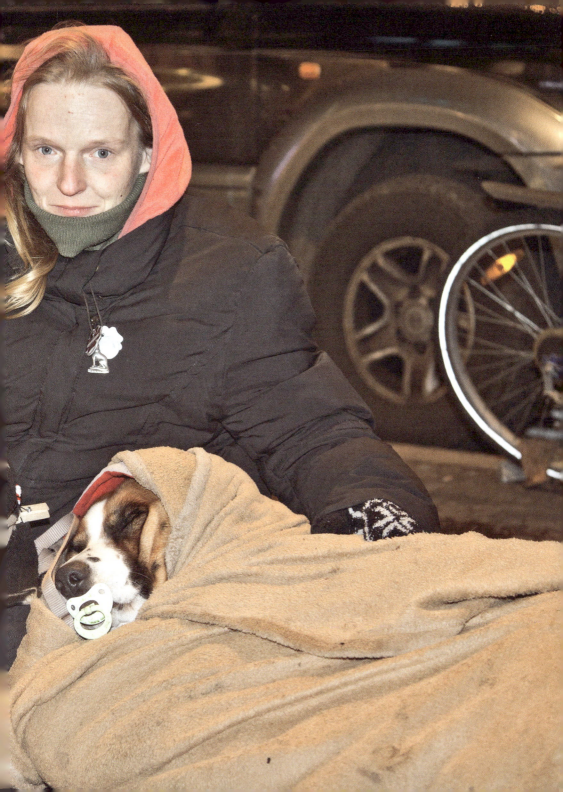

Gesundheit & Wellness

Gesundheit und Wellness sind zwei verschiedene Sachen. Bei dem einen gehts um die Wurst. Bei dem anderen könnte man sagen: Schön, muss aber nicht sein. Wenn Hunde sich wohlfühlen und es ihnen gut geht, hat das sicherlich auch Auswirkungen auf ihre Gesundheit. Ob Hundesalonbesuche jederhunds Sache sind, kann man bezweifeln. Manche schwören drauf, es gehöre zur Pflege wie der regelmäßige Tierarztbesuch und die Entwurmungskur. Wenn es mal ernst wird und sich der Hund schwer verletzt hat, ist schnelles Handeln angesagt. Erste Hilfe am Hund! Sind Sie fit? Und wie finden Sie mitten im Wald in Brandenburg heraus, wo der nächste Tierarzt ist? Das Thema Gesundheit könnte endlos sein. Wir haben einige Aspekte herausgegriffen: Futtermittelzusätze und die Frage für alle Stadthunde – Kastration, ja oder nein?

Gesundheit für Stadthunde

Tierärztin Birgit Kirchhoff von der Tierarztpraxis im Frauenviertel über das 1x1 der Hundegesundheit

Und schon wieder war Paula, die quirlige Terrierdame, im Park in eine Scherbe gesprungen. Die Pfote blutete, Paula hinkte – ab zur Tierarztpraxis. Unfälle wie diese, gefressene Giftköder und Fremdkörper gehören zu den häufigen Ursachen, weshalb Hundebesitzer zum Tierarzt gehen. Bei solchen Vorfällen sind Tierarztbesuche offensichtlich notwendig. Manch einer rennt schon bei jedem kleinen Zipperlein in die Praxis und lässt viel Geld. Was aber ist das richtige Maß bei der Hundegesundheit? Was kann man prophylaktisch tun, was muss man auf jeden Fall leisten? Wir sprachen mit der Berliner Tierärztin Dr. Birgit Kirchhoff.

Woran erkenne ich, dass mein Hund krank ist?

In erster Linie an seinem Verhalten: Er wirkt weniger agil, kommt nicht mehr freudig auf Sie zugerannt, wirkt unlustig und langsam oder: Er frisst nicht. Als Besitzer merken Sie diese Verhaltensänderung meist sofort. Wenn der Hund winselt oder lahmt, geht es ihm schon richtig schlecht. Häufiges Erbrechen und schlimmer Durchfall sprechen ebenfalls für sich.

Das wichtigste ist die Vorsorge und eine Grundimmunisierung durch sinnvolle Impfungen

Zum absoluten Standard gehört die wirksame und sinnvolle Impfung des Hundes. Zu Anfang die Grundimmunisierung, die aus 3 Impfterminen als Welpe und einer Impfung im 16. Lebensmonat besteht. Ist diese sorgfältig erfolgt, dann ist klassische 5-6-fach Impfung (gegen Staupe, Hepatitis, Tollwut, Parvovirose, Leptospirose und, falls viel Kontakt zu Fremdhunden auch Zwingerhusten) nur noch alle 3 Jahre nötig. Jährlich sollten unbedingt die bakteriellen Krankheiten, insbesondere die Leptospirose, der Tod aus den Pfützen, die bei uns leider wieder öfter auftritt, geimpft werden. Gut, dass uns inzwischen ein 4-wertiger Leptospiroseimpfstoff zur Verfügung steht, der einen besseren Schutz bietet als der bisherige 2-wertige. Bei den Viruserkrankungen haben moderne Impfstoffe eine nachgewiesene dreijährige Wirksamkeit, so dass eine jährliche Auffrischung nicht nötig ist. Auch bei Impfungen heißt der Leitspruch: So viel wie nötig, so wenig wie möglich! Im Rahmen der Allgemeinuntersuchung, die Voraussetzung für die Impfung ist, entdecken wir häufig Erkrankungen wir Ohrentzündungen, Zahnschäden, Parasiten oder Tumoren, die den Haltern nicht aufgefallen sind. So gesehen ist der jährliche Impftermin auch eine Art „Mini-TÜV", die dem Wohle des Hundes dient.

Ist eine Zeckenimpfung empfehlenswert?

Es gibt überhaupt keine Impfung gegen Zecken. Was Sie meinen ist die Borreliose-Impfung. Birgit Kirchhoff empfiehlt die Borreliose-Impfung nicht. Infektionsdruck, Wirksamkeit der Impfung und mögliche Nebenwirkungen stehen in keinem guten Verhältnis. Keiner der zur Praxis gehörenden sechs Hunde hat diese Impfung. Gerade bei den von Vektoren wie Zecken, Mücken etc. übertragenen Krankheiten macht es Sinn, den Schutz vor einer Erkrankung durch den Schutz vor Stichen und Bissen dieser Insekten zu gewährleisten. Zecken übertragen nicht nur die Erreger der Borreliose sondern auch die wesentlich gefährlicheren Babesien und Anaplasmen. Vor nicht allzu langer Zeit wurde im Havelland, knapp nördlich von Berlin, der Hautwurmbefall von Hunden festgestellt, ebenso wie die krankmachende Larve in den übertragenden Stechmücken. Allesamt Erkrankungen, gegen die es keine wirksame Impfungen gibt. Wer also meint, aufgrund der Felllänge und des Auslaufverhaltens alle Zecken nach dem Spaziergang absammeln oder auskämmen zu können, der sollte dies sehr geflissentlich tun um das Erkrankungsrisiko zu minimieren. Wem dies nicht

Karin Kirchgessner und Dr. Birgit Kirchhoff

möglich oder zu unsicher ist, der sollte sich beim Tierarzt über das richtige Mittel für seinen Hund informieren. Die Wahl hängt dabei von individuellen Verträglichkeiten, Exposition, weiteren Haustieren und den Familienverhältnissen ab. Wir konnten feststellen, dass insbesondere bei einigen stark beworbenen Präparat Resistenzen auftreten, die Wirksamkeit also deutlich nachgelassen hat. Zur Vorsicht rate ich bei Präparaten, die als „pflanzlich" beworben werden. Die Inhaltsstoffe haben sich entweder als unwirksam erwiesen oder enthalten Pyrethrin, einen Chrysanthemenextrakt, der in chemisch veränderter Form in vielen Antiparasitika enthalten ist. Da der rein pflanzliche Wirkstoff von Sonnenlicht zerstört wird, kann er nur sehr kurz wirken und ist in seinem Gehalt in einigen Präparaten auch sehr variabel und damit schlecht abschätzbar. Permethrin, das chemisch veränderte Pyrethrin, war bis vor einigen Jahren der Wirkstoff in Läuseshampoos für Menschen, kann allerdings bei Katzen, aufgrund eines anderen Stoffwechsels, zu schweren Schäden und auch zum Tod führen. Da die Wirkstoffe aller chemischen und pflanzlichen Abwehrmittel über die Leber verstoffwechselt und zumeist über die Niere ausgeschieden werden bedeutet Insektenabwehr auch eine Belastung für den Körper. Individuell empfindliche Hunde oder Tiere mit Vorschäden sollten mit viel Bedacht geschützt werden. Aber im Grunde geht es dabei ja nicht um den Ekelfaktor, wenn so ein Insekt einzeln oder auch in Mengen am Hund hängen. Es geht um einen effektiven Schutz vor schweren und auch tödlichen Erkrankungen. Also an fachkundiger Stelle informieren und dann eine geeignete individuelle Wahl treffen.

Welche Infektionskrankheiten sind besonders gefährlich?

Zuerst mal die klassischen Impfkrankheiten, sofern kein Impfschutz besteht. Inzwischen sind hier auch Krankheiten heimisch, die vor einigen Jahren noch als Reisekrankheiten galten. Während die Herzwurmerkrankung und die Leishmaniose noch zu den echten Reisekrankheiten gehören, die nur sehr selten hier auftreten, ohne aus dem Ausland mit gebracht worden zu sein, sind Anaplasmose, Babesiose und Hautwürmer inzwischen etablierte Inlandskrankheiten. Ob dies an der Klimaerwärmung, unserem veränderten Reiseverhalten oder dem Import erkrankter Tiere liegt, mag ich nicht entscheiden müssen, vermute aber eine Mischung aus allem. Infektionskrankheiten sind dann besonders gefährlich, wenn sie ungewöhnlich sind und folglich nicht gleich im diagnostischen Ablauf des Behandelnden auftauchen

und wegen unspezifischer Erstsymptome wie Fieber, Mattigkeit oder Inappetenz keinen deutlichen Hinweis geben. Welcher Besitzer möchte schon ein sogenanntes „Reiseprofil" im Labor bezahlen, weil der eigene Hund schlapp ist und 2 Tage nicht frisst? Kommt es dann Tage der auch Wochen später zu klaren Symptomen ist der therapeutische Erfolg nicht immer zufriedenstellend.

Wie oft soll man entwurmen?

Die Meinungen gehen bei dieser Frage auseinander, erklärt Birgit Kirchhoff. Entscheidend ist, welche Infektionsgefahr es für Menschen in einem Haushalt gibt. Wenn kleine Kinder oder immungeschwächte Menschen im Haushalt sind, dann sollte man regelmäßig und in kleineren Abständen, beispielsweise von zwei bis drei Monaten entwurmen. Schließlich sind vom Hund übertragene Krankheiten und Parasiten wie Spulwürmer nicht zu unterschätzen. Hunde, die Würmer haben, erkennt man ggf. an Verdauungsproblemen bis hin zum Darmverschluss. Häufig ist Durchfall oder auch blutiger Kot ein eindeutiges Zeichen für Wurmbefall. Allerdings: Symptome treten leider oft erst bei einem schweren Wurmbefall auf. Leichter Wurmbefall verursacht oft gar keine Symptome! Trotzdem sind diese Tiere Erregerausscheider und ein Infektionsrisiko für den Menschen und andere Tiere.

Strahlend weiße Zähne beim Hund?

Zahnpflege beim Hund ist nicht ausschließlich eine kosmetische Angelegenheit. Die Zähne der Hunde sind genauso angreifbar wie die der Menschen.

Hunde können Parodontose bekommen, Karies und Wurzelabszesse. Wenn Hunde extrem aus dem Maul riechen, kann dahinter eine Entzündung im Maul stecken. Die Keimbelastung geht unter Umständen aufs Herz und andere Organe. Einmal im Jahr sollte man parallel mit der Impfung auch die Zähne checken lassen. Zahnstein kann zum Beispiel bei leichten Belegen per Hand, bei schlimmeren Fällen auch per Ultraschall und unter Narkose entfernt werden – meist ist das ein wichtiger Beitrag zur Hundegesundheit.

Krallen, Ohren, Haut- und Fellveränderungen als Signale

Man riecht Hautkrankheiten meist, bevor deutliche Symptome kommen, ist Birgit Kirchhoff überzeugt. Entzündungen im Ohr zum Beispiel erzeugen einen süßlichen Geruch. Es ist das erste Warnzeichen, das ernst genommen werden sollte. Wenn das Fell den Glanz verliert oder die Haut schuppt sind, sind das weitere Zeichen. Überhaupt muss man als Hundebesitzer aufmerksam mit seinem Tier umgehen. Der aufmerksame Umgang mit seinem Hund ist die beste Gesundheitsvorsorge. Das heißt auch: Hingucken, Hinfassen, Riechen. Auch äußere Tumore am Körper können so frühzeitig entdeckt werden. Das „Untersuchungsspiel" sollte am besten von klein auf mit dem Welpen schon geübt werden – das kann den Vierbeinern sogar richtig Spaß machen.

Schönheits-OPs beim Hund?

Erst einmal: Ohne medizinische Indikation darf es keine OP am Tier geben. Also OPs aus Schönheitsgründen sind durch den Tierschutz in Deutschland ausgeschlossen. Labradore mit Hängelidern, die ständig entzündet sind, Möpse, die keine Luft mehr kriegen, Bordeaux-Doggen, die krankhaft entzündliche Hautfalten haben – das sind typische Fälle, bei denen ein operativer Eingriff allerdings Sinn machen kann, um dem Hund das Leben zu erleichtern. Jeder dieser Eingriffe muss aber wohl überlegt sein.

Was empfehlen Sie, wenn der Hund alt wird?

Ab dem 6. bis 8. Lebensjahr empfehlen wir, regelmäßig einen Geriatriecheck durchzuführen, wobei Blutuntersuchungen Aufschluss über z.B. Leber-, Schilddrüsen- und Nierenerkrankungen geben können. Röntgen und EKG zur Früherkennung von Herz-Kreislaufbeschwerden sind sinnvoll. Und ein Check des Bewegungsapparates kann die Lebensqualität bei Tieren schon in Frühstadien von degenerativen Erkrankungen (Arthrosen) erhalten.

Tierarztpraxis im Frauenviertel

Karin Kirchgessner
Dr. Birgit Kirchhoff
(verantwortlicher Tierarzt)
Doris Meyer
Elfriede-Kuhr-Str. 18
12355 Berlin
Tel.: 030-668 69 946
Mobil: 0177-67 30 30 1
Fax: 030-66 86 99 55
Mail:
info@tierarztpraxis-im-frauenviertel.de
Web:
www.tierarztpraxis-im-frauenviertel.de

Osteopathie für Fellnasen

Heilen mit Händen

Es gibt ganz unterschiedliche Krankheiten, weshalb Berliner Hundebesitzer zu Nadine Reckinger (35) kommen. Mal hinkt der Vierbeiner nach einer OP, dann ist der Bewegungsapparat aufgrund des Alters nicht mehr fit, Hunde haben Schmerzen oder Verhaltensauffälligkeiten. Manche Hunde beißen aus unerklärlichen Gründen oder lassen sich nicht mehr anfassen. Grund dafür können einfach auch Schmerzen sein. Die Tierheilpraktikerin, Physiotherapeutin und Ostheopathin hat in solchen Fällen schon oft mit ihren heilenden Händen geholfen. Als Osteopathin betrachtet Nadine Reckinger den Hund ganzheitlich. Das heißt: Nicht nur einzelne Symptome werden behandelt, sondern es wird nach den Zusammenhängen gesucht, weil alle Körperregionen durch Gefäß-, Faszien- und Nervensystem verbunden sind.

Bei einer Erstuntersuchung testet die Osteopathin das Gangbild des Hundes, lässt sich die Geschichte eines Tieres in aller Ruhe erzählen, erhebt, welche Vorerkrankungen da waren, oder welche Medikamente gegeben werden. Danach wird die komplette Muskulatur durchgetestet, um zu sehen, ob Wärmeunterschiede oder Verspannungen vorhanden sind. Wärmeunterschiede weisen auf Entzündungen hin, Verspannungen auf Fehlhaltungen. Nadine Reckinger untersucht dann alle Gelenke, Sehnen und Bänder und die ertastbaren inneren Organe. Bei diesem Eingangscheck wird erhoben, ob Einschränkungen von Bewegungsfunktionen da sind. Denn: Wo Bewegungen eingeschränkt sind, macht sich Krankheit breit, so das Credo der Osteopathen.

Die Osteopathie, im 19. Jahrhundert in den USA entstanden und seitdem schulmedizinisch zunehmend anerkannt, kennt alle kleinen und großen Bewegungen des Hunde-Körpers. Sie hilft Bewegungseinschränkungen aufzuspüren und zu lösen. Findet die Osteopathin krankhafte Symptome, entwickelt sie einen passgenauen Behandlungsplan, der osteopathische, aber auch physiotherapeutische und tierheilpraktische Ansätze verbindet. Mal arbeitet sie – wie es typisch für Osteopathen ist – den Vierbeiner mit den Händen durch, was aussieht wie eine intensive Massage. Da wird dann gedrückt, Gelenke aktiviert, kreisende Bewegungen vorgenommen. Im Fachjargon heißt das: Mobilisation von Wirbeln und Gelenken, Lösung von Blockierungen sowie Dehnungen von Muskeln und Bändern. Eine Behandlung dauert in der Regel bis zu einer Stunde. Zusätzlich kommen auch Akkupunktur oder Kälte-Wärme-The-

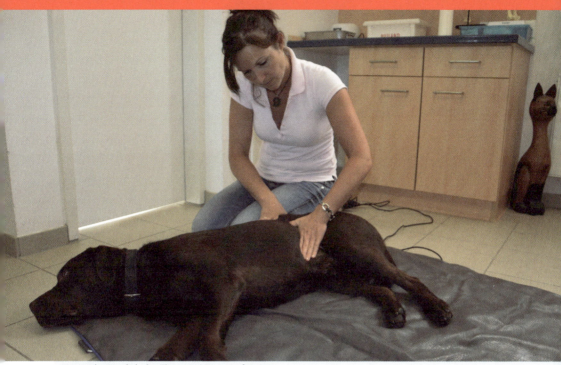
Angenehmer als beim Tierarzt: Massage für Otto

rapie zum Einsatz. Der osteopathische Eingriff mit den Händen kann bis zu mehreren Wochen nachwirken und heilen helfen.

Je nach Krankheitsbild sind nach der Erstuntersuchung manchmal nur ein bis zwei Sitzungen notwendig, bis ein Problem behoben ist. Älteren Hunden tut eine regelmäßige Behandlung gut. Trotz hohen Alters bleiben sie länger fit und haben mehr Lebensfreude, sagt Nadine Reckinger. Aber auch bei Hunden, die in der Mitte des Lebens stehen, kann Osteopathie einen Schub an Wohlbefinden bringen. Oftmals sind es, so erklärt die Fachfrau, immer Kleinigkeiten am Anfang. Nach und nach addieren die sich, bis die Folgen gravierend werden. Insofern wirkt Osteopathie auch prophylaktisch. Entdeckt man bei einem normal beweglichen Hund durch einem Prophylaxecheck erste Probleme im Bewegungsapparat, kann man gezielt gegenarbeiten und Übungen für zu Hause entwickeln.

„Die Hunde merken, dass es ihnen gut tut", ist sie sich sicher, denn die meisten erweisen sich als erstaunlich kooperativ. Selbst Beißer, die sonst Maulkorb tragen, entspannen sich oft nach einigen Sitzungen. Ganz billig ist die Behandlung allerdings nicht. Die ausführliche Erstuntersuchung kostet 65 Euro. Nachfolgetermine 30 Euro.

Mehr Infos:

Tiernaturheilpraxis
Nadine Reckinger
Ortolanweg 129
12359 Berlin
Tel.: 0173 / 89 74 660
Mail: reckinger@hippocare-thp.de
Web: www.hippocare-thp.de

Frisch gefärbt auf die Hundewiese

Wie Hundewellness den deutschen Markt erobert

Waschen, schneiden, föhnen. Das ist für den weißen Großpudel Chrissi white wonder von Figaro nichts Neues. Jeden Freitag kommt sie in den Hundesalon nach Charlottenburg. Evelyn Reed ist Geschäftsinhaberin von „snobby dogs" und weiß über die Vorlieben der Hunde und ihrer Besitzer Bescheid: „Chrissis Frauchen geht selber jeden Freitag zum Frisör. Vorher bringt sie den Pudel zu mir". Drei Stunden dauert es, bis Chrissi so aussieht wie sie aussehen soll. Jetzt muss sie sich allerdings noch ein paar

Königspudel Djego trat schon bei der Fashion Week auf

Minuten gedulden. Auf dem Frisiertisch thront noch ein schwarzer Zwergpudel. Angeleint an einer schweren Kette, scheint ihm das Prozedere nichts auszumachen. Aber zu „snobby dogs" kommen nicht nur schicke Pudel. Besitzer unterschiedlicher Hunderassen bringen ihren Vierbeiner in den Salon: „Golden Retriever und Border Collie kommen vor allem im Sommer. Dann soll das Fell runter, weil ihnen zu warm wird. Andere kommen, weil sie nach einem Besuch bei mir nicht mehr nach Hund, sondern nach Shampoo riechen", so Reed.

Schow Grooming

Das Haareschneiden und Ohrenreinigen der Hunde ist aber längst nicht alles, was angeboten wird. Auswaschbare Felltattoos oder eine Farbauffrischung sind keine Seltenheit. Wenn es um das Styling der Hunde geht, sind der Kreativität heute keine Grenzen mehr gesetzt. Jährlich finden in ganz Deutschland Hundeschönheitswettbewerbe statt. Das professionelle Styling der Hunde nennt man im Fachjargon auch „show grooming". Die Tiere werden nach allen Regeln der Kunst zu Recht gemacht und verwandeln sich in andere Wesen. Pandabären, Elfen mit Flügeln und Piraten führen dazu, dass der Hund kaum mehr wiederzuerken-

Evelyn Reed vom Salon „snobby dogs" in Charlottenburg

nen ist. Evelyn Reed kennt das. Sie ist selbst Besitzerin eines weißen Großpudels, der schon einige Preise gewonnen hat. Djego ist seit der Berliner Fashion Week stadtbekannt. Dort lief er, ganz in pink eingefärbt, für das Modelabel „Pink Poodle" als Model vor dem Brandenburger Tor auf und ab. Er genoss das Blitzlichtgewitter. „Als der ganze Spaß vorbei war, konnte Djego gar nicht verstehen, warum auf einmal keine Fotos mehr von ihm gemacht werden. Er steht gerne im Mittelpunkt", weiß Reed.

Schönheit zum Schämen

Ob nun in Ost- oder West-Berlin. Hundeschönheit war immer Trend. Josephine Perea, die in Lichtenberg ein Hundeatelier hat, hat dazu sogar genaue Zahlen parat. Ihren Laden gibt es schon seit 60 Jahren. Schon zu DDR-Zeiten wurden hier Hunde schick gemacht. Vor sieben Jahren hat Perea den Hundesalon übernommen. Sie verglich alte Unterlagen: „Wir haben Terminkalender von 1960. Die Anzahl der Hunde, die in unseren Salon kommen, hat sich nicht verändert". Hunde-Styling ist also alles andere als nur neumodischer Unsinn unserer Tage. Auch bei Perea werden Hunde aufgemotzt. Pinke Ohren und Pfötchen hat sie alles schon gemacht. Ein Hund hat sogar mal einen Irokesen-Haarschnitt verpasst bekommen. Perea musste ihn dann aber nach ein paar Tagen abschneiden, weil der Hund sich schämte: „Nicht alle Hunde kommen damit zurecht, durch ihr Aussehen Aufmerksamkeit zu bekommen".

Auf ihrem Frisiertisch wartet ein Yorkshire-Terrier. Dass er freiwillig, oder aus Freude an der Sache hier ist, streitet Josephine Perea allerdings ganz offen ab:

„Spaß macht das keinem Hund. Es ist alles eine Gewöhnungssache". Für den Hund ist ein Tag beim Hundefrisör aufregend und anstrengend. Die Behandlung wird zwar so angenehm wie möglich gestaltet, Spaß ist es für das Tier trotzdem nicht. Der Besuch beim Hundefrisör muss trotzdem manchmal sein: Wenn die Haare zu lang sind und der Hund darunter leidet, ist es notwendig etwas zu verändern.

Für „Schönheit" leiden?

Aber: Wo hört Fürsorge auf und wo fängt Tierquälerei an? In Amerika hat der Trend um die Hundeschönheit einen anderen Stellenwert erreicht. Manche Besitzer schicken ihre Hunde zum Schönheitschirurgen. Kleine Makel, wie Hautfalten oder ein eingeknicktes Ohr, die durch eine extreme Überzüchtung entstehen, werden unterspritzt oder weggeschnitten. Ob dies aus Gründen der Gesundheit oder der Ästhetik geschieht, bleibt außer Frage. Selbst das Einsetzen von Silikonimplantaten ist keine Seltenheit. Die US-Firma Neuticles stellt unter anderem Augen- und Hodenimplantate für Hunde und Katzen her. Sie werben damit, dass ein Hodenimplantat nach einer Kastration dem Haustier ermögliche, „seinen natürlichen Look und sein Selbstwertgefühl zu bewahren". Ob es dem Hund wirklich hilft oder womöglich erst ein Trauma auslöst, ist eine andere Frage. Grundlegend zeigt es aber: Hunde dienen oftmals als Aushängeschild. Ihr Aussehen ist vielen Besitzern verdammt wichtig. Die Eitelkeit der Besitzer bedient mittlerweile einen großen Markt. Wer nicht in Hunde-Salons stiefelt, findet genügend Beauty- und Wellness-Produkte für zu Hause: Shampoos, Hunde-Parfum, Cremes und Fluids. Anbieter solcher Produkte legen nahe, dass es den Tieren gut tun würde. Tierschützer sehen darin reine Quälerei. Es ist der Versuch, aus Tieren Spielpuppen zu machen und ihren Geruch zu übertünchen. Tatsächlich sind solche Hunde zwar für die menschliche Gesellschaft fein zurechtgemacht (wenn man's mag), doch draußen mit anderen Hunden kann es da zu ernsthaften Irritationen kommen. Parfümierte Hündchen kommen bei den Artgenossen meist nicht so gut an.

Josephine Perea in ihrem Hundesalon in Lichtenberg

Evelyn's Snobby Dogs Hundesalon & Scherschule

Hundefriseurin Evelyn Reed
Sophie-Charlotten-Str. 36,
14059 Berlin-Charlottenburg
Tel.: 030-33 93 54 47
Mail: info@snobbydogs.de

Hundeatelier Josephine

Josephine Perea Sotolongo
Frankfurter Allee 268, 10317 Berlin
Tel.: 0 30-5 29 41 86
Mail: hundeatelier-josephine@freenet.de

Erste Hilfe für Hunde

Wenn der Spaziergang in der Katastrophe endet

Es passiert immer, wenn man am wenigsten damit rechnet. Gerade noch war alles in schönster Ordnung und im nächsten Moment ist es geschehen. Unser Vierbeiner ist verletzt und das mitten im Grünen. Jetzt ist guter Rat teuer. Was tun, wie verhält man sich richtig?

Das hängt natürlich von der Art der Verletzung ab. Pfotenverletzungen durch Scherben und andere scharfe Gegenstände bluten fürchterlich. Das ist gut so. Die Blutung spült Verunreinigungen aus der Wunde. Wenn möglich, sollte der Tierhalter mit kaltem, sauberem Wasser nachspülen. Nun kann er für den Transport zum Tierarzt einen provisorischen Verband anlegen. Dieser sollte im Zweifelsfall lieber zu locker als zu eng sein. Die Wunde an sich deckt der Halter mit einem sauberen Taschentuch ab. Die nächste Schicht dient der Polsterung. Hierzu kann Watte, Stoff oder anderes weiches Material verwendet werden. Obendrauf kommt nun der eigentliche Wickelverband. Muss der

Für den Notfall bereit sein – auch bei Hunden kann jederzeit was passieren

Verbandsschutz länger als eine Stunde auf der Pfote verbleiben, ist es unabdingbar, zwischen den einzelnen Zehen eine Polsterung einzulegen. Das ist nicht ganz einfach. Dabei darf am Vorderfuß die Daumenkralle nicht vergessen werden! Unterbleibt diese Extrapolsterung, entwickeln sich innerhalb kurzer Zeit Entzündungen zwischen den Zehen. So versorgt geht es nun zum Tierarzt. Der kann entscheiden, ob genäht werden muss oder nicht. Insektenstiche treten vor allem in den Sommermonaten auf. Wirklich lebensbedrohlich gefährdet durch Stiche sind jedoch nur allergische Tiere. Doch leider weiß man erst hinterher, ob sein Tier überempfindlich reagiert. Daher sollte jeder Stich so gut als möglich gekühlt werden. Bei Stichen im Bereich der Maulhöhle ist in jedem Fall unverzüglich ein Tierarzt aufzusuchen. Durch Medikamente kann er Schwellungen der Atemwege entgegenwirken. Weiß der Besitzer um eine entsprechende Empfindlichkeit seines Tieres, ist es sicherer, Notfall-Medikamente zumindest im Sommer ständig mit sich zu führen. Läsionen durch Stöckchenwerfen stehen auf der Häufigkeitsskala ebenfalls ganz oben. Dringen Äste oder Teile davon in den Körper ein, spricht man von einer Pfählungsverletzung. So etwas kann übel ausgehen, vor allem dann, wenn der Stock nicht in Gänze wieder entfernt werden kann, und kleine oder auch große Spreißel im Hals stecken bleiben. Sie verursachen Schwellungen und Entzündungen, die nur dann in den Griff zu bekommen sind, wenn das auslösende Agens – sprich das Holzteil – durch eine Operation entfernt wird. Hat der Besitzer den Verdacht, es könnten sich Spielzeugreste welcher Art auch immer im Maul befinden, muss die Maulhöhle bei gutem Licht gründlich abgesucht werden. Ist der Hund das gewohnt, macht er dieses Prozedere gut mit. Daher sollte so etwas geübt werden, bevor der Ernstfall eintritt. Entdeckt der Besitzer Stöckchenüberbleibsel, müssen die raus. Schafft er es nicht alleine, bleibt doch nur wieder der Gang zum Tierarzt. Der kann den Hund im ungünstigsten Fall narkotisieren und mittels Endoskop Fremdkörper herausholen. Kleinere Verletzungen mit Schürfcharakter durch Raufereien heilen in der Regel von alleine ab. Desinfektion und Schur der Umgebungshaare unterstützen die Heilung. Werden Wunden jedoch rot, dick, schmerzhaft oder tritt Flüssigkeit aus, hat sich die Sache entzündet und muss tierärztlich behandelt werden. Bei Beißereien können immer auch innere Verletzungen entstehen. Wirkt der Hund matt, frisst schlecht und/oder hat blasse Mundschleimhäute, muss er zum Arzt, auch wenn von außen alles unversehrt erscheint. Augenverletzungen sollten grundsätzlich tierärztlich abgeklärt werden. Hier kann der Halter – außer er ist selber vom Fach – keinesfalls ernste von harmlosen Schädigungen abgrenzen. Da sich Verletzungen des Auges oft schnell verschlechtern, dürfen Halter hier im eigenen Interesse mit dem Tierarztbesuch nicht warten.

Beim Tierarzt oder im Zoofachhandel können Erste-Hilfe-Sets käuflich erworben werden. So hat man im Ernstfall das Notwendigste dabei. Ein schönes Geschenk für den nächsten Hundegeburtstag!

(Text: Dr. Tina Hölscher, Tierärztin bei aktion tier)

Tierarztsuche leicht gemacht

Wie Software-Entwickler Thomas Hinze auf den Vetfinder kam

Man stellt es sich besser nicht vor: Sie sind im Urlaub oder am Wochenende unterwegs – und dann, plötzlich, passiert ein Unfall. Ihr Hund ist verletzt. Sie sind geschockt. Um abseits des gewohnten Umfeldes schnellstmöglich tierärztliche Hilfe zu bekommen, hat Entwickler Thomas Hinze ein praktisches Hilfsmittel erfunden: Die VETFINDER App für iPhones und Androiden. Sie weist kostenlos und mobil den Weg zum nächsten Tierarzt – auch im Ausland. Wir sprachen mit dem IT-Mann …

Thomas Hinze mit seinem Hund Rex, quasi der Ideengeber für die Vetfinder-App

Wie kamen Sie auf die Idee zu dem Projekt?

An einem schönen Sonntag war ich zusammen mit meinem Hund Rex mitten im Harz unterwegs. Leider hatte er sich während des Ausfluges am Bein verletzt und ich brauchte dringend einen Tierarzt. Fehlende Ortkenntnis, Wochenende und die steigende Nervosität machten die Suche trotz mobiler Internetverbindung zu einem Kraftakt. Ich wünschte mir eine Anwendung, mit der ich einen Tierarzt auf Knopfdruck finde – ohne lästiges tippen, mit automatischer Standortsuche, Anruffunktion und Navigation zum Arzt. Über den Projektstatus ist der VETFINDER mittlerweile längst hinaus.

Woher erhalten Sie die Daten der Tierarztpraxen und Kliniken? Und wie umfassend ist Ihre Datenbank heute?

Der Großteil, der im VETFINDER verzeichneten Tierärzte und Kliniken wird durch mühevolle Eigenleistung zusammengetragen. Zusätzlich werden regelmäßig fehlende Tierärzte von Nutzern des

VETFINDER vorgeschlagen, und durch eine Redaktion überprüft. Derzeit findet der VETFINDER fast 30.000 Tierärzte und Kliniken weltweit.

Wie finanziert sich die App?

Der VETFINDER ist für Tierhalter völlig werbefrei und gratis. Finanziert wird unser Dienst aus den Beiträgen, die Tierärzte für eine umfangreich Darstellung ihrer Leistungen im VETFINDER zahlen. Der Betrag ist so gering, dass sich langfristig jeder Tierarzt an diesem Dienst beteiligen kann. Die Angaben kommen auf diese Weise immer aus erster Hand.

Was sind die technischen Voraussetzungen, um die App zu nutzen?

Die VETFINDER App gibt es als kostenlosen Download für iPhone und Android. Die Standortbestimmung erfolgt per GPS oder WLAN. Für den Datenabruf wird der Zugriff auf das Internet benötigt. Für mobile Geräte mit anderen Betriebssystemen steht eine optimierte Webseite mit ähnlichen Funktionen wie in der App zur Verfügung. Die Seite funktioniert natürlich auch auf heimischen Computern.

VETFINDER

Mehr Infos unter:
www.vetfinder.mobi

Erste Hilfe am Hund

Der ASB bietet Kurse an

Christian Fechner, 36 Jahre, seit 30 Jahren beim Arbeiter-Samariter-Bund, und seit 2001 Rettungssanitäter und Ausbilder, bietet seit 2011 Erste Hilfe-Kurse für Hundebesitzer. Seine Frau ist Tierärztin, er selbst wuchs mit Hunden auf. Irgendwann kam dann der Rettungssanitäter auf den Hund. Der ASB ist international einer der wenigen Anbieter solcher Kurse. Teilnehmer kamen bereits aus Australien. In einem Kurs zur „Ersten Hilfe für Hunde" erlernen die Teilnehmer die Grundlagen und Möglichkeiten der Ersten Hilfe am Hund ohne besondere Hilfsmittel. Zu den Kursinhalten gehören z. B. das Erkennen von Krankheiten und Notsituationen, die Eigensicherung des Hundehalters, die richtige Ausstattung der Hundeapotheke, die Versorgung von verschiedenen Verletzungen und die passenden Maßnahmen bei Herz-Kreislauf-Störungen. Im Kurs wartet ein Übungshund. Aus versicherungstechnischen Gründen dürfen eigene Hunde nicht mit zum Lehrgang gebracht werden. Die Kurse finden monatlich am 2. Freitag von 17-21 Uhr statt, kosten 25 Euro pro Teilnehmer bzw. 40 Euro für gemeinsame Hundehalter (Paare). Alle Termine und Anmeldung unter: www.asb-berlin-ausbildung.de. Individuelle Termine für Gruppen finden nach Absprache ebenfalls statt.

Arbeiter-Samariter-Bund
www.asb-berlin-ausbildung.de

Darmbakterien für eine gesunde Verdauung

Welche Rolle Futterzusätze spielen

Tierärzte setzen bei Nutztieren seit langem auf natürliche Darmbakterien, um die Futterverwertung zu verbessern und die Verluste durch Durchfall bei Jungtieren zu verringern. Heute gewinnen bakterienhaltige Futterzusätze auch bei Haustieren an Bedeutung. Denn genau wie beim Menschen muss die Darmflora des Hundes zahlreiche Aufgaben übernehmen. Sie bildet z. B. Nährstoffe für die Darmschleimhaut und den gesamten Stoffwechsel, verhindert die Ansiedlung von Krankheitserregern durch die Konkurrenz um Lebensraum und Nährstoffe und produziert zum Teil sogar Stoffe, die das Wachstum von Krankheitserregern hemmen. Außerdem tritt die Darmflora direkt mit der zentralen Schaltstelle des Immunsystems in Kontakt, die im Darm liegt. Ohne die Darmflora ist ein funktionierendes Immunsystem nicht möglich. Denn mit und an den natürlichen Bakterien im Darm lernt das Immunsystem, zwischen Freund und Feind zu unterscheiden und sich auf den Ernstfall vorzubereiten. Wissenschaftler messen der Darmflora eine derartige Bedeutung zu, dass sie sie zum Teil als eigenes Organ einstufen.

Gestörte Darmflora

Die natürliche Darmflora kann jedoch aus dem Gleichgewicht geraten. Häufige Antibiotika-Gaben haben z. B. einen nachhaltigen Effekt auf die Darmflora, denn sie töten nicht nur die Krankheitserreger, sondern auch viele natürliche Darmbakterien ab. Deshalb ist es nach einer Antibiotikatherapie immer sinnvoll, mit bakterienhaltigen Futterzusätzen – auch Probiotika genannt – gegenzusteuern. Aber auch Stress, wie er bei Hunden z. B. bei einem Besitzerwechsel, bei längerem Alleinsein oder auch beim Leben in größeren Beständen vorkommen kann, wirkt sich auf die Darmflora aus. Verdauungsprobleme und Probleme mit dem Immunsystem können die Folge sein.

Natürliche Darmbakterien zuführen

Futterzusätze mit natürlichen Darmbakterien und -hefen (z. B. SymbioPet Dog) können helfen, die Darmflora des Hundes zu stabilisieren und damit die Gesundheit der Darmschleimhaut zu verbessern. Über den

Viele Hundebesitzer schwören mittlerweile auf Futterzusätze

Kontakt mit dem Immunsystem können die aufgenommenen Bakterien die Immunleistung des Hundes regulieren. Außerdem erleichtern die natürlichen Bakterien die Futterumstellung und wirken unangenehmem Geruch im Maulbereich entgegen. Bei der Auswahl des richtigen Futterzusatzes sollte der Hundehalter jedoch prüfen, ob sein Hund Maisstärke verträgt und gegebenenfalls Maisstärke-freie Präparate verwenden.

Mehr Infos unter:

www.symbiopharm.de

Werbung

Tiernaturheilpraxis
Nadine Reckinger
Physiotherapie & Osteopathie
für Tiere

mobile Praxis - Termine nach Vereinbarung

Tel. 0173 / 89 74 660
reckinger@hippocare-thp.de
www.hippocare-thp.de

Tierärztin Ursula von Preyss
Am Hang 2-4 | 14469 Potsdam
Tel. 0331 967 969 31 | Fax 0331 967 969 32
Mobil 0178 140 44 40
info@tierarztpraxis-ampfingstberg.de
www.tierarztpraxis-ampfingstberg.de

Mo - Sa 10 - 12 Uhr | Mo - Fr 17 - 19 Uhr
Hausbesuche und Termine nach Vereinbarung

Kastration bei Stadthunden?

Im Interview: Tierarzt Christoph Ladwig

Für viele Stadthundebesitzer ist es immer wieder Thema: Soll man kastrieren lassen, damit die Hunde in der Stadt besser funktionieren, Aggressionen und Beißereien verhindert werden? Es ist auf jeden Fall keine leichte Frage. Aus ethischer Sicht wird kritisiert, dass die Tiere nicht zurechtoperiert werden dürfen, nur damit sie uns passen. Viele Hundetrainer verweisen darauf, dass die Kastration vorschnell als Lösung gewählt wird, wo ausdauerndes Training und sehr viel Konsequenz und Geduld angebracht sind. Die Berliner Tierärztekammer sagt, dass eine Amputation – und dazu gehört die Kastration, da dazu Organe entnommen werden – nach § 6 Tierschutzgesetz Abs. 1 Satz 1 grundsätzlich verboten ist. Davon ist eine Kastration aus gesundheitlichen Gründen nach tierärztlicher Indikation ausgenommen. Ausnahmen von diesem Verbot bestehen nur dann, wenn eine tierärztliche Indikation vorliegt, z. B. aufgrund einer Gebärmutterentzündung, wenn die unkontrollierte Vermehrung eingedämmt werden soll, oder wenn eine „weitere Nutzung" des Tieres ohne Kastration nicht gewährleistet werden kann. Bei der Entscheidung für

oder gegen die Kastration müssen zahlreiche Gesichtspunkte berücksichtigt werden. Auf jeden Fall ist ein intensives Beratungsgespräch mit dem Haustierarzt notwendig. Wir sprachen mit Christoph Ladwig, Tierarzt in Spandau (www.kleintierpraxis-ladwig.de), über Pro und Contra Kastration:

Was versteht man eigentlich unter einer Kastration?

Unter einer Kastration versteht man die Entfernung der keimbildenden Organe, also beim Weibchen sind das die Eierstöcke, bei Rüden die Hoden. Gleichzeitig befindet sich dort die Hauptbildungsstätte der männlichen und weiblichen Geschlechtshormone. Diese sind neben der Fruchtbarkeit auch für das psychosexuelle Verhalten verantwortlich, wozu z. B. das Territorialverhalten zählt.

Was sind die Folgen einer Kastration?

Es kommt u. a. zu einer Verminderung der durch Sexualhormone provozierten Verhaltensweisen. In der Regel stellen wir eine Verminderung des Territorialverhaltens fest. Es muss nicht permanent ein

Christoph Ladwig, Tierarzt aus Spandau

Revier „abgesteckt" werden. Es kommt auch zur Verminderung des Markierverhaltens, zur Verminderung der Aggression gegenüber gleichgeschlechtlichen Individuen der gleichen Art, zur Verminderung des Appetenzverhaltens, d. h., dass Rüden nicht permanent auf der Suche nach läufigen Hündinnen sind.

Bei Hündinnen vor der zweiten Läufigkeit vermindert sich das Risiko, dass diese jemals an Tumoren des Gesäuges erkranken, um bis zu 80 Prozent. Aber es gibt auch Risiken. Neben den „normalen"

Operationsrisiken – diese können durch entsprechende Technik so klein wie möglich gehalten werden – besteht besonders bei großen Hunden die Gefahr der kastrationsbedingten Harninkontinenz, der Welpenfellbildung, was besonders bei Kastrationen im Welpenalter zu finden ist, der Fettleibigkeit besonders bei energetisch gleicher Fütterung wie vor der Kastration, was sich durch eine Verringerung der täglichen Energieaufnahme verhindern lässt. Und schließlich wird von Tierbesitzern immer wieder berichtet, dass bestimmte Hunde aggressiv auf Kastraten reagieren, was im umgekehrten Fall aber genauso häufig vorkommt.

Was raten Sie Hundebesitzern, die an eine Kastration denken?

Als allererstes möchte ich das mitgeben: Eine Kastration darf grundsätzlich nicht aus Gründen der Bequemlichkeit durchgeführt werden, desgleichen ist sie kein Ersatz für mangelnde Erziehung. Die Gründe „Pro und Contra" Kastration sind vielfältig und für den Laien oft nur schwer zu durchschauen. Deshalb: Als Tierbesitzer ist man gut beraten, sich den Rat seines Haustierarztes einzuholen! Reden Sie mit uns! Laien- oder „Wikipediawissen" hilft an dieser Stelle nicht weiter, verunsichert eher, schließlich geht es bei der Entscheidung um das Leben und die Gesundheit des Hundes.

Werbung

Kleintierpraxis Ladwig

Seeburger Str. 10
13581 Berlin - Spandau
Tel.: 030-74 73 28 88
Web: www.kleintierpraxis-ladwig.de

Tierärzte bieten heute mehr als nur Standarduntersuchungen

Die Tierarztpraxis am Pfingtsberg und eine Hunderunde mit Besuch im Restaurant am Pfingstberg

Potsdamer Hunde haben schon früh auf sich aufmerksam gemacht. Friedrich der Große war berühmt für seine Hundeliebe. Seine Windspiele begleiteten ihn überall hin und durften, was Untergebene nie zu tun getrauten. Potsdam ist bis heute ein kleines Hundeparadies: Allein das viele Wasser und die Wälder machen die Stadt so attraktiv. Ein besonderes Ausflugsziel ist der Pfingstberg.

Ursula von Preyss, die nach mehreren Jahren Berufserfahrung 2011 mit ihrem eigenen Team ihre eigene Tierarztpraxis am Pfingstberg eröffnete, hat sich bewusst für den Standort entschieden. In ihrer neuen Kleintierpraxis werden viele Dienstleistungen, insbesondere für Hundebesitzer angeboten. Neben Vorsorge-Untersuchungen und Zahnprophylaxe bietet die Praxis alle Standardoperationen an. Das Beispiel macht deutlich, welche Bandbreite Tierarztpraxen heute abdecken. Das geht bis hin zur Futtermittel-Kaufberatung. Dabei werden die Eigenschaften von Hunderassen mit dem Profil des Besitzers und dessen soziales Umfeld abgeglichen. „Viele zukünftige Hundebesitzer wissen nicht, worauf sie sich einlassen, wenn sie einen Hund zu sich holen. Kleine Hunde bedeuten nicht unbedingt, dass sie weniger Auslauf und Beschäftigung brauchen. Ein älteres Ehepaar sollte sich bspw. nicht gerade einen Laufhund wie einen Dalmatiner anschaffen", so von Preyss.

Von der Praxis aus erschließen sich viele Touren durch Potsdam. Mag man es eher historisch, biegt man am Ende der Straße rechts in die Vogelweide und folgt dem kleinen Pfad an der Gartenkolonie vorbei auf den Pfingstberg, gelangt man direkt zur „Krone des Potsdamer Gartenreichs", dem Pfingstberg. Zum Pfingstbergensemble gehören das von 1847 bis 1863 nach Plänen von König Friedrich Wilhelm IV. durch Persius, Hesse und Stüler erbaute romantische Aussichtsschlos Belvedere und der 1800 nach Plänen Schinkels errichtete Pomonatempel. Beide Gebäude werden eingerahmt von einem der schönsten Landschaftsgärten.

Folgt man dem Weg links führt der Weg an der Roten Kaserne vorbei über die Fritz von der Lancken Straße zum See. Über den Bertiniweg und die Weinmeister Straße kommt man wieder zum Ausgangspunkt zurück.

Auf beiden Routen kommt man am Restaurant am Pfingstberg vorbei, die regionale Brandenburgische Küche bietet. Das Restaurant hat einen Wintergarten mit weitem Ausblick und großem Hundeherz. Hundebesitzer sind willkommen. Das Restaurant bietet auch eigene Rundtouren für Neu- Potsdamer und Interessierte an.

Restaurant am Pfingstberg

Große Weinmeisterstrasse 43b
14469 Potsdam
Tel.: 0331-293533
Fax: 0331-2373132
Mail: info@restaurant-pfingstberg.de
Web: http://www.restaurant-pfingstberg.de

Tierarztpraxis am Pfingstberg

Tierärztin Ursula von Preyss
Am Hang 2-4
14469 Potsdam
Tel: 0331-96796931
Fax: 0331-96796932
Mail:
info@tierarztpraxis-ampfingstberg.de
Web:
www.tierarztpraxis-ampfingstberg.de/

Werbung

piccobello

Die waschbare Hundewindel.

www.piccobello-hundewindel.de
Telefon: 03222-8839930

Die perfekte Lösung für inkontinente Hunde und läufige Hündinnen!

Shopping Leben & Lifestyle Arbeiten

Hunde sind Lifestyle-Faktor und Anlass für manche, sie mit allem möglichen und unmöglichen Zeugs einzudecken. Darüber schreiben wir. In diesem Kapitel erwarten Sie aber auch ganz bunte Geschichte über Menschen, die sich von Hunden künstlerisch inspirieren lassen, die die erste Dating-Plattform für Hundebesitzer gegründet haben oder wirklich schöne Sachen für Hunde machen. Zum Thema Leben & Arbeiten gehört, dass viele Hunde unmittelbar in den Arbeitsalltag einiger Menschen eingebunden sind. Wir haben zum Beispiel die Berliner Polizeihundestaffel besucht oder waren bei einem Afghanistan-Veteranen der Bundeswehr, der mit seinem Hund Bak am Hindukusch unsere Freiheit verteidigte? Vom Lifestyle bis dahin ist ein weiter Weg. Aber eins ist klar: Hunde bestimmen unseren Alltag, sind Gehilfen bei der Arbeit, sind Teil unserer Lebenswelt – die glamourös sein kann, aber auch mit den politischen Konflikten unserer Zeit zu tun hat.

Rock'n'Dog im Velodrom
Die Berliner Heimtiermesse

13.000 Besucher, 8.000 Quadratmeter Ausstellungsfläche, über 142 ausstellende Vereine, Verbände und Unternehmen, über 20 Stunden Programm auf der Showfläche, 60 Dogdancer beim Turnier und ja – auch das: 450 Samtpfoten bei der Rassekatzenpräsentation, aber die waren für FRED & OTTO nicht

War etwas ängstlich dabei …

wirklich relevant und wurden erhobener Schnauze links liegen gelassen.

Die Heimtiermesse in Berlin ist jedes Jahr im Herbst ein turbulenter Anziehungspunkt. Für Hundemenschen sind die vielen Infostände verschiedener Hersteller und Vereine interessant. Man geht im Velodrom an der Landsberger Allee umher und staunt, was es nicht alles für den Hund von Welt heutzutage gibt. Da wirbt ein Hundefrisör aus Niedersachsen für eine Ausbildung im angeblich „boomenden Markt Berlin und Brandenburg", findet man schöne (und je nach Standpunkt) unnütze Accessoires und kann sich daneben eine der vielen Showeinlagen angucken.

Ein besonderer Hingucker war die „German Dogdance Challenge" unter der Regie von Rock'n'Dog, einer Tanzschule für Hunde. Dogdance ist tatsächlich eine immer populärere Hundesportart. Dogdance stammt von Obedience ab und vereint es mit Kunststückchen wie Beinslalom, Rückwärtsgehen und Pfotenarbeit. Jeden Tag staunten die Berliner nicht schlecht, was man so mit seinem Vierbeiner machen kann. „Nischt für mich", raunte eine ältere Dame. Das Publikum zeigte sich aber insgesamt beeindruckt. Nicht immer ging es allerdings glatt bei den Vorführungen. Bei Dogdance ist schließlich eine der großen Herausforderungen, dass Mensch und Hund perfekt eingespielt sind und gut kommunizieren. „Pepper muss

Dogdance auf der Heimtiermesse

sich erst noch an die Atmosphäre gewöhnen. Die Kommandos kann mein Hund alle. Aber der Applaus irritiert ihn", erzählt Teilnehmer Jonathan Dorbusch. Bei den Junioren belegte der 17-jährige Bayer am Ende den zweiten Platz.

Mitveranstalterin Mica Köppel von Rock'n' Dog war nach der gelungenen Premiere in Berlin euphorisch. „Den Leuten hat es gefallen. Man merkt das am Publikum, wie sie sich um die Showfläche drängten." Auch andere Aussteller wie Uwe Radant waren zufrieden. Der dreifache Weltmeister im Schlittenhunderennen verkauft Spezialgeschirr für den Vierbeiner und gab Auskunft über seine Sportart. Auch beim Aktionsstand der Welpennothilfe war selten ein freier Blick auf die Minischweine und Hundewelpen zu erhaschen. „Wir hatten noch nie so einen Andrang", ist Claudia Hauer stolz auf ihren Verein. „Viele der Besucher erkundigen sich über die Arbeit des Vereins und zeigen Bereitschaft zur Mithilfe", so Hauer.

Heimtiermesse Berlin

Die Heimtiermesse Berlin findet jedes Jahr im Herbst statt.
Aktuelle Informationen unter:
www.berliner-heimtiermesse.de

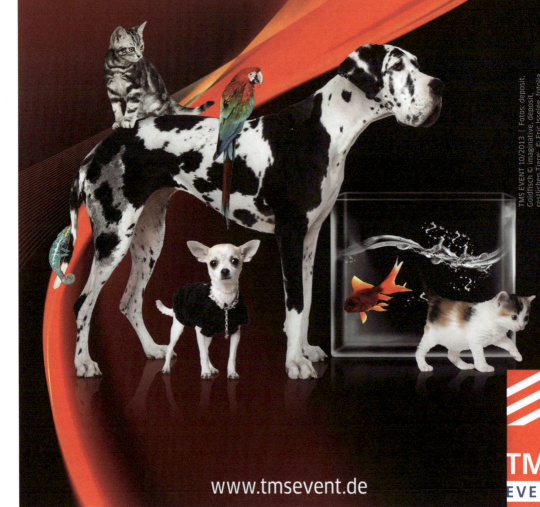

Wartende Hunde

Die Künstlerin Barbara Wrede über die Inspiration durch Hunde

„Wartende Hunde – Ein Versuch über die Treue" stand auf einer Postkarte, die im „Hauptstadthund" auslag. Dahinter verbarg sich eine Ausstellung der Berliner Künstlerin Barbara Wrede, die offensichtlich auf den Hund gekommen war. Wir besuchten die Künstlerin in einer Neuköllner Galerie und wollten mehr über ihre Kunst mit Hunden wissen:

Buchcover von „Wartende Hunde", einem Bildband der Berliner Künstlerin Barbara Wrede

„Wartende Hunde - Ein Versuch über die Treue" ist der Titel einer Ihrer letzten Ausstellungen mit Zeichnungen, Fotografien und Malerei. Wie sind Sie auf den Hund gekommen?

Ich bin mit Hunden aufgewachsen. Der erste Hund in meiner Familie hieß Robert. Er war ein Collie-Schäferhundmischling und hatte die gleiche Haarfarbe wie ich.

Sind Bilder von Hunden eine künstlerische Herausforderung? Oder anders gefragt: Was sagt uns die Kunst über den Hund?

Der Hund nimmt einen wichtigen Platz in der Gesellschaft ein. Künstler und Künstlerinnen aller Zeiten beschäftigen sich mit seiner Darstellung als Freund, Familienmitglied oder als gesellschaftliches Phänomen. Ja, Bilder von Hunden sind eine Herausforderung. Der Grad zwischen Kitsch, Verniedlichung, sachlicher Darstellung, Kunst und Cartoon ist schmal. Ich würde die Frage gerne umdrehen: Was sagt uns der Hund über die Kunst?

Warum sind die wartenden Hunde so interessant für Sie?

Seit 1995 lebe ich in dieser Stadt. Kurz vorher habe ich mit dem Fotografieren von wartenden Hunden begonnen. Berlin bietet mir tagtäglich neue Motive. Mein Archiv ist mittlerweile zu einem histori-

Barbara Wrede, Berliner Künstlerin, die auf den Hund gekommen ist

schen Dokument angewachsen. Es ständig zu erweitern, ist wie eine Sucht, die ihren Platz neben meiner künstlerischen Arbeit im Atelier gefunden hat.

Warum Hunde? Hunde sind bedingungslos treu. Selbst im größten Straßendreck und an den unmöglichsten Orten warten sie geduldig auf den, der sie dort abgestellt hat. Meine Fotos dokumentieren diese „unerhörten" Momente. Oft scheinen diese Momente mir wie eine Szene einer Novelle kurz vor ihrem Wendepunkt – nach dem ist alles wieder anders. Übrigens: Ich hasse es zu warten.

Seit Jahren sind Sie auch für Ihre Auftragskunst bekannt: Vision by call nennen Sie das. Man kann anrufen, nennt Ihnen Stichworte und Sie machen Kunst daraus. Auch für Hunde?

Klar! Jeder Hundebesitzerin und Hundebesitzer fällt doch sicher seine ganz besondere Geschichte ein, die er mit dem Vierbeiner erlebt hat und die er als Erinnerung daran gerne als Bild in seinen Händen halten würde.

Was kostet denn so ein echter „Wrede-Köter"?

Der Preis für ein ganz persönliches, exklusives Wunschbild, „ein visionbycall", beginnt bei 500 Euro, andere Zeichnungen gibt es ab 300 Euro. Kunstwerke in Öl auf Leinwand kosten ab 900 Euro.

Köterkunst

Mehr zu Barbara Wrede und ihrer Köterkunst unter www.olompia.de und www.visionbycall.de

In bester Society

Der Hundeladen Society Dog macht Berlins Hunde schick

Was erwartet Kunden bei Ihnen?

Bei uns wartet ein echtes Shopping-Erlebnis. Hier finden Sie für Ihren Hund, egal ob MINI oder MAXI, exklusives und hochwertiges Hundezubehör.

Welche Produkte führen Sie genau?

Wir importieren immer die neuesten Hundetrends aus aller Welt. Unser Sortiment umfasst alles von exklusiven Hundehalsbändern, Hundeleinen, Geschirre bis hin zu Hundepflegeprodukte.

Gibt es bei Ihnen besondere Angebote?

Unser besonderes Special ist unsere große Auswahl an Hundebekleidung und Hundemode. Hier finden Sie exklusive und funktionale Hundebekleidung für alle Hunderassen. Das große Sortiment an Hundebekleidung umfasst wasserabweisende Hundemäntel, wärmende Hundepullover, Hunde-Sweater, Hundeschuhe uvm.

Sie bieten Ihren Kunden einen ganz besonderen Service ...

Ja, richtig. Unsere hauseigene Sattlerei erfüllt auch gerne Sonderwünsche bei der individuellen Anfertigung von Hundehalsbändern, Hundegeschirren und Hundeleinen aus hochwertigen italienischen und deutschen Ledern mit einzigartigen Besätzen und auf Wunsch auch mit Original Swarowskisteinen.

Society Dog

Karina Moncada
Schlüterstr. 16
10625 Berlin
Mail: info@societydog.de
Web: www.societydog.de

Liebe geht über den Hund

Wie ein Start-Up Hund und Menschen zusammenbringt

Neulich im Park staunten wir nicht schlecht: Da hingen Zettel mit einem kuriosen Bild – ein Hund in Yogastellung, darüber die Frage: Haben Sie diesen Hund gesehen? Es war eine Werbeaktion des Berliner Start-Ups Snoopet. Und wenn was mit Hunden zu tun hat, ist es natürlich sofort unser Thema. Snoopet ist ein Kontaktportal für „Hundeliebhaber in Deutschland" heißt es auf www.snoopet.de. Es ist ein soziales Netzwerk, das Menschen und ihre Hunde mit gleichen Interessen in der näheren Umgebung zusammenbringt. So eine Art Facebook für Hund und Halter. Über die Webseite www.snoopet.de kann man ein Profil von sich und seinem Vierbeiner erstellen und sich mit anderen Usern austauschen – und mobil per Smartphone-App zu spontanen Treffen oder Hunde-Dates verabreden.

Wir sprachen mit der Gründerin von Snoopet, Larissa Maes, und wollten wissen, was Hundebesitzer von der Plattform haben:

Snoopet bietet eine Gassi-Routen-App, mit der man sich verabreden kann. Wie groß ist da der Dating-Faktor?

Bei Snoopet geht es vor allem darum, Spaß zu haben, neue Gassipartner zu finden, neue Gassi-Routen zu entdecken oder sich unkompliziert mit Bekannten zur Gassirunde zu verabreden. Aber ganz klar: Wer den Dating-Faktor sucht, wird ihn auf Snoopet sicher auch finden. Jeder kann für sich und seinen Hund ein Profil anlegen und dann direkt in passenden Profilvorschlägen stöbern. Als Highlight können Snoopet-User neue spannende Gassi-Routen entdecken und über die Smartphone – App ihre eigenen Lieblingsrouten anlegen. Zusätzlich können User mobil direkt in gelaufene Routen einchecken und sehen, wer die gleiche Route gelaufen ist.

Wie sind Sie auf die Idee gekommen, Snoopet zu gründen?

Ich bin selbst eine große Hundeliebhaberin und weiß deshalb, dass der Hund ein großartiger Gesprächsstoff-Garant und „Eisbrecher" ist. Ein mobiles Kontaktportal für Hundefreunde musste her! Und bei diesem sollte der Hund im Mittelpunkt stehen. Schließlich muss der eigene Hund einen neuen Freund oder die große Liebe ja auch „riechen" können – Hunde sind bei der Partnerwahl ein wichtiger Faktor.

Welche Zielgruppe sprechen Sie genau an?

Auf Snoopet kann sich jeder registrieren,

Larissa Maes, Gründerin von Snoopet, einem Berliner Start-Up, das Herrchen und Frauchen zusammenbringen will

der Hunde gern hat – ganz egal, ob er oder sie sich mit Gleichgesinnten austauschen will oder auf der Suche nach neuen Freunden, Gassi-Partnern oder der großen Liebe ist. Snoopet ist etwas für alle, die eine neue „Liebe mit Hund" suchen oder Menschen kennenlernen wollen, die „lieber mit Hund" sind.

Kostet Snoopet Geld?

Alle Snoopet-Features sind kostenlos nutzbar – und Schritt für Schritt fügen wir weitere spannende Funktionen für Mensch und Tier hinzu. Jeder User kann sich kostenlos registrieren, für sich und seinen Hund ein Profil anlegen, direkt in den vorgeschlagenen Kontakten stöbern und natürlich die kostenlose Smartphone-App nutzen. Wir wünschen viel Spaß beim Schnuppern, Austauschen und Kennenlernen!

Erzählen Sie uns eine Snoopet-Liebesgeschichte: Was erleben Ihre User mit Snoopet? Bekommen Sie da Rückmeldungen?

Snoopet gibt es ja erst seit November 2012 – damit stehen wir quasi noch unter „Welpenschutz". Aber tatsächlich hören wir schon jetzt regelmäßig von Freundschaften und Gassi-Partnern, die sich ohne Snoopet nicht gefunden hätten. Das freut uns natürlich tierisch und wir hoffen, dass sich noch viele weitere Menschen über den Hund kennen und vielleicht sogar lieben lernen!

Snoopet

Snoopet ist das erste Kontaktportal für Hundebesitzer in Deutschland. Das soziale Netzwerk bringt sie und Menschen mit gleichen Interessen in der näheren Umgebung zusammen.
Mehr Infos unter: www.snoopet.de

Was für ein Hundeleben!
Ein Potsdamer Laden mit Spürnase

Vor über 9 Jahren fing es mit Ihrem ersten Hund an. Katja Passler reist für ihr Leben gerne und überall in der Welt entdeckte sie immer wieder tolle Dinge für ihren Vierbeiner. Zurück in der Heimat wurde sie immer wieder gefragt: „Wo bekomme ich denn das für meinen Hund her?". Damit war die Idee für einen eigenen Hundeladen geboren – und seit Juli 2009 ist Katja Passler mit „hundeleben" in der Innenstadt von Potsdam vertreten.

Bei „hundeleben" gibt es tatsächlich Marken, die man in Deutschland kaum kennt. Teilweise sind sie exklusiv importiert. Katja Passler ist es wichtig, dass alles Stil hat und zugleich funktional ist. Ihre eigene Leidenschaft fürs Wandern, Trekking und Wassersport spiegelt sich auch in Ihrem Sortiment wieder. Wer für seinen Hund hierzu das notwendige Equipment sucht, wird bei „hundeleben" definitiv fündig.

Das Sortiment besteht ansonsten aus ausgewählten Lederhalsbändern und -leinen aus Deutschland, Hundespielzeug aus den USA, Transporttaschen aus Italien, Betten aus der Schweiz, Geschirre und Pflegeprodukte aus Schweden, Nylonhalsbänder aus Australien, Wintermäntel aus Finnland.

Die Fellnase von Welt wird hier das eine oder andere Nützliche oder Schöne finden und bei den ganzen Sachen aus aller Welt wohl denken: „Was für ein Hundeleben!".

Selbst gebackene Hunde-Kekse einer Potsdamer Manufaktur machen für die Vierbeiner den Shopping-Ausflug nach Potsdam besonders lohnenswert. Tatsächlich hat kaum ein Hundeladen eine so große Auswahl und eine so begeisterte Inhaberin wie „hundeleben" in Potsdam, die übrigens auch Antiquitäten mit Bezug zu Hunden sammelt – und manchmal weiter verkauft. Wenn man am Ende glücklich mit Leckerchen und tollen neuen Hundesachen aus dem Laden in der Hermann-Elflein-Straße 19 kommt, kann man noch einen Abstecher zum Park Sanssouci machen und ein wenig verschnaufen – der liegt nämlich nur fünf Minuten weit entfernt um die Ecke.

hundeleben

Katja Passler
Hermann-Elflein-Straße 19
14467 Potsdam
Tel.: 0177 351 91 77
Mail: info@hundeleben-potsdam.de
Web: www.hundeleben-potsdam.de

Großstadtpfoten und CITY DOG's

Suzanne Eichel gibt Stadtmagazine für Hunde(besitzer) heraus

Mehr lokale Infos zur Hundeszene? FRED & OTTO empfehlen CITY DOG, das Magazin für Deutschlands Hundemetropolen Hamburg, Berlin und München. Hinter dem Magazin steht die Fotografin Suzanne Eichel (47), selbst eine große Hundeliebhaberin und seit einigen Jahren nun schon verlegerisch tätig. „Als 2006 in Hamburg das Hundegesetz diskutiert wurde, merkte ich, dass die Hundehalter keine Plattform in der Stadt haben. Die meisten Probleme mit Hunden geschehen in der Stadt. Zwei- und Vierbeiner leben meist auf engem Raum zusammen, zudem sind viele Fellnasen ein Partnerersatz und werden zu sehr vermenschlicht", fasst Suzanne Eichel die Situation zusammen, als sie die folgenschwere Entscheidung traf: Ein eigenes Hundemagazin zu gründen – und seit nunmehr aufregenden sieben Jahren erfolgreich herauszugeben. Nach der erfolgreichen Einführung in Hamburg kamen 2009 München und 2012 Berlin dazu. Außerdem gibt es unregelmäßig Sonderpublikationen, wie ein Spezial über Ferien mit Hund, verschiedene Beilagen über artgerechte Gassibekleidung oder auch mal einen Kauknochen zum Testen.

Das redaktionelle Konzept umfasst Themen, mit denen sich Hundehalter auseinandersetzen müssen: Von Recht und Politik, über Ernährung bis zu Gesundheitsfragen. Im Gegensatz zu anderen Magazinen bietet CITY DOG zudem viele lokale Infos, stellt

Suzanne Eichel Gründerin des Magazins CITY DOG (Foto: Sabine Gudath)

Ausflugstipps vor und interessante Reportagen aus den jeweiligen Metropolen.

Woher die Themen kommen? „Meine Mischlingshündin Gipsy spielt als Blattmacherin eine wesentlische Rolle. Sie kam aus einer einseitigen Haltung mit fünf Jahren zu mir, war sehr ängstlich und ich musste mit ihrer Erziehung quasi von vorne anfangen", erzählt Suzanne Eichel. Auch der Verlust ihres Frauchens nagte an ihrer Hundeseele. Der Umgang mit ihr ließ sie tiefer in die Materie einsteigen und die Bedürfnisse der Hundehalter noch besser verstehen: Sei es das menschliche Prozedere beim Gassigehen, die Ängste mancher Besitzer oder die Schwierigkeit der Sozialisierung. Um stets am Puls der Hundebesitzer zu sein, bietet die CITY DOG-Chefredakteurin Stadtspaziergänge mit ihren Lesern an, und die werden, ebenso wie das Magazin, begeistert angenommen.

Alle zwei Monate kommt das Magazin in den drei Metropolen Hamburg, Berlin und München heraus zum Preis von 2,80 Euro.

CITY DOG

Das Magazin für Hamburg-Berlin-München
Keplerstraße 37
22763 Hamburg
Tel.: 040-39906838
Mail: s.eichel@citydog-hamburg.de
Web: www.citydog-hamburg.de/

Die Hundenanny von nebenan

Das Start-Up Leinentausch vermittelt persönliche Betreuung für Hunde

Arbeiten und die Bedürfnisse des Hundes erfüllen? Wer nicht gerade das Glück hat, seinen Hund mit ins Büro nehmen zu können, steht vor einer echten Herausforderung. Das spürte auch Vanessa Lewerenz-Bourmer. Nachdem sie mit Mann und Hunden nach Berlin gezogen war, suchte sie lange nach einer guten Betreuung für ihre beiden Vierbeiner – ohne wirklichen Erfolg. Was tun? Im Juli 2013 gründete sie Leinentausch, eine Plattform bei der Hundehalter eine Betreuung für die Zeit buchen können, in der sie ihren Vierbeiner selbst nicht artgerecht versorgen können. Das Angebot reicht von Gassi-Services über die Betreuung während der Arbeitszeit, bis hin zur klassischen Ferienbetreuung mit Übernachtung. Vanessa Lewerenz-Bourmer möchte „Hundehalter nicht dazu ermutigen, ihren Hund ‚abzugeben', sondern eine Lösung für ein existierendes Problem bieten", wie sie sagt. Denn „welcher junge Mensch kann schon voraussehen, wie es beruflich in 2, 4 oder 10 Jahren aussieht? Wenn wir alle auf den perfekten Zeitpunkt zur Hundehaltung warten würden, würde es immer weniger Hundehalter geben."

Wie Leinentausch funktioniert

Auf der Plattform können sich Hundesitter und Hundehalter registrieren und je nach Bedarf zusammenkommen. Hundesitter machen Angaben zu ihrem Wohnumfeld und dazu, ob bereits Artgenossen vorhanden sind. Die Hundehalter füllen einen Fragebogen zu ihrem Hund aus, wo zusätzlich zu Rasse, Alter und Geschlecht 12 Eigenschaften abgefragt werden, beispielsweise: Ist der Hund verträglich mit Artgenossen, mit Katzen und mit Kindern? Wieviel Temperament hat er oder hat er gar Verlassensängste? „Was für den einen Sitter absolut irrelevant sein mag, ist bei einem anderen ein absolutes Knockout-Kriterium." Anhand des Hundeprofils können die Hundebetreuer auf einen Blick einschätzen, ob der Gasthund in ihr persönliches Lebensumfeld passt. Damit bietet Leinentausch dem Hundehalter gleichzeitig die Gewissheit, dass der Hundesitter weiß, wo

Werbung

Ihr Onlineshop für ausgefallenes Hundezubehör

Lietzenburger Str. 20 b
Ecke Passauer Straße
10789 Berlin

Telefon 030- 218 13 92
www.hunde-huette.com
info@hunde-huette.com

Leinentausch Gründerin Vanessa Lewerenz-Bourmer mit ihrem ehemaligen Straßenhund „Filou".

rauf er sich einlässt. „Kein Hund ist wie der andere und auch Hundesitter haben ihre persönlichen Vorlieben, so dass wir bisher jeden Hund unterbringen konnten."

Bei Leinentausch sind – vom Laien bis zum professionellen Hundetrainer – alle Erfahrungslevel vertreten. „Wir prüfen in einem Interview, ob die Einstellung stimmt", erzählt die Gründerin. Wer also komplett daneben liegt und nicht über die notwendige Sachkenntnis verfügt, wird nicht freigeschaltet. „Sicherheit ist uns ein Herzensanliegen, deswegen verifiziert Leinentausch auch die Kontaktdaten und die Personalausweise der angehenden Hundebetreuer." Mittelfristig wird über ein Weiterqualifizierungskonzept für die Betreuer nachgedacht – so Lewerenz-Bourmer, die selbst eine Ausbildung zur Hundetrainerin (IHK/BHV) absolviert.

Familienanschluss

Eine Hundebetreuung über Leinentausch ist immer eine Betreuung mit Familienanschluss. So wie bei Jennifer Miksch, 26, die mit Hunden aufgewachsen ist. Gerne würde sie wieder einen Hund haben. Das Hundesitting bei leinentausch.de war dann der Kompromiss mit ihrem Freund. Für 14 Tage hat sie Mischlingsdame Paula bei sich aufgenommen. Für 23 Euro pro Tag, was preiswerter ist als viele Hundepensionen. Ihren Preis legt sie im Profil auf der Plattform selbst fest. Für Miksch sind es 14 glückliche Tage. Einer fremden Person den eigenen Hund zu überlassen, ist natürlich eine absolute Vertrauensfrage. Deswegen empfiehlt Lewerenz-Bourmer die Suche nach einem Hundebetreuer frühzeitig anzugehen. In der Regel gibt es immer ein erstes gemeinsames Kennenlernen, verbunden mit einer Gassirunde, um zu prüfen ob die Chemie zwischen Hund und Betreuer stimmt. Bei Ferienbetreuungen – wie im Fall von Paula – gab es sogar eine Probeübernachtung. Das Frauchen von Paula war sehr beruhigt, als Paula am Abgabetag freudig wedelnd die Treppe hinaufstürmte und gleich wusste, zu welcher Tür sie muss. Da fiel die Trennung dann nicht mehr ganz so schwer.

Leinentausch

Web: www.leinentausch.de
Mail: kontakt@leinentausch.de

Elvis lädt zum Hühnerfuß

Christina Sieber und ihr „Hauptstadthund" im Prenzlauer Berg

Elvis, der Weimaraner von Ladenbesitzerin Christina Sieber, kennt man seit Jahren im Kiez am Volkspark Friedrichshain. Seit 2007 betreibt die gelernte Fotografin hier ihren Laden „Hauptstadthund" und ist zur Anlaufstation für alle Hundebesitzer geworden, die weniger auf Lifestyle und Chichi stehen, dafür vernünftige, hundegerechte Sachen suchen. Das Konzept von Christina Sieber spiegelt sich deutlich in der Ladeneinrichtung. Klar und modern wirkt die Einrichtung, und überhaupt nicht überkandidelt. Hier ist nicht alles vollgepackt bis unter die Decke. Ausgewählte Knabbereien und erprobtes Spielzeug findet man, aus der Masse an Leinen und Halsbändern werden ausgesuchte Modelle verkauft – alles genau ausgesucht. Neuerdings sind dazu sehr hübsche eigene Kreationen an handgenähten Halsbändern und Leinen gekommen – echte Unikate. Hundebetten und auch Mäntel finden sich hier ebenso, allerdings sind es die Modelle ohne Strasssteine, Lack und modischen Schnick-Schnack. Bio-Futter ausgewählter Anbieter (Christina Sieber schwört v. a. für einen schwedischen Hersteller) und neuerdings auch Bio-Frischfleisch (TK) ergänzen das An-

Christina Sieber mit Elvis

Neuerdings gibt es auch eine eigene Hauptstadthund-Kollektion

gebot. Christina Sieber weiß genau, weshalb sie welches Produkt anbietet – und berät kompetent bei der Auswahl ohne aufdringlich zu sein. Und weil die Besitzerin eigentlich einmal Fotografin war, macht sie in ihrem Laden auch Fotosessions für Vierbeiner und Besitzer zu moderaten Preisen.

HAUPTSTADTHUND

Hufelandstr. 33
10407 Berlin (Prenzlauer Berg)
Tel.: 030-679 202 06
Mail: post@hauptstadthund.com
Web: www.hauptstadthund.com
Öffnungszeiten
MO - FR 11 - 18 Uhr, SA 12 - 15 Uhr

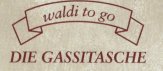

WILD HAZEL – Die neue Gassitasche für Waldwege und Laufstege

✓ perfekter Begleiter mit festem Sitz
✓ robustes Material mit charmanten Details
✓ viel Stauraum für Sack & Pack
✓ stilvolles Design auch für den Shoppinggang

... nein, sie ist nicht zu schade für den Wald – sie ist dafür gemacht!

WILD HAZEL
www.wild-hazel.de

Lotte & Anna's Shopping-Tipps
Die Must-haves für Berliner Schnauzen

Anna und Lotte von www.lotteundanna.de

Als (Neu-)Hundebesitzer ist es nicht immer leicht, in dem schier unendlich großen Angebot an Hundezubehör den Durchblick zu behalten – was taugt, was ist wichtig, was ist praktisch, was gefällt dem Hund? Eine kleine Hilfestellung in Sachen „Shoppen rund um den Hund" kann da nicht verkehrt sein … Daher möchte ich euch meine Must-haves in Sachen Hundezubehör vorstellen. Ich bin Anna aus Berlin und betreibe einen Onlineshop für Hundezubehör. Meine wichtigste Mitarbeiterin für Produkttests ist meine Labrador Retriever-Hündin Lotte, aber auch viele liebe Kunden testen die gekauften Produkte kritisch und geben mir Feedback.

Auf Fachmessen und in stundenlangen Internetrecherchen habe ich wirklich unglaublich viele Hersteller und ihre Produkte rund um den Hund kennengelernt, von denen ich Euch nun meine Top Ten präsentieren möchte:

1. Für King Kongs

Der Klassiker unter den Hundespielzeugen ist der Kong Classic aus dem Hause Kong®. Er ist ein durch Zufall entstandenes Apportier- und Beschäftigungsspielzeug, das, befüllt mit Leckereien (z. B. gefrorenem Joghurt im Inneren) zu einer sinnvollen Beschäftigung für Deinen Hund werden kann. Das Ausschlecken, Kauen und abschließende Spielen macht den Kong Classic zu einem All-Round-Spielzeug, das in keinem Hundehaushalt fehlen sollte. Es gibt ihn in verschiedenen Stärken und Größen, so dass jeder Hund seinen Kong Classic finden kann.

2. Ein Leuchtturm für Wasserhunde

Wenn Du Hundebesitzer(in) einer wasser- und schwimmbegeisterten Hunderasse bist, solltest Du unbedingt den Lighthouse von rogz ausprobieren – unser Lieblings-Wasserspielzeug. Das Besondere: Er steht im Wasser, so dass Hund ihn leichter auf dem Wasser sieht und aufnehmen kann. Dank der Wurfkordel können auch Wurflegastheniker wie ich ihn weit aufs Wasser befördern (Lotte wäre entsetzt, wenn sie nur zwei Meter schwimmen sollte! ;-)) und auch im Schnee macht er eine gute Figur.

3. Himmlische Leckerlis

Immer mehr Hunde, wie auch Lotte, haben Allergien und Unverträglichkeiten auf Getreide. Daher sind die Kartoffel- & Fleisch-Softies der Renner unter den Hundeleckerli. Sie sind weich, klein, geschmackvoll und ohne Getreide oder Gluten. Ob in der Geschmacksrichtung Käse, Wild oder Kaninchen – hier findet jede Hundenase einen Lieblingsgeschmack. P.S.: Auch Nicht-Allergiker erfreuen sich an den Leckerli!

4. + 5. Zecken die rote Karte zeigen!

Jedes Frühjahr ärgert man sich aufs Neue: die Zeckensaison geht wieder los und jedes Jahr werden die Biester gefährlicher – auch für unsere Hunde. Nun muss man dennoch nicht gleich zur Chemiekeule greifen, denn schon „einfaches" Kokosöl hält so manche Zecke ab. Ich persönlich benutze das Kokosöl von Lunderland und streiche Lotte gerade im Bauch-/Beinebereich damit ein. Nicht zu viel benutzen, sonst nervt's die Hundenase! Hatte eine Zecke dennoch Erfolg, so kann man diese ganz einfach mit einer Zeckenkarte entfernen. Bitte kontrolliert nicht nur Eure Hunde, sondern auch Euch nach jedem Spaziergang.

6. Spiel nicht mit den Schmuddelkindern …

Ich gebe zu: bei Schmuddel-Regen-Matsch-Wetter muss ich mich schon sehr motivieren, mit Lotte über Feld und Wiesen zu jagen. Umso nerviger dann Zuhause die Putzerei: Hund dreckig, Pfoten dreckig, Alles dreckig. Mit der Dirty Dog Doormat von Dog Gone Smart wird uns wenigstens etwas abgenommen, denn sie zieht Schmutz-Regen-Matsch an wie ein Magnet.

Hund auf die Matte stellen, fertig! Ein tolles Produkt, das gerade für Hunderassen, die Schmutz, Pfützen und Matsch magisch anziehen, perfekt – nicht nur Zuhause, sondern auch im Auto.

7. Für Häufchen mit Stil

Für jeden Hundebesitzer sollte es selbstverständlich sein, die Häufchen seines Lieblings zu entfernen, um seine Mitmenschen zu schonen und zur „Hygiene" in der Stadt beizutragen. Sicher sind Kottüten nicht schön und manchmal ist es lästig, aber mit dem richtigen Kottütenhalter kann das Ganze zu einer tollen Sache werden. Es gibt viele tolle, praktische und schöne Kottütenbehälter aus unterschiedlichen Materialien und Farben. Mein Favorit derzeit sind die biologisch abbaubaren und umweltfreundlichen BecoPockets von BecoThings™.

8. Don't forget your Reisenapf!

Mit dem Hund zu reisen, kann unglaublich toll sein. Mit einem Reisenapf für Deinen Hund noch viel mehr. Ob aus Silikon oder Plastik oder Nylonstoff – Auswahl gibt es genug. Mein Favorit sind die in unterschiedlichsten Farben erhältlichen faltbaren Reisenäpfe von Mystique®. Sie passen in jede Tasche und sind im Nu wieder trocken.

9. Knabbern ohne Sünde

Tierische Kauartikel kennt sicher jeder Hundebesitzer – Ochsenziemer, Rinderohren & Co. sind fast bei jedem Hund beliebt. Doch ich persönlich möchte Lotte auch einen kalorienarmen Kausnack gönnen. Gut, dass es die Torgas® Kauwurzel gibt. Die Wurzeln der Ericaceae sind kalorienfrei und können nach Herzenslust bekaut werden. Lotte liebt sie und ich bin glücklich. Es gibt sie in verschiedenen Größen. Doch Hundegeschmäcker sind verschieden – die einen lieben die Wurzel, die anderen lassen sie links liegen. Ausprobieren heißt die Devise!

10.
Die praktischste Leine mit Halsband in einem

Möglicherweise kennst Du sie noch nicht: die Moxonleine (auch Retrieverleine genannt). Es handelt sich dabei letztlich um Reepschnur oder Leder und ist nichts anderes als Halsband und Leine in einem. Sie findet auch unter Nicht-Retrieverbesitzern immer mehr Fans, denn eine Moxon passt in jede Hosentasche und ist schnell an- und abgenommen – absolut praktisch eben. So kann man seinen Hund schnell und problemlos anleinen. Die meisten Moxonleinen gibt es mit einem Stopper, so dass sich Dein Hund nicht verletzen kann, sowie in vielen verschiedenen Ausführungen und Farben.

Eigentlich könnte ich diese Liste noch unendlich weiterführen, denn es gibt mittlerweile wirklich viele gut durchdachte und tolle Produkte für das Leben mit Hund. Wenn ihr Lust habt auf mehr, dann besucht uns doch mal auf www.lotteundanna.de – dort findet ihr weitere Produkte, Tipps und unseren Hundegeschenke-Service. Neugierig? Bis bald, Lotte & Anna.

Verbrecherjagd, Rauschgiftsuche, Leichenfunde

Die Arbeit der Berliner Polizeihundestaffel

Sie können ganz schön gefährlich aussehen, wenn sie im Einsatz sind. Sie sind „Hilfsmittel der körperlichen Gewalt", wie es im Fachjargon bei der Polizei heißt, sie müssen „gut beißen können" und notfalls eine ganze Kneipe ausräumen. Gerade in Berlin gibt es da immer wieder Probleme mit Tierschützern und Demonstranten, die regelmäßig die Polizei anzeigen – weil sie Hunde im Einsatz hat.

Seit über 100 Jahren sind Hunde bereits im Polizeidienst, auch in Berlin, wo es heute eine „Zentrale Diensthundeführereinheit" mit rund 70 Beamten und insgesamt knapp 70 Hunden gibt. Dazu kommen noch weitere 60 Schutzhunde in den sechs Polizeidirektionen. Gerade bei den Spezialhunden sind die Aufgaben über die Jahrzehnte immer vielfältiger geworden. So gibt es

Der einzige Zwinger der Stadt mit Staatsemblem

heute etliche Spezialisierungen: Sprengstoffspürhunde, Rauschgiftsuchhunde, Leichenblutspurhunde, Personenspürhunde. Diese Spezialhunde sind wahre Supernasen. Schließlich hat die Riechschleimhaut des Hundes eine Fläche von rund 150 cm^2, die des Menschen ist dagegen nur 5 cm^2 groß. Ein Schäferhund hat 220 Millionen Riechzellen, ein Mensch nur fünf Millionen. Diese Eigenschaften werden gezielt genutzt. Hunde können Leichen noch Jahre nach der Verwesung riechen. Bei einem Gewaltverbrechen reichen einem Personenspürhund einige Blutspuren oder Hautpartikel, um Witterung zu nehmen. Auch in Berlin werden diese Tiere regelmäßig zum Einsatz gebracht und unterstützen die Ermittlungen.

Mord und Verbrechen, Rauschgift und Schmuggelware sind ihr Geschäft. Dagegen sieht es bei der Polizeihundestaffel in

Gelassene Tiere – wenn sie nicht gerade im Einsatz sind

Ruhleben an der Charlottenburger Chaussee eher beschaulich aus. Fährt man dort raus, und sieht die Unterkunft der Einheit, umgeben von viel Grün, wirkt es fast romantisch. Gleich gehen Bilder durch den Kopf, wie schön es doch wäre, den ganzen Tag hier draußen zu arbeiten, mit den Hunden unterwegs zu sein. Viel frische Luft, viel Bewegung. Wie gesund! Bernd Kuhn, der uns an diesem Tag die Arbeit der Polizeihunde erklärt, und einer von acht Ausbildern der Einheit ist, glaubt tatsächlich, den besten Job der Welt zu haben. Polizeihundeführer seien nun mal ein leicht anderer Schlag. Sehr naturverbunden – und tierlieb. Jeden Tag werden die Tiere gefordert, wird mit ihnen geübt, Sprengstoffe und Rauschgifte zu riechen. Die Supernasen sind hochspezialisierte Tiere. Ihre Ausbildung ist aufwendig und langwierig. Über 20.000 Euro kostet ein ausgebildeter Spezialhund, weshalb seit 2012 Spezialhunde auch nicht mehr im Schutzdienst z. B. auf Demos eingesetzt werden. „Die dürfen keinen Pflasterstein auf die Nase bekommen", erklärt Kuhn, der sich sicher ist, dass Polizeihunde glückliche Hunde sind. Hunde als Gebrauchshunde einzusetzen, ist für Kuhn deshalb das natürlichste der Welt. Die Hunde brauchen ihre Aufgabe, weiß er.

Keine Beißmaschinen

Wir gehen zur Zwingeranlage hinter der Baracke, wo die Tiere tagsüber, wenn sie nicht im Einsatz sind, von einem Tierpfleger betreut werden. Allein diese Anlage macht schon klar, dass Polizeihunde natürlich nicht wie Schoßhündchen behandelt werden.

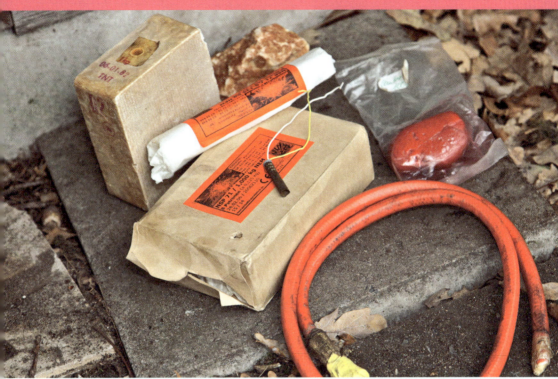

Auf dem Trainingsgelände der Polizei werden die Hunde auf verschiedenste Sprengstoffe angesetzt

Und auch Kuhn ist nicht der Typ, der seinem Hund zur Begrüßung erst einmal ins Ohr säuselt. Polizeihunde parieren. Müssen sie auch. Sie müssen als Schutzdiensthunde auf Befehl die Zähne freilegen, mit dem Maulkorb zustoßen oder notfalls auch beißen. Da können dann auch mal Rippen gebrochen werden oder schwere Bisswunden entstehen. Polizeihunde sind dennoch keine Beißmaschinen, versichert Kuhn. Ein guter Hund erkenne Situationen und ist jederzeit unter Kontrolle seines Hundeführers. Die Wirkung der Tiere ist enorm. Drei Hunde, die gefährlich die Zähne fletschen, können ganze Demos stoppen und Straßen sperren. Dabei ist es eher das psychologische Moment, denn tatsächliche Beißfälle gibt es eher selten. Einige Kollegen von Kuhn führen vor, wie gut Polizeihunde gehorchen. Es ist ein Traum für jeden Hundebesitzer, dessen Hund schon mal seine eigenen Entscheidungen trifft. Befehle werden aufs Wort unmittelbar umgesetzt.

Absolute Spielkinder

Reiner Drill ist das dennoch nicht. Auch bei den Polizeihunden sind die Erziehungsmethoden modernisiert worden. In der Diskussion mit den Beamten fallen Begriffe wie „positive Verstärkung", Belohnung durch Futter oder „die müssen auch mal spielen". Polizeihunde mit Angst funktionieren nicht im Dienst. Angstbeißer haben hier keinen Platz. Gerade bei den Spezialhunden, die Rauschgift oder Blutspuren suchen, wäre ein aggressives, unausgeglichenes Tier wenig hilfreich. Gerade Spezialhunde sind absolute Spielkinder, was wir selbst erleben können. In einer kleinen Übung sollen Hunde Spreng-

Polizeihunde suchen Sprengstoff

stoff im Gelände suchen. Sie werden losgeschickt, sind absolut aufs Riechen konzentriert, strengen sich körperlich richtig an. Nur wenige Minuten vergehen. Alle finden den Sprengstoff und zeigen ihn durch Hinsetzen an – eine Vorsichtsmaßnahme, schließlich gibt es auch Zünder, die auf Bewegung reagieren. Sobald die Spürnasen den Sprengstoff angezeigt haben, kommt der Klicker – die Bestätigung, alles richtig gemacht zu haben. Die Tiere freuen sich wie Bolle, bekommen eine Belohnung und können anschließend erst mal eine Runde spielen. „Über Zwang kann man solche Hunde nicht ausbilden", kommentiert Kuhn die Übung.

Gefährlicher Job

Polizeihunde leben gefährlich. Es kommt vor, dass sie erschossen werden, wie bei einem Einsatz vor einigen Jahren, als sich ein Mann auf einem Schrottplatz mit Waffe verschanzt hatte und schoss. Trotz aller Spielfreude bedeuten gerade die Einsätze der Schutzstaffeln Stress. Die meisten von ihnen werden mit neun oder zehn Jahren ausgemustert. Die Rentner bleiben dann meist bei ihren bisherigen Polizeihundeführern oder werden an akkreditierte Privatleute abgegeben. Letzteres kommt eher selten vor. Nur einige wenige Hunde werden im Jahr von der Polizei in Berlin abgegeben. Tatsächlich klappt das Privatleben mit Polizeihunden ziemlich gut. Schon während des Dienstes leben sie mit ihren Diensthundeführern zusammen, fahren morgens „auf Arbeit" und gehen abends brav mit Frauchen oder Herrchen wieder nach Hause. Die meisten Hundeführer haben Familie, kleine Kinder. Keiner der befragten Polizisten hatte jedoch jemals Probleme mit seinem Hund, auch wenn sie bestätigen, dass man schon aufmerksamer wird. Aber die Tiere schalten zu Hause um. Sie laufen und springen mit den Kindern. Scharf werden die Hunde nur auf Befehl. „Man kann sie einschalten – und ausschalten", sagt Kuhn, der seit Jahrzehnten dabei ist. Man glaubt ihm das sogar. Die Kollegen nicken. Es geht hier sowieso recht freundlich zu. Alle sind sehr auskunftsfreudig. Lachen. Es gibt ein gutes Bild. Und am Ende des Tages überlegen wir, ob der Polizeihundeführer tatsächlich der beste Job der Welt ist?

Seit über 100 Jahren ermittelt „Kommissar Rex"

Polizeihunde haben eine lange Tradition. Um 1900 lassen sich die ersten Polizeihunde nachweisen. 1901 begann „Cäsar", eine deutsche Dogge, als erster Polizeihund seinen Dienst in der Stadt Schwelm. Einige Jahre später, 1909/10, wurde die erste preußische Lehranstalt für Polizeidiensthunde in Grünheide bei Berlin eingerichtet. Kurz vor dem Ersten Weltkrieg gab es bei der Berliner Polizei bereits rund 100 Diensthunde.

Nach 1945 ordnete die Stadt das Diensthundewesen neu. 1947 entstand in Tegel eine Ausbildungsstätte für Diensthundführer und Diensthunde, die zunächst für ganz Berlin zuständig war. Als die politische Teilung zementiert war, blieb die Tegeler Einrichtung Ausbildungsstätte für West-Berlin. In Ost-Berlin entstand die „Lehr- und Abrichteanstalt für Diensthunde" am S-Bahnhof Wuhlheide.

Ab 1955 fand der erste Lehrgang für den „Wachpolizist mit Diensthund" statt, vier Jahre verlagerte die Polizei im Westen die zentrale Ausbildung nach Ruhleben. Diensthunde bekamen immer weitere Aufgaben.

Als die Polizeiinspektionen und die Polizeireviere 1971 aufgelöst wurden, entstanden Polizeidirektionen mit Polizeiabschnitten. Das Sachgebiet „Diensthundwesen" wandelte sich in das Referat „Diensthundführerstaffel" und unterstand der Direktion Öffentliche Sicherheit / Straßenverkehr.

Das bewährte Diensthundführer-Kommando wurde in vier Züge aufgeteilt. Sie waren an unterschiedlichen Orten untergebracht und entsprechend motorisiert. Im gleichen Jahr erfolgte die erste zielgerichtete Ausbildung von Rauschmittelsuchhunden. Erstmals taten zu dieser Zeit auch Leichensuchhunde der Kriminalpolizei ihren Dienst. 1986 begannen die Vorbereitungen für die Ausbildung eigener Sprengstoffspürhunde in Berlin. Bis zu diesem Zeitpunkt kamen Sprengstoffsuchhunde aus der Bundesrepublik oder Diensthunde der amerikanischen Streitkräfte zum Einsatz.

Nach der Wiedervereinigung begann man mit der Zusammenlegung des Diensthundwesens Ost- und West-Berlins. 248 Diensthundführer mit Diensthund gab es zu diesem Zeitpunkt. Für die Rauschmittelsuchhundführer war das Jahr 1990 das Jahr der Erneuerung. Sie wurden aus dem normalen Schichtdienst ausgegliedert, um der wiederum verändernden Rauschgiftkriminalität noch intensiver entgegenwirken zu können. Die Diensthundführer wurden extra hierfür bei der zuständigen Dienststelle des Landeskriminalamtes geschult. Ab 1998 ist das Diensthundwesen der Berliner Polizei in der Dir ÖS/SV (jetzt Direktion ZA) angesiedelt. Außerdem sind auf den Abschnitten der örtlichen Direktionen 1 bis 6 rund 60 Diensthundführer im Einsatz. Die Aus- und Fortbildungen finden mittlerweile für alle Diensthundführer zentral in Ruhleben statt.

Mit Bak in Afghanistan

Der ehemalige Soldat Kai La Quatra und sein Kriegsveteran auf vier Pfoten

Es gibt die Sorte Hund, die klein und knuffig ist, oft ganz schön frech, gestriegelt und mit Schleifchen im Fell, parfümiert und in Handtaschen unterwegs: Schoßhündchen. Am anderen Ende einer denkbaren Skala von Hundetypen steht wohl Bak. Bak ist Kriegsveteran und war im Einsatz in Afghanistan. Wenn man so will: Er hat „die Freiheit am Hindukusch verteidigt". Mehrere hundert Hunde leisten Dienst in der Bundeswehr. Sein Herrchen, Kai La Quatra, war zwölf Jahre dabei, 1999 zur Bundeswehr, erst Panzergrenadier, dort Scharfschütze, dann ab 2002 Fallschirmjäger, bevor er an die Schule für Diensthundewesen der Bundeswehr kam, die zentrale militärische Ausbildungsstätte für Diensthunde und ihre Diensthundeführer.

La Quatra kam nach eigenen Angaben zu dieser neuen Aufgabe ein wenig wie die Jungfrau zum Kinde. Es war Zufall. Ein Kumpel war Hundeführer. Irgendwie interessierte ihn das – auch wenn er sich immer noch lachend erinnert, dass er früher Angst vor Hunden hatte. Die hat er offensichtlich überwunden, denn Bak, ein Beauceron, ist um einiges beeindruckender als ein Pudel. Er wurde La Quatra zugeteilt. Etwas über zwei Jahre war er da. 18 Monate dauerte die Ausbildung, die La Quatra und Bak machten. Einige Monate davon Grundausbildung, in denen Bak dual trainiert wurde. Das heißt: Er muss auch beißen und ein verdächtiges Objekt durchstöbern können. Sechs Monate dauerte dann alleine der Kampfmittelspürhundlehrgang. Bak wurde auf Sprengstoffe spezialisiert.

Einsatz in Afghanistan

Es war klar, dass es irgendwann zum Einsatz kommen würde. Dafür hatten beide trainiert. 2008 war es soweit: Abmarsch nach Afghanistan. Mit Hund bekam er – da keine Zwingeranlage da war – eine Einzelbude, was extremer Luxus ist. Bak blieb ständig bei La Quatra. Der Einsatz war nervenaufreibend. Entweder gab es tagelang nichts zu tun, oder man kam gleich in lebensbedrohliche Situationen. Dann hieß es Sachen packen, hinfahren. Bak und La Quatra wurden immer dann gerufen, wenn Sprengfallen vermutet wurden oder Personen gestellt werden sollten. Hunde werden bei den „subtileren Situationen" eingesetzt, also da, wo man den Sprengstoff nicht unmittelbar sieht. Mit „Spür fein" suchte Bak dann nach dem Sprengstoff. Oder mit „Stell", wenn sich jemand in einem Haus versteckt hatte. Bak wurde da als „Mittel zur körperlichen Gewalt" eingesetzt, wie es bei der Bundeswehr heißt. „Es kann sein, dass der Hund den falschen beißt – aber besser als eine ganze Familie wegzusprengen", beschreibt La Quatra seinen Einsatz. Fragende Blicke seiner Zuhörer kommentiert er entschlossen: „Das ist Krieg".

Eingeschworenes Team

Fast fünf Monate war er in Afghanistan mit Bak. Längere Kriegseinsätze lässt der deutsche Tierschutz nicht zu, eigentlich sollten es nur zwei Monate sein. 2009 kam La Quatra dann zurück nach Deutschland. Für ihn war klar, dass damit auch die Bundeswehr-Zeit enden würde. Zwölf Jahre hatte er gedient. Ein neuer Schritt musste folgen. Der neue Schritt führte nach Berlin-Neukölln, wo La Quatra heute als Fotojournalist und Redakteur arbeitet und eine Fotografenausbildung gemacht hat. Bak kam mit in die Hauptstadt und gehört La Quatra nun privat. Entweder kauft der Hundeführer das Tier, oder er schließt mit der Bundeswehr einen Pflegevertrag. Der Hund bleibt dann offiziell „Bundeseigentum". Die Bundeswehr unterstützt den Hundeführer mit circa 45 Euro pro Monat und gewährleistet die medizinische Versorgung der Veteranen auf vier Pfoten. Kann oder will der Hundeführer das Tier nicht behalten, kümmert sich die Diensthundeschule der Bundeswehr in Ulmen um die „Rentner". Bak ist nach wie vor der beste Kumpel von La

Kai La Quatra und Bak

Quatra. Sie leben wie in einer WG zusammen, Bak sitzt beim Interview wie selbstverständlich neben uns auf der Sitzbank und passt auf. „Wir sind ein absolut eingeschworenes Team. Da geht nichts zwischen – und notfalls wäre mir Bak auch wichtiger als die Freundin", sagt er. Bak darf sogar mit im Bett schlafen – und auch damit müssen Frauen bei La Quatra klarkommen.

Gott & die Hundewelt Trauer & Tod

Kommen Hunde in den Himmel? Wie trauert man beim Tod seines besten Freundes auf vier Pfoten? Was haben Tiere mit Spiritualität und Religion zu tun? Wir haben uns umgehört und Themen diskutiert, die die meisten von uns verdrängen, doch Trauer und Tod gehören zum (Hunde-) Leben …

Halleluja! Ohne Andacht im Hundegottesdienst

Eine Gemeinde in Zehlendorf feiert den Welttierschutztag

„Du nährst die Vögel in den Bäumen, du schmückst die Blumen auf dem Feld, du liebst des Rehes muntre Sprünge, hast allen Gutes zugesagt …", erklingt es im typischen Kirchengesangston in der Kirche zur Heimat in Zehlendorf anlässlich des Welttierschutztages im Oktober. Während alle inbrünstig bis andächtig mitsingen oder summen, flegeln sich ein paar Vierbeiner auf dem Boden rum. Es werden Gebete und Fürbitten gesprochen. Zwischendurch Geknurre. Der Weltfrieden komme. Der kleine Pinscher in der letzten Reihe bellt. „All deine Geschöpfe warten darauf, dass du ihnen Nahrung gibst zur rechten Zeit", wird in einem Psalm an diesem Tag gesprochen und die lockige weiße Hündin vorne am Gang denkt wohl nur noch an den nächsten Ochsenziemer.

Arche Noah

Es ist ein skurriles Bild, das sich hier auftut. Ein Gotteshaus voller Tiere. Nicht nur Hunde, auch Kaninchen und anderes Kleingetier ist da. Gott sei Dank im Käfig, sonst würde es wohl ein blutiges Massaker geben.

Was erst einmal außergewöhnlich aussieht, hat in der Gemeinde schon eine längere Tradition. In einem der Wortbeiträge verweist Pfarrer Martin Kwaschik aus Potsdam darauf, dass Tiergottesdienste beispielsweise in den USA absolut üblich sind. Es geht dabei nicht darum, einmal im Jahr ein lustiges Event mit Tieren zur Dekoration zu haben. Der Welttierschutztag wurde 1931 eingeführt, um den Menschen eine wichtige Frage zu stellen: Wie wir bei aller Selbstliebe mit unseren Mitmenschen, aber auch unseren Mitgeschöpfen umgehen. Kwaschik versteht es gut in seiner Predigt, den Spiegel vorzusetzen. Er fragt weiter: Welche Maßstäbe setzen wir im Leben und im Umgang mit unserer Mitwelt, den Tieren, denn auch sie sind Geschöpfe Gottes. Kommentare aus dem animalischen Auditorium gibt es dazu alle paar Sekunden. Wieder knurrt einer. Dieser Gottesdienst findet nicht wegen der Tiere statt. Er wird wegen uns gehalten, die wir uns nach den Standards im Umgang mit Tieren fragen lassen müssen und aufgefordert werden: Wer für seine Mitwelt eintreten will, muss auch für die Tiere eintreten.

Beim Tiergottesdienst in Zehlendorf

„Sitz jetz, hab ick jesacht!", zischt eine Frau von der linken Seite.

Tiere und Kirche

Der Arbeitskreis „Tier und Kirche", der hinter dem Gottesdienst steckt, ist schon seit vielen Jahren in Berlin aktiv. Pfarrer Reinhard Dalchow war von Beginn an dabei. Er hat die Auseinandersetzung über den Tierschutz in der evangelischen Kirche maßgeblich vorangetrieben. In den 80er-Jahren machte er, damals noch in der DDR, erste Umweltgottesdienste. 1995 wurde erstmals die Stelle eines Umweltbeauftragten bei der Landeskirche ausgeschrieben – eine Aufgabe, die Dalchow bis 2011 übernahm. Dalchow macht im Gespräch die Zusammenhänge nochmal klar: Der Mensch muss sich als Maßstab relativieren. Das war Antrieb für den Arbeitskreis, der den Gesamtzusammenhang herstellen wollte. Unwei-

Pfarrer Reinhard Dalchow

Fand's beim Tiergottesdienst nicht so spannend

gerlich finden wir uns da bei großen Begriffen wieder. Es geht um die Schöpfung, das Ganze und die Ausbeutung der Erde. Dalchow redet gekonnt darüber, schafft es aber immer wieder, auch die konkreten Verweise zu machen.

„Es reicht nicht aus, seinen Hund zu lieben", sagt er, „man muss den Kontext sehen und das heißt: Es darf keinen eingeschränkten Tierschutz geben, der beim eigenen Haustier aufhört." Seit 1996 organisiert Dalchow mit anderen die Tiergottesdienste. 1997 gründete sich der Arbeitskreis „Kirche und Tier", in dem sechs Leute mitarbeiteten. Mit der Zeit begeisterten sich immer mehr Gemeinden für die Idee der Gottesdienste, die zum Ziel haben, in den Kirchen für den Tierschutz zu sensibilisieren. Und über das eigene Haustier erreicht man am ehesten, dass man sich auch Gedanken über die Würde aller Tiere macht.

In der Bibel, so berichtet Dalchow, finden sich zahlreiche Stellen, in denen es um das Verhältnis von Mensch und Tier geht, Texte, die zumeist die Dankbarkeit des Menschen ausdrücken. Genau das haben die Menschen verlernt. Es wird der größtmögliche Nutzen aus Tieren gezogen, was heute in der Massentierhaltung gipfelt. Tiere werden wie Maschinen behandelt und mit diversen Mitteln für die Industriegesellschaft „optimiert". Das Tier als Maschine ist ein Bild, das aus der Zeit der Aufklärung stammt und von dem Philosophen Descartes geprägt wurde. Der sprach von der Zweiteilung von Körper und Seele. Nur der Mensch, so Descartes, habe eine von Gott geschaffene Seele, die unsterblich sei. Und nur der Mensch habe deshalb ein Bewusstsein. Tieren sprach Descartes jedoch ein Bewusstsein ab. Ihre Körper seien lediglich Automaten, die keine Schmerzen empfinden könnten. Dalchow weiß, wie sehr die Ideen der Aufklärung auch die Kirche beeinflusst haben. Was wir im Tiergottesdienst gehört haben ist deshalb lange nicht selbstverständlich gewesen. Auch die evangelische Kirche brauchte ihre Zeit, um ihre Position gegenüber den Tieren zu finden. Die Katholiken tun sich da noch viel schwerer. Zumindest im Erzbistum Berlin hat man von Aktivitäten in den Gemeinden anlässlich des Welttierschutztages noch nichts gehört, so eine Sprecherin.

Fürbitten für Tiere

Die beseelte Schöpfung in der Kirche zur Heimat in Zehlendorf lässt immer deutlicher spüren, dass ihre Geduld aufgebraucht ist. Die Menschen singen, zwischendurch bellen die Hunde. Am Ende werden Fürbitten gesprochen. Dafür, dass keine Tiere mehr ausgesetzt werden. Dass keine Tiere mehr gequält werden. Eine Frau zündet eine Kerze für die verstorbenen Tiere an. Der Tiergottesdienst ist vorbei.

Welttierschutztag

Der 4. Oktober, der Tag des Heiligen Franziskus von Assisi, wird international von Tierschützern als „Welttierschutztag" für Informationsveranstaltungen genutzt. Franz von Assisi – Begründer des Ordens der Franziskaner und Schutzpatron der Tiere – sah das Tier als lebendiges Geschöpf Gottes und als Bruder des Menschen an. Doch wichtiger ist, dass Franz von Assisi den Einheitsgedanken der Schöpfung im Sinne der Gleichheit aller vor Gott und untereinander vorlebte und unermüdlich predigte. Auch den kleinsten Wurm betrachtete er als gottgewollt und daher als schützenswert. Am 4. Oktober 1228, zwei Jahre nach seinem Tode am 3. Oktober 1226, wurde er heiliggesprochen. Es war der Schriftsteller und Tierfreund Heinrich Zimmermann, der 1924 vor Berliner Tierschützern für die Einführung des Welttierschutztages plädierte. Die erste Veranstaltung fand bereits am 4. Oktober 1925 im Berliner Sportpalast statt. Sein Antrag wurde jedoch trotz großer Zustimmung erst am 8. Mai 1931 auf dem Internationalen Tierschutzkongress in Florenz angenommen. Seither wird der Welttierschutztag international begangen und trägt erheblich zur Verbreitung des Tierschutzgedankens bei.

Hunde beim Sterben begleiten
Wie eine Berlinerin Tiere natürlich gehen lässt

Seit vielen Jahren bietet die klassische Tier-Homöopathin Beate-Bettina Schuchardt etwas an, über das die meisten Menschen partout nicht reden wollen: Sie begleitet Tiere beim Sterben. Wobei, um genauer zu sein: Sie begleitet vor allem Menschen, die mit dieser Situation nicht vertraut sind oder sich alleine damit überfordert fühlen. Tiere sind, so Schuchardt, weise genug, natürlich sterben zu können – wenn man sie lässt. Sie hat da nach jahrelanger Erfahrung ein ganz klares Ziel vor Augen, wenn sie thematisiert, Tiere „natürlich gehen zu lassen" und nicht schon ganz am Anfang eines Sterbeprozesses einfach „zu töten". Sie nutzt das Wort „töten" bewusst. Warum es sich um eine Tötung handelt, erklärt sie so: „Bei dem Begriff Einschläfern handelt es sich um eine Beschönigung, da es sich nicht um eine Narkose, ein Einschläfern im Sinn von Schlafen, und auch nicht um einen „schönen Tod", sondern um eine Tötung handelt." Über 90 Prozent aller Halter lassen ihre Tiere „töten", schätzt sie. Sobald schwere Krankheiten festgestellt werden oder Tiere aus Altersgründen Beschwerden zeigen, werden sie „eingeschläfert" oder „erlöst". Beim Tierarzt heißt es dann so schön, alles weitere wäre eine Qual für das Tier. Für die Sterbebegleiterin ist das eine Vernebelung der Tatsachen, auch wenn sie weiß, dass es viele verantwortungsvolle Tierärzte gibt und mit ihnen zusammenarbeitet: „Man erlöst sich hier höchstens davon, sich mit dem Sterben auseinanderzusetzen. Wir haben bei Tieren genau die gleiche Entwicklung wie bei Menschen. Das wird alles nur noch bürokratisch und unsichtbar abgewickelt, unsere Angst vor dem Tod wird dadurch nur noch größer, weil wir uns einer Auseinandersetzung entziehen". Und weiter: „Warum sollen unsere Tiere nicht die Möglichkeit haben, selbstbestimmt ihren natürlichen Weg zu gehen? Ein sanftes Sterben ist möglich", so ihre Überzeugung. Es sei ein Angebot an Mensch und Tier, einen anderen, wieder ursprünglichen Weg zu gehen. Ein Weg, den immer mehr Menschen wählen. Zunehmend wird die Sterbebegleiterin nach Hause gerufen. Sie ist dafür rund um die Uhr erreichbar, leistet telefonisch oder vor Ort Hilfe: „Das Sterben hält sich an keine Uhrzeiten."

Einschläfern oder Gehenlassen

Das Thema Euthanasie bei Tieren ist sensibel. Auch die Tierärztekammer Berlin ist sich der Problematik bewusst. 2011 führte sie dazu eine Konferenz durch, um Erfahrungswerte zu sammeln. Einfache Antworten, z. B. bei einer Krebserkrankung, gibt es nicht. Niemand kann sichere Prognosen erstellen, aber leichtfertig wird sicherlich nicht bei dem Thema verfahren, so die Tierärztekammer auf ihrer Website. Das größere Problem scheint auch nicht zu sein, wann man einschläfern soll. Aus ethischer Sicht ist die Frage, wie lange man am Leben halten soll, mindestens genauso wichtig. Diagnose- und Behandlungsmöglichkeiten haben sich parallel zur Humanmedizin rasant entwickelt. Christoph Ladwig, Tierarzt in Spandau, ist sich sicher, dass alle Tierärzte vor allem erst einmal bemüht sind, den Tieren zu helfen und nicht vorschnell einzuschläfern – das, so Ladwig, würde sich schon aus dem Berufskodex der Tierärzte ergeben. „Wir versuchen, was geht, und wenn nichts mehr geht, dann ist man als Tierarzt leider gezwungen, dem Tierbesitzer die aussichtslose Situation zu verdeutlichen, und ja, man sollte dem Tierbesitzer zu diesem Zeitpunkt dann auch zur Einschläferung raten", so Ladwig. Der engagierte Tierarzt, der u.a. in der Tierärztekammer Berlin tätig ist, ergänzt: „Natürlich ist der genaue Zeitpunkt des Einschläferns immer eine Ermessensfrage. Aber es gibt viele Indikatoren, die wiederum sehr eindeutig sind. Wenn ein Tier sich nicht mehr, oder nur unter starken, durch Medikamente nicht zu beeinflussenden Schmerzen bewegen kann, nicht operable Tumore aufplatzen etc. muss man einfach sagen: ‚Der Zeitpunkt ist gekommen'." Leiden sei, meint Ladwig, Teil des Lebens, doch sinnloses Leiden würde den Zeitpunkt markieren, wo das künstliche Verlängern des Lebens mit allen Mitteln nicht mehr angebracht sei. Auch Peter Rosin, einer der anerkanntesten deutschen Tierärzte mit Schwerpunkt Schmerztherapie, sieht das natürliche „gehen lassen" als schwierig an:

Beate-Bettina Schuchardt bietet Sterbebegleitung

„Der Zeitpunkt, zu dem man sein geliebtes Haustier gehen lassen muss, ist sicher nie der richtige. Üblicherweise wird die Entscheidung, ein Tier schmerzfrei zu erlösen, im Einvernehmen zwischen dem Tierbesitzer und dem Tierarzt getroffen. Die absolut überwiegende Zahl der Tierärzte und tiermedizinischen Fachangestellten ist selbst Tierbesitzer und zu diesem Beruf gekommen, weil sie helfen wollen und Tiere lieben. Die tierärztliche Entscheidung zur Euthanasie wird in allen mir bekannten Praxen immer zumindest aus tierschutzrelevanten und tierschutzethischen Gründen getroffen. Die Tierärzteschaft in Deutschland hat hierzu einschlägige und repräsentative Leitfäden erarbeitet", so Rosin, der in der Heerstraße seine Praxis betreibt. Er verweist darauf, dass die Entscheidung, ob man sein Tier speziell aus Gründen einer schmerzhaften Erkrankung erlösen lassen muss, einzig und allein der Tierarzt treffen kann. Rosin weiß aber von der Unsicherheit bei einem solchen Schritt: „Sollte ein Besitzer nicht einordnen können, ob das Maß der Schmerzen vor dem Hintergrund dieses endgültigen Schrittes unerträglich hoch und bei guter Lebensqualität für den Patienten nicht mehr therapierbar ist, kann man sich jederzeit in einer anderen Praxis weitere Meinungen einholen."

Den Abschied erklären

Doch unabhängig von der Frage, wann ein Tier von uns „erlöst" werden kann: Der Tod wird irgendwann kommen. Der Weg dahin kann ganz unterschiedlich aussehen, ebenso wie die Sterbebegleitung. „Das Abschiednehmen gestaltet sich jedes Mal ganz individuell und sehr persönlich, man kann da nicht sagen: „So muss es vor sich gehen", ist die Sterbebegleiterin überzeugt. „Zum einen geht es um Aufklärung des Menschen, z.B. was passiert konkret, wenn ein Tier, oder auch ein Mensch, stirbt. Aufklärung über die einzelnen Sterbephasen und Vorgänge, die im Körper dann stattfinden. Es hat viel mit Reden und Beruhigen sowie Angst und Unsicherheit nehmen, liebevoll trösten und ernst nehmen und immer wieder Erklären, Erklären, Erklären zu tun. Und man kann die Tiere mit klassischer Homöopathie und z.B. auch Reiki, Bachblüten, Licht, Düften, oder, oder, oder unterstützen", beschreibt sie Teile ihrer konkreten Arbeit.

Dass Tiere von uns gehen, ist natürlich. Dass das schmerzhaft sein kann, weiß jeder. Dass der Tod auch ein Moment des Glücks sein kann, verwundert, doch die Sterbebegleiterin erklärt: „Ich empfinde es als sehr belastend für alle Beteiligten, wenn man von dem letzten Stück des gemeinsamen Weges einfach abgeschnitten wird. Ich verneige mich in Ehrfurcht und Liebe vor allen Tieren, die ich begleiten und von denen ich unendlich viel an Weisheit, Liebe, Güte und Loslassen lernen durfte". Das Glück, sein Tier beim Sterben zu begleiten, liegt in diesen Momenten der Demut vor dem Leben. Das klingt sehr philosophisch, ist aber nach Schuchardt das, was Menschen erfahren können.

Davor kann es aber auch schon mal hoch hergehen. Da kommen Emotionen und Aggressionen in den Familien hoch, die aus Angst vor dem Tod und Sterben so reagieren. Es wird geweint und gebrüllt. Doch das in Bahnen zu lenken, ist auch Aufgabe der Sterbebegleiterin. Sie will anleiten, diesen Moment des Glücks zu spüren und das Sterben auszuhalten. „Das Tier zeigt einem als liebenden Menschen sehr genau, was und wie es sich fühlt. Es ist z. B. auch schon eine unglaubliche Hilfe und Erleichterung für das Tier, wenn sein Mensch und eine Sterbebegleiterin, die hilft und unterstützt, einfach präsent sind."

Wie Tiere sterben

Beate-Bettina Schuchardt weiß, dass die natürlich begleiteten Tiere friedlich sterben: „Sie sterben friedlich, wenn sie ganzheitlich betreut worden sind". Als liebevolle Abschiedsgeste, die die Tiere sehr genießen, kann man z.B. kurz vor dem Ende mit ihnen dann nochmal an schöne Orte gehen, sie in der Wohnung herumtragen, an den Platz legen, wo sie immer lagen. Wann der genaue Tod eintreten wird, kann niemand minutiös sagen, es gibt jedoch deutliche Anzeichen und Erfahrungswerte. „Wenn sie möchten, dass wir dabei sind, sind wir dabei". Genau das ist immer wieder Thema in den Gesprächen bei der Sterbebegleitung. Die Menschen müssen arbeiten und können in den meisten Fällen natürlich keine 24-Stunden-Begleitung machen. Viele stressen sich, trauen sich dann kaum noch das Haus zu verlassen, weil sie beim Eintreten des Todes dabei sein möchten. Doch sie hält dagegen, dass Tiere sehr weise mit dem Sterben umgehen und erzählt z.B. von einem Hund, der genau einen Augenblick abpasste, wo Frauchen ins Bad ging, und Herrchen ein Paket entgegennahm. Solche Fälle hat sie vielfach erlebt. Das ist für sie kein Zufall. Das sollte so sein, denn Tiere wissen, ob sie ihren Menschen das „Dabeisein" zumuten können oder nicht. Ganz wichtig ist ihr auch noch, so Beate-Bettina Schuchardt, dass es bei der natürlichen Sterbebegleitung nicht darum geht, mit allen verfügbaren Mitteln ein Tier künstlich und unnatürlich am Leben zu erhalten. Sondern es geht darum, dem Tier in seiner persönlichen Zeit, die es zum Übergang braucht, zur Verfügung zu stehen und wenn nötig zu unterstützen. Eine Frau, die diesen Weg bereits mit ihrem Tier gegangen ist, beschreibt ihre Erfahrungen sehr positiv: „Die Trauer war groß, aber in mir ist ein unendliches Gefühl der Dankbarkeit und Ruhe, dass das der einzig richtige Weg für uns alle war. Es erfüllt mich mit Liebe, dass er und ich ein gutes Leben von Anfang bis zum Ende hat-

ten. In unseren Gedanken wird er immer zu finden sein! Ich kann jedem nur Mut machen, diesen Weg gemeinsam mit seinem Tier zu gehen. Es bereichert das eigene Leben und das Leben des Tieres um ein Vielfaches. Einfach ist es nicht, aber ich finde, dass wir das unseren tierischen Familienmitgliedern schuldig sind."

Was sagt die Kirche?

Sterbebegleitung von Tieren und ihren Menschen ist auch bei den Kirchen ein Thema. Der evangelische Pfarrer Reinhard Dalchow hat schon viele Menschen begleitet und sie in ihrer Trauer unterstützt. Allerdings weiß er, dass sich die Kirche insgesamt mit sterbenden Tieren etwas schwer tut: „Das wird nicht immer ernst genommen". Nachgefragt bei der katholischen Kirche erntet man Unglauben. Seelsorge für Tiere und Besitzer kenne man nicht.

Lebensflammen – natürliche Sterbebegleitung für Tiere in Berlin

Beate-Bettina Schuchardt
Friedrich-Wilhelm-Straße 24, 12103 Berlin
Festnetz: 030-76 00 76 26
Handy: 0163-71 88 969
Faxnummer: 03212-114 35 73
Mail: lebensflammen@web.de
Web: www.lebensflammen.de

Alles für Daisy

Wie man nach seinem Tod für den Hund sorgt

Das Leben ist endlich. Auch unseres. Es kann den Fall geben, dass der Hund einen überlebt. Was dann? Kann man vorsorgen? Man kann nicht zwangsläufig davon ausgehen, dass Hinterbliebene das Haustier übernehmen. So kann es zu Konflikten mit bereits vorhandenen Tieren bei den Erben kommen. Oder in der Familie herrscht eine Hundehaarallergie. Anderen ist die Aufnahme eines Tieres schlichtweg zu teuer. Will keiner aus der Familie das Tier aufnehmen, bleibt nur noch eins: Das örtliche Ordnungs- oder Veterinäramt ordnet die Hundeverwahrung in einem Tierheim an. Für die meisten der blanke Horror.

Hunde als Erben

Könnte man nicht seinem Tier Geld vererben, damit es lebenslang versorgt werden kann? Wie war das doch gleich mit Modeschöpfer Rudolph Moshammer und seiner Yorkshire-Terrier-Hündin Daisy? Nachdem Moshammer 2005 ermordet worden war, kolportierten die Zeitungen, dass Daisy alles erben würde. In Wahrheit sah das

Testament allerdings vor, dass sein langjähriger Leibwächter und Chauffeur als Generalbevollmächtigter eingesetzt wird. Er übernahm die Pflege und Betreuung für die Hündin Daisy – bis zu ihrem Tod im Oktober 2006. Dafür wurde er großzügig testamentarisch bedacht. Warum Daisy nicht direkt als Erbin eingesetzt werden konnte, zeigt ein Blick auf ein früheres Gerichtsurteil. Bereits 2004 hatte das Münchener Landgericht in einer ähnlichen Sache entschieden. Die Besitzerin eines Hundes hatte ihren Vierbeiner als 1. Erben testamentarisch eingesetzt. Nach ihrem Tod übernahm eine Bekannte der Verstorbenen die Pflege des Tieres, im festen Glauben statt des Tieres zu erben. Das Gericht entschied jedoch, dass Tiere aufgrund der Rechtslage nicht erbfähig sind. Da sie laut Gesetz wie Sachen zu behandeln sind, können sie nicht rechtsfähig sein.

Das Testament zählt

Es gibt jedoch zwei Möglichkeiten, diese Rechtslage zu umgehen: Zum einen kann

Auch nach Herrchens Tod noch versorgt? Manche planen da bereits langfristig

man verfügen, dass ein Notar als Testamentsvollstrecker die Aufgabe übernimmt, eine Pflegestelle für das Haustier zu finden. Das Vermögen kann in diesem Fall als regelmäßige Zuwendung überwiesen werden. Die Alternative besteht darin, im Testament einen Erben zu benennen, der sich zur lebenslangen Pflege des Tieres verpflichtet, um seinen vom Erblasser bestimmten Erbanteil zu erhalten. Ist niemand im Familien- oder Freundeskreis bereit, so kann auch eine juristische Person, also ein Verband, ein Verein oder eine Stiftung im Testament bedacht werden. Man kann zum Beispiel den örtlichen Tierschutzverein im Testament berücksichtigen mit der Auflage, sich um die Belange des Tieres bis zu dessen Tode zu kümmern. Selbst Detailfragen wie Futtermittel oder Unterbringungslokalität können schriftlich fixiert werden. Die finanziellen Modalitäten lassen sich je nach Vertrauen zum Erben variieren. So ist es möglich, dem Erben monatliche Zahlungen zukommen oder von vornherein auf das gesamte Vermögen Zugriff nehmen zu lassen.

Nofalls zum Notar

Der Wunsch, über seinen eigenen Tod hinaus den tierischen Begleiter gut versorgt zu wissen, lässt sich also realisieren. Aber: Um sicherzustellen, dass sich die eigenen Wünsche mit deutschem Recht vereinbaren lassen, empfiehlt es sich, ein Testament unter notarischer Hilfe anzufertigen. Auch bieten örtliche Tierschutzvereine Hilfe bei der Beantwortung rechtlicher Fragen.

Hier ruht Pippi
Ein Berliner Haustierkrematorium definiert die Bestattungskultur von Hunden neu

Es ist nichts, woran man als Hundebesitzer gerne denkt, aber dennoch: Was, wenn der eigene Hund stirbt oder eingeschläfert werden muss? Mehr als 1,4 Millionen Hunde und Katzen sterben jedes Jahr in Deutschland. In Berlin sind es schätzungsweise über 100 Sterbefälle am Tag. Auf dem Land werden bis zu 80 Prozent der Tiere, die beim Tierarzt sterben, wieder mitgenommen und selbst vom Besitzer bestattet. In der Stadt sind es bis zu 40 Prozent. Wer seinen Vierbeiner beim Tierarzt lässt, entscheidet sich folglich für die industrielle Tierverwertung, die Dienstleister wie die Firma SecAnim vornehmen. Auf deren Website heißt es ganz unsentimental zur Verwertung der Tierkadaver: „Beprobung, Zerkleinerung, Sterilisation, Trocknung und Entfettung." Ist das die letzte Ruhe für ein treues Familienmitglied?

Tiergräber im Garten des Portaleums

Für immerhin fast die Hälfte der Tierbesitzer ist das undenkbar. Die naheliegenden Alternativen sind aber auch nicht unbedingt besser. Während auf dem Land Tiere weit abseits der Häuser vergraben werden können, ist das in der Großstadt so ein Problem. Die meisten Hundebesitzer, die ihre Tiere nicht beim Tierarzt lassen, vergraben ihren liebsten selbst: in den Berliner Forsten, in den Stadtparks oder gleich auf dem Grünstreifen vor der Haustür. Viele denken, dass sie so ihr Tier immer noch nah bei sich haben können. Gerade ältere Menschen, die alleine mit dem Tier gelebt haben, trauern lange und brauchen einen Ort der Erinnerung. Je näher dieser Ort ist, desto besser. Aber mit der „do it yourself-Methode" kann man böse Überraschungen erleben. Tierbestatter aus Berlin können da die skurrilsten Geschichten erzählen. Da vergraben Hundebesitzer ihr Tier im Vorgarten des Mietshauses und am nächsten Morgen liegt es ausgebuddelt, fein säuberlich in Dutzende Teile zerlegt und abgenagt vom Fuchs wieder an der Oberfläche. Solche Bilder will man sich nicht weiter ausmalen. Das Verbuddeln in den Grünflächen der Stadt hat noch einen anderen Aspekt: Abgesehen davon, dass es verboten ist, belasten die vielen Tierkadaver das Grundwasser und sind regelrechte Seuchengefahren, wenn sie nicht tief genug vergraben werden.

Eingang zum Portaleum

Darf man Haustiere selbst vergraben?

Wer ein eigenes Grundstück hat, darf seinen Vierbeiner dort auch begraben – allerdings mit Auflagen. Bei Hamstern, Fischen oder Meerschweinchen kann das formlos passieren und ist Privatsache. Ist das Tier größer – wie ein Hund – muss ein formloser Antrag auf Hausbestattung beim Veterinäramt eingereicht werden. Wenn keine meldepflichtige Tierkrankheit vorhanden war, wird man sein Haustier in der Regel selbst bestatten können.

Aber Vorsicht: das eigene Grundstück darf nicht in einem Wasserschutzgebiet liegen.

Das Grab muss bis zwei Meter von öffentlichen Wegen entfernt sein. Außerdem sollte das Tier in leicht verrottendem Material eingewickelt werden, und mindestens einen halben Meter unter der Erde liegen.

Ein Vergraben von Heimtierkörpern auf Berliner Grünflächen (= öffentliche Plätze) ist nach dem tierischen Nebenprodukte-Recht (das heißt tatsächlich so) nicht zulässig und stellt eine Ordnungswidrigkeit dar. Diese kann mit einer Geldbuße von bis zu 50.000 Euro geahndet werden.

Hell sollte es sein – der Empfangsbereich im Portaleum

Der Trauer- und Abschiedsraum, in dem die Tiere noch einmal aufgebahrt werden können

Klaus Büchner, 57 Jahre, kennt sich mit diesen Fragen genau aus. Er ist Tierbestatter, sein Zweitberuf. Ursprünglich ist er Jurist gewesen, hat aber vor einigen Jahren das Portaleum in Pankow gegründet, Berlins einziges Krematorium mit eigener Einäscherung vor Ort. Büchner kennt sein Metier genau. Er hat den Markt studiert, den Bedarf gesehen – aber vor allem auch, dass man vieles besser machen kann. Büchner hat sich vor allem Gedanken gemacht, wie eine Bestattungskultur bei Haustieren aussehen kann: „Wir wollten weg von den dunklen, tristen Orten, wie sie andere Krematorien sind, um den Menschen Raum zu geben für einen würdevollen Abschied". Tatsächlich ist das Portaleum anders als man es sich vorstellt: Einladend, groß, hell, fast erbaulich. Wenn man reinkommt läuft Entspannungsmusik. Die nette Frau am Empfang klärt die wichtigsten Formalitäten. Auf Wunsch kann das Tier sogar noch einmal in einem der beiden Abschiedsräume aufgebahrt werden. Selbst die Sprache von Büchner ist bemerkenswert. Er hat eigene Begriffe geprägt, spricht bewusst nicht von Kadavern und Tierverwertung, sondern redet von Lebewesen und dem letzten Geleit.

Würdevoller Abschied

Zunehmend wird das für Tierbesitzer wichtig: Würdevoll Abschied nehmen. Es gibt Kritiker, die das als Vermenschlichung sehen. Tatsache ist aber, dass sich seit rund 20 Jahren eine eigenständige Begräbniskultur für Tiere in Deutschland ausformt. In den 1990er-Jahren eröffnete das erste Tierkrematorium in München. Vor allem in den letzten Jahren sind etliche neu dazugekommen. Heute gibt es rund 20 deutschlandweit. Das Portaleum ist das jüngste von ihnen. Begräbniskultur bedeutet auch, dass Tierbesitzer immer häufiger eine regelrechte Bestattung wünschen. Sie lassen sich beraten, wählen Urnen aus, nutzen die Aufbahrung in den Abschiedsräumen und mieten – falls sie die Urnen nicht mitnehmen – im Portaleum einen Platz im Rosengarten, in der Natursteinwand oder der Blumenwiese. Wahlweise gibt es auch die Option „Seebestattung" – in einer Zeremonie kann man dann die Asche seines Lieblings im Teich des Krematoriums ausstreuen. 2013 ist noch eine Urnenwand mit eigenen Fächern dazugekommen.

Alternative zum Krematorium

Es gibt neben dem Krematorium unterschiedliche Wege, sein Tier zu bestatten. Nicht jede Möglichkeit ist wirklich nett, aber die offizielle Anfrage beim Senat ergab, dass es grundsätzlich sechs Optionen gibt:

1. Der Besitzer wendet sich an die SecAnim GmbH und beauftragt diese mit der Abholung und Entsorgung des Tierkörpers. Die Entsorgung erfolgt in einer Tierkörperbeseitigungsanlage der Firma. (Das Land Berlin hat die SecAnim GmbH mit der Beseitigung von tierischen Nebenprodukten der Kategorie 1 und 2 beauftragt. Zur Kategorie 1 zählen auch Heimtiere.)

2. Der Besitzer gibt den Tierkörper direkt in der Sammelstelle der SecAnim GmbH ab (Lahnstraße 31, 12055 Berlin). Die Tierkörper werden dann ebenfalls in einer Tierkörperbeseitigungsanlage der Firma entsorgt.

3. Der Besitzer kann den Tierkörper in einem sogenannten „Tierkrematorium" verbrennen lassen. Solche Tierkrematorien bedürfen auch einer Zulassung nach dem tierischen Nebenprodukte-Recht. In Berlin gibt es hiervon eine Einrichtung, das ist das Portaleum.

4. Der Besitzer kann den Tierkörper auf einem sogenannten „Tierfriedhof" vergraben lassen. Tierfriedhöfe müssen nach dem tierischen Nebenprodukte-Recht registriert sein. In Berlin existieren zurzeit vier solcher Einrichtungen.

5. Kleintierpraxen bieten den Besitzern i.d.R. ebenfalls an, die Entsorgung der Tierkörper zu übernehmen. Hierfür können diese einen der oben beschriebenen Wege nutzen.

6. Die Besitzer können unter bestimmten Voraussetzungen die Tierkörper auch auf eigenem Gelände vergraben. Hierzu darf dieses Gelände nicht in Wasserschutzgebieten und in unmittelbarer Nähe von öffentlichen Wegen und Plätzen liegen. Weiterhin sind die Tierköper mindestens mit einer 50 cm starken Erdschicht zu bedecken.

Dass das Portaleum gut im Geschäft ist, spiegelt letztlich unser neues Verhältnis zu den Haustieren. Sie sind Familienmitglieder, keine Nutztiere mehr. Als Vermenschlichung sieht Büchner das nicht: „Tiere erfüllen einfach eine soziale Funktion. Manche können beim Tod des Tieres überhaupt nicht loslassen und behalten die Tiere sogar mehrere Tage bei sich, bevor sie in der Lage sind, zu reagieren", erzählt er ohne einen Anflug von Kopfschütteln. Büchner hat mittlerweile schon alles Mögliche erlebt. Für ihn ist da weniger fraglich, ob und wie Menschen um Tiere trauern sollten. Vielmehr sieht er sich als Dienstleister, der alles tut, um den Abschied gut zu organisieren. So gibt es eine Notrufnummer (030-500 190 07), die 24 Stunden am Tag besetzt ist, er holt Tiere mit einem eigenen „Leichenwagen" ab, berät diskret mit sonorer Stimme und wenn er über Charly oder Tine redet hat man nicht den Eindruck, als ginge es um einen Terrier und einen Graupapagei.

Vorteile der Einäscherung

Die Einäscherung, so Büchner, sei die beste Methode, um ein Haustier zu bestatten. Als Krematoriumsbetreiber wird man auch nichts anderes sagen – insofern überrascht seine Überzeugung nicht. Aber es gibt tatsächlich einige Punkte, die für die Einäscherung sprechen. Es ist sehr persönlich hier, die Tiere werden ganz genau registriert, eine moderne Anlage sorgt für eine fachgerechte Einäscherung bei 1200 Grad Celsius, die bei einem Wellensittich 20 Minuten dauert, bei einem großen Hund bis zu 2 Stunden. Tierbesitzer bekommen die Asche in einer vorher ausgewählten Urne ausgehändigt, wovon es im Portaleum alle möglichen (und unmöglichen) Variationen gibt. Der Fantasie scheinen da keine Grenzen gesetzt. Nach dem ganzen Procedere kann man die Urne mitnehmen – oder eben vor Ort verstreuen oder vergraben. Das Zerstreuen der Asche ist im übrigen – im Gegenteil zum Vergraben – nicht verboten, solange es nicht auf öffentlichen Wegen, Plätzen und Straßen passiert.

Kosten im Krematorium

Die Kosten im Krematorium können ganz unterschiedlich sein. Die preiswerteste Option ist die Gemeinschaftseinäscherung. Die Preise berechnen sich generell nach Gewicht. Ein kleiner Terrier kostet ab 80 Euro, ein Labrador rund 150 Euro. Einzeleinäscherungen kosten ungefähr das Doppelte von den Gemeinschaftseinäscherungen. Dazu kommen dann weitere Dienstleistungen. Der Rosenstock mit einem kleinen Schild im Garten des Portaleums kostet für das erste Jahr 55 Euro, danach 35 Euro. Urnenwandplätze sind teurer. Wers ganz exklusiv haben will, kann die Asche sogar zum Diamanten pressen lassen – für preiswerte 10.000 Euro. In Berlin ist dieses Angebot einer Schweizer Firma allerdings kaum nachgefragt.

**PORTALEUM
Haustierkrematorium GmbH
Berlin**

Am Posseberg 32
13127 Berlin
Tel.: 030 500 19 007
Fax: 030 500 19 006
Mail: info@portaleum.de
Web: www.portaleum.de

Longer than Life

Als Edelstein werden wir Dich nie vergessen.

Unvergleichliche Saphire und Rubine, hergestellt aus den Haaren
oder der Asche eines geliebten Hundes.

www.mevisto.eu

Infos & Adressen

Die besten Adressen und Kontakte der
Berliner Hundewelt …

Züchter, Tierheim & Co.

BVZ - Berufsverband zertifizierter Hundetrainer e.V.
Andreas Heusinger von Waldegge (Vorsitzender)
Heinrich-Schütz-Allee 242
34134 Kassel
Tel.: 0561-40700775
Fax: 0561-50332157
Mobil: 0176 10424310
E-Mail: info@bvz-hundetrainer.de
Web: www.bvz-hundetrainer.de

Jagdgefährten e.V - 2. Chance für Jagdhunde
Annoweg 2
58675 Hemer
Tel. 02372-76853
Web: www.jagdgefaehrten.de
Die Jagdgefährten, allesamt Jagdhundeführer mit Leib und Seele, möchten diesen Hunden eine zweite Chance geben: die Chance auf eine art- und rassegerechte Haltung und die Chance auf eine glückliche gemeinsame Zukunft - ob als Jagd- oder einfach als Weggefährte. Wir vermitteln unsere Hunde an Jäger und Nicht-Jäger, die ihrer Aufgabe als Jagdhundehalter ehrlich gerecht werden wollen.

Landesgruppe Berlin im Verband
Deutscher Kleinhundzüchter e. V.
Web: www.kleinhunde-berlin.de

Landesverband Berlin-Brandenburg
e. V. im Verband für das Deutsche Hundewesen
Ruhlebener Str. 141 h
13597 Berlin
Tel.: 030-772 56 26
Fax: 030-335 029 78
Web: www.vdh-bb.de
E-Mail: simiot@vdh-bb.de

Landesverband Berlin des Deutschen
Tierschutzbundes e. V.
Tierschutzverein für Berlin und Umgebung
Corporation e. V.
Tierheim Berlin
Hausvaterweg 39
13057 Berlin
Tel.: 030-76 88 80
Web: www.tierschutz-berlin.de
E-Mail: info@tierschutz-berlin.de

Stiftung Deutsche Schule für Blindenführhunde
Schmausstraße 40
12555 Berlin
Tel.: 030-555 761 170
Fax: 030-652 615 91
E-Mail: mail@blindenfuehrhundschule.de
Web: www.fuehrhundschule.de

Sitz & Platz

Berliner Stadthunde
Durlacher Str. 5
10715 Berlin
Tel.: 030-859 641 41
E-Mail: info@berliner-stadthunde.de
BEZIEHUNG DURCH ERZIEHUNG
Behördlich zertifizierte Hundeschule

City Hundetrainerin Barbara Nehring
Dunckerstr. 57
10439 Berlin
Tel.: 030-695 208 06
Mobil: 0172-382 54 78
E-Mail: mail@city-hundetrainerin.de
Web:www.city-hundetrainerin.de
Einzelunterricht und Kurse in Deutsch und Englisch.
Vorbereitung auf den Hundeführerschein, Grunderziehungs- und Welpenkurse auf eingezäuntem Gelände in Prenzlauer Berg.
Einzelunterricht bei Ihnen zu Hause.

DogCoach Indoor Hundeschule
Eresburgstr. 24-29
Eingang 2e (Gewerbehof Schlüterbrot Backfabrik)
12103 Berlin-Tempelhof
Tel.: 030-7576 5153
E-Mail: info@dogcoach.de
Web: www.dogcoach-hundeschule.de
Kurse: Grundgehorsam, Speech Less, Anti-Giftköder-Training, Agility light, Trickschule, Haushaltshilfe Hund, DogDancing, Fitness & RelaxClub

dogs in the city
Sigmund-Bergmann-Str. 28
13587 Berlin
Mobil: 0163-194 12 14
Web: www.dogsinthecity.de
Hundetraining, Verhaltensberatung, Seminare, Betreuung und mehr

dogtors Hunde-Erziehungs-Beratung
Stefan Richter
Hauptstr. 1
14554 Seddiner See
Tel.: 0179-9459670
Email: kontakt@dogtors.de
Web: www.dogtors.de
Menschenschule mit Hundeverstand. Ursachen individuell lösen statt Symptome zu verstecken. Vor Ort - in Berlin und Potsdam.

Dr. Silke Wechsung

Forschungsgruppe Psychologie der
Mensch-Tier-Beziehung
Universität Bonn
E-Mail: info@mensch-hund-check.com
Web: www.mensch-hund-check.com

goldwolf.de

Mein Hund – Sein Portal
Marion Lukaschewski
Aachener Strasse 431
50933 Köln
Web: www.goldwolf.de
E-mail: mail@goldwolf.de
*Das deutschlandweite Seminar- und Veranstaltungs-
portal für alle hundebegeisterten Menschen!
Was? Wann? Wo?
Alle Angebote sortieren, vergleichen und direkt on-
line buchen!
KOMM! SITZ! KLICK!*

Hundeerziehung – Fellnase im Training

Suhler Str. 1
12629 Berlin
Tel.: 0176-104 004 92
Web: www.fellnase-im-training.de
*Hundeerziehung durch positive Motivation
von Hund und Halter in Kleinstgruppen
oder Einzelstunden*

Hundeschule GREH (Gesellschaft zur Resozialisierung und Erziehung von Hunden)

General-Pape-Str. 48, Tor 3
12101 Berlin
Tel.: 030-789 514 64
Fax: 030-789 514 63
E-Mail: greh@greh.de
Web: www.greh.de
*GREH steht für Achtsamkeit und Respekt.
Tellington TTouch® und Clickertraining
bereichern das Training - belegt durch
neueste kynologische Erkenntnisse.*

Hundeschule Dogs in Berlin

Kaiser-Friedrich-Str. 54
10627 Berlin
Mobil1: 0178-606 07 08
Mobil2: 0176-668 744 40
E-Mail: inez.meyer@dogs-in-berlin.com,
anett.scholz@dogs-in-berlin.com
Web: www.dogs-in-berlin.com
*Training in Ost und West
Beratungsstelle Trennungsangst (Meyer)
Schwerpunkt ängstliche Hunde (Scholz)
Longieren nach Sami el Ayachi
Hundetraining in englischer Sprache
Zertifizierte Trainer (Tierärztekammer)*

Hundeschule LottaLeben

Schwedterstr. 77
10437 Berlin
Tel.: 030-609 433 44
Mobil: 0179-710 99 53
E-Mail: info@hundeschule-lottaleben.de
Web: www.hundeschule-lottaleben.de
*Zentral, flexibel und erfahren, abgestimmt
auf die Besonderheiten des jeweiligen
Stadthund-Halter-Teams.*

Jagd&Dummytraining

Marion Kuhnt
Mobil: 0171-4889999
E-Mail: m.kuhnt@t-online.de
Web: www.jagd-dummytraining.de

Tierschule Lühl

14169 Berlin
Mobil: 0178-699 09 11
E-Mail: info@tierschule-luehl.de
Web: www.tierschule-luehl.de
- *Behördlich zertifizierte Trainerin*
- *Hundeerziehung vom Welpen bis zum Senior*
- *Nachhaltige Hilfe bei problematischen Hunden*
- *Gutachten und Sachkundenachweise*

Hundeschule Mosig

Zoppoter Weg / Barther Weg
13158 Berlin
Tel.: 030-912 11 15
Mobil: 0176-239 063 81
E-Mail: hundeschule.mosig@email.de
Web: www.hundeschule-mosig.de
*Grunderziehung, Beschäftigungskurse,
Problemberatung*

Hundeschule Prima Hunde

Pintschstr. 14
10249 Berlin
Tel.: 0177-485 21 16
E-Mail: info@primahunde.de
Web: www.primahunde.de
*Professionelles Training für Hunde und
ihre Halter in kleinen Gruppen in Einzelstunden.*

Hundestunde Berlin

Ahornstr. 8
12163 Berlin
Tel.: 030-797 32 70
Mobil: 0163-634 88 61
E-Mail: info@hundestunde-berlin.de
Web: www.hundestunde-berlin.de
*Qualifiziertes Training und Beratung für
Mensch & Hund. Freue mich über Ihren
Besuch auf meinen Internetseiten: www.
hundestunde-berlin.de*

Jörg Aland
Hundetrainer und Hundeverhaltenstherapeut
Joachim-Friedrich-Str. 49
10711 Berlin
Mobil: 0163-629 72 27
E-Mail: info@hundetherapie.de
Web: www.hundetherapie24.de
Mein Service
- *Verhaltensberatung*
- *Welpentraining (ab der 8. Woche)*
- *Einzelunterricht mit Hund & Halter*
- *Beratung rund um den Hund*
- *Training direkt bei Ihnen vor Ort*

Lars Thiemann
Luchsweg 11a
14195 Berlin
Tel.: 030-252 976 10
E-Mail: info@lars-thiemann.de
Web: www.lars-thiemann.de

Leinentausch
Persönliche Betreuung für Deinen Hund
Tel: 0157 374 50 295
E-Mail: kontakt@leinentausch.de
Web: www.leinentausch.de

Lucky Dog
Hundeschule Welpenschule Ausführservice
Heike Skarupa
Flanaganstr. 35
14195 Berlin
Tel.: 030-814 886 55
Mobil: 0163-318 37 89
Web: www.luckydog-berlin.de

Mobile Hundeschule Team Trainer
Buntzelstraße 138
12526 Berlin
Tel.: 0160-2812883
E-Mail: teamtrainer.carolabaum@gmail.com
Web: www.carola-teamtrainer.de
Erziehungs- und Verhaltensberatung
Einzeltraining, Hausbesuche, bei Bedarf Tierkom-
munikation, für Mensch und Hund: Reiki und Edel-
steine zur Unterstützung

SOKO Hund - Training verbindet
E-Mail: SWyschonke@soko-hund.de
Web: www.soko-hund.de
Ich gebe Training im Wedding (Nähe Leopoldplatz)
und im Auslaufgebiet Bernauer Straße

sporthundshop-berlin
Lindenstr. 7 a
12526 Berlin
Tel.: 030-678 235 50
Fax: 030-678 235 51
E-Mail: info@sporthundshop-berlin.de
Bei uns erwartet Sie ein interessantes und
umfangreiches Sortiment von Hundezubehör
und Futter namhafter Hersteller

Gassi & Co. / Reise & Verkehr

030 Hunde
Tobias Grundig
Mobil: 0178-557 04 46
E-Mail: Tobias@030-Hunde.de
Web: www.030-hunde.de

Agentur Tiersitting Potsdam
Manuela Zapf
Humboldtring 96
14473 Potsdam
Tel.: 0331-600 35 84
Fax: 0331-600 39 37
E-Mail: tiersitting-potsdam@web.de
Web: www.tiersitting-potsdam.de
Individueller Gassi-Geh-Service
Verhaltenstraining & Tierkommunikation

Berliner Hunde – Juliane Winiger
Ruppiner Chaussee 279 A
13503 Berlin
Tel.: 030-43 60 44 77
Mobil: 0160-96 70 08 41
E-Mail: info@berlinerhunde.de
Web: www.berlinerhunde.de
Gassiservice & Hundetraining
Gassiservice im Norden von Berlin, Hundeschule
in kleinen Gruppen, Einzeltraining,
Hausbesuche, Welpengruppe, Spiel + Spaß

Berliner Tierdroschke
Lübener Weg 5
13407 Berlin
Tel.: 030-547 364 87
E-Mail: tierdroschke@freenet.de
Web: www.tierdroschke.de
Das freundliche Tiertaxi mit viel Herz für
Tier und Mensch. Rund um die Uhr im Einsatz.
Nur 0,99 Euro/km, zuzgl. Anfahrtspauschale

Chichia Tierbetreuung
Tel.: 01570-266 26 28
E-Mail: i.k_tierbetreuung@yahoo.de
Web: www.tierbetreuungberlin.com
Urlaubsbetreuung, Krankenbetreuung
& Operationsnachsorge (Versorgung der
Tiere in ihrer vertrauten Umgebung zur
Minimierung von unnötigen Belastungen),
Begleitung in die Tierarztpraxis, Erstversorgung
von Notfällen & sofortiger Transport
in die Tierarztpraxis/-klinik, Pferdebetreuung

City Hundetrainerin Barbara Nehring

Dunckerstr. 57
10439 Berlin
Tel.: 030-695 208 06
Mobil: 0172-382 54 78
E-Mail: mail@city-hundetrainerin.de
Web: www.city-hundetrainerin.de
*Hundeferienlager: Ein Mal im Jahr, im Juli,
lebt ihr Hund in einem Rudel von Max 5
Gasthunden mit dem eigenen Hund der
Hundetrainerin im Haus, mit sehr großem
Grundstück, mit ihr zusammen, wird durch
Such-, Erziehungs- und Intelligenzspiele
professionell und liebevoll beschäftigt und
wird in den nahen Wald oder See ausgeführt.
Keine Käfighaltung!*

Ferienwohnung Röder

Wiesen 12
94169 Thurmansbang
Tel.: 09907-15 81
Fax: 03212-116 59 08
E-Mail: info@urlaub-bayerwald.de
Web: www.urlaub-bayerwald.de
*Urlaub Bayerischer Wald, Ferienwohnung
ab 39 Euro für 2 Pers., max. 6 Pers., Kinder
unter 6 Jahren und Haustiere frei,
09907 1581*

FREAKZberlin

Web: www.freakzberlin.de
*Wahnsinniges Design für Hunde. Leinen,
Decken, Geschirre, Halsbänder in verschiedenen
Größen und jede Menge mehr!*

Hundebetreuung Heiligensee

Uwe Söllner
Borgfelder Steig 3
13503 Berlin
Tel.: 030-895 420 95
Mobil: 0173-693 61 68
E-Mail: Hundebetreuung-Heiligensee@kabelmail.
de
Web: www.hundebetreuung-heiligensee.de
*Die freundliche Hundepension mit Familienan-
schluss!
Wir bieten Ihnen individuelle,
erfahrene Betreuung in einem großen
Haus mit Garten im grünen Norden Berlins
als Tages- oder Urlaubsbetreuung. Nachdem
wir selbst mehrfach vor der Frage gestanden
haben, wo wir unsere Hunde im
Bedarfsfall in besten Händen betreut wissen,
haben wir beschlossen, Ihnen das anzubieten,
was wir uns immer gewünscht
haben - eine seriöse, zuverlässige Betreuung
„fast wie zuhause" zu fairen Preisen.
Zwinger sind für uns tabu!*

Hundepension Seiler

Web: www.hundepension-seiler.de
*anerkannter Ausbildungsbetrieb der IHK
Ostbrandenburg für Tierpflege*

Hundeschule LottaLeben

Schwedterstr. 77
10437 Berlin
Tel.: 030-609 433 44
Mobil: 0179-710 99 53
E-Mail: info@hundeschule-lottaleben.de
Web: www.hundeschule-lottaleben.de
*Zentral, flexibel und erfahren, abgestimmt
auf die Besonderheiten des jeweiligen
Stadthund-Halter-Teams.*

Hundehotel Berlin HHB

Astrid Lutz
Leibnizstr. 38
10625 Berlin
Tel.: 030-890 468 50
E-Mail: info@hundehotel–berlin.de

Hundepension Heidrich

Rainer Heidrich
Puettenstr. 7a
16321 Bernau
Tel.: 0157-376 500 31
E-Mail: info@hundepension-heidrich.de
Web: www.hundepension-heidrich.de

Hundeschule Prima Hunde

Hundeplatz der Hundeschule:
Marzahner Chaussee 50
12681 Berlin
Mobil: 0177-485 21 16
E-Mail: info@primahunde.de
Web: www.primahunde.de
*Professionelles Training für Hunde und ihre Halter
in kleinen Gruppen in Einzelstunden.*

Hundeschule und Hundepension Liane Kramer

Kopenhagener Str. 76 / Privatweg 2
13407 Berlin
Tel.: 030-411 25 87
Web: www.hundeschule-kramer.de
*Hundeausbildung aller Rassen, Hundepension
aller Rassen, Hundekindergarten, Problemhunde,
Verhaltensberatung, Abhol- u.
Bringservice, Spaziergänge*

Mein Hund dein Hund

Urlaubsbetreuung – Gassiservice
E-Mail: post@meinhunddeinhund.de
Web: www.meinhunddeinhund.de
*Herrchen muss arbeiten, Fam. Meyer fliegt in den
Urlaub, Oma Traute ist krank – Waldi muss Gassi ge-
hen? Kein Problem. Liebe Dogsitter kümmern sich
um Waldi. Die Alternative zu Hundepensionen.*

Pfötchenhotel Resort Berlin
Birkenallee 10-11
14547 Beelitz-Schönefeld
Tel.: 033204-61 78 0
E-Mail: berlin@pfoetchenhotel.de
Web: www.pfoetchenhotel.de
Das Tierhotel mit City-Rezeption direkt am Potsdamer Platz (täglich mehrmals Express-Shuttle von und nach Berlin-Mitte).

relexa hotel Berlin
Anhalter Straße 8-9
10963 Berlin
Tel.: 030-26 483 0
Fax: 030-264 83 900
E-Mail: Berlin@relexa-hotel.de
Web: www.relexa-hotel-berlin.de

sporthundshop-berlin
Lindenstraße 7 a
12526 Berlin
Tel.: 030-678 235 50
Fax: 030-678 235 51
E-Mail: info@sporthundshop-berlin.de
Bei uns erwartet Sie ein interessantes und umfangreiches Sortiment von Hundezubehör und Futter namhafter Hersteller

Trekking-Dogs
Andrea Preschl
60433 Frankfurt
E-Mail:kontakt@trekking-dogs.de
Web: www.trekking-dogs.de

TierTaxi Berlin
Postfach 1180
16311 Bernau bei Berlin
Mobil: 0177-30 50 703
E-Mail: kontakt@tiertaxi-berlin.de
Web: www.tiertaxi-berlin.de
amtlich zugelassenes Tiertransportunternehmen für den Bereich Klein- u. Heimtiere sowie für den Transport verstorbener Tiere

www.tierheilservice.de/shop/
Klosterstraße 8
83546 Au am Inn
Tel.: 0175-520 96 80
Fax: 08073-402 98 42
E-Mail: shop@tierheilservice.de
Web: www.tierheilservice.de/shop
*Online-Shop für Natürlich! Gesunde! Tiere! Natürliche Gesunderhaltung * Nahrungsergänzung * Pflege * Chemiefreie Alternativen*

Yoshi & Friends
Hundeausführservice
Vera Schrader
Lindauer Straße 8
10781 Berlin
Tel.: 030-236 312 45
E-Mail: vera@yoshi-and-friends.de
Web: www.yoshi-and-friends.de
Yoshi & Friends – Ihr Hund in guten Händen, Qualifizierter Hundeausführservice

Hundeauslaufgebiete

Bezirk Neukölln
Hundeauslaufgebiet Rudower Fließ
Klein Ziethener Weg/Welsumerpfad (kein
offizielles Hundeauslaufgebiet)

Bezirk Pankow
Hundeauslaufgebiet Arkenberge
Schildower Straße

Bezirk Reinickendorf
Hundeauslaufgebiet Frohnau
Welfenallee/Forstweg
Hundeauslaufgebiet im Forst Jungfernheide
Bernauer Straße/Kamener Weg

Bezirk Spandau
Hundeauslaufgebiet Hakenfelde
(Stadtpark Spandau)
Cautiusstraße/Schönwalder Allee, Nähe Johannisstift
Hundeauslaufgebiet Fuchsberge
zwischen Fuchsbergeweg und Am Dorfwald
Hundeauslaufgebiet Kladow
Groß-Glienicker-See, Gottfried-Arnold-
Weg
Hundeauslaufgebiet Pichelswerder
Heerstraße (Siemenswerder und Branden
steinstraße)

Bezirk Steglitz-Zehlendorf
Hundeauslaufgebiet am Grunewald
Fischerhüttenstrase
Hundeauslaufgebiet am Wannsee
Pfaueninselchaussee/Königsstraße
Hundeauslaufgebiet in Düppel
Kohlhaasenbrücker Straße (Pohlesee, Stölpchensee)
Hundeauslaufgebiet in Düppel
Am Waldhaus, Königsweg (nahe Waldfriedhof
Zehlendorf)
Hundeauslaufgebiet Nikolskoe
Nikolskoer Weg/Moorlake Weg

Hundeplätze

Bezirk Charlottenburg-
Wilmersdorf
Hundefreifläche Reichsstraße – Spandauer
Damm
Reichsstraße/Spandauer Damm
Hundefreifläche Tegeler Weg
Tegeler Weg (nahe Schleusenkanal)
Hundeauslauffreifläche im Volkspark
Wilmersdorf
zwischen Bundesallee und Prinzregentenstraße

Bezirk Friedrichshain-Kreuzberg
Hundeplatz Gürtelstrase
Gürtelstr.18/19
Hundeauslauffreifläche im Volkspark Friedrichshain

Volkspark Friedrichshain (nahe Krankenhaus
Friedrichshain)
Hundeplatz Revalerstraße 17
Modersohnstraße/Revaler Straße

Bezirk Lichtenberg
Hundesportplatz Arnimstraße (privat)
HSSV „Happy Dogs Berlin" e. V.
Tel. 93 66 20 89 (best. Öffnungszeiten)
Hundeauslaufplatz Hausvaterweg 39
Tierschutzverein Berlin
Tel.: 030-768 880
Hundeplatz Lichtenberg
Dolgenseestraße/Hönower Weg (Nähe Betriebs-
bahnhof
Rummelsburg)
Web: www.hundeplatzlichtenberg.de
Freilauffläche Pablo-Picasso-Straße
östlich Pablo-Picasso-Straße
Hundesportplatz Wartenberger Straße
westlich Wartenberger Straße

Bezirk Mitte
Hundeauslauffläche im Volkspark Rehberge
am Schwarzen Graben (Dohnagestell)
Hundefreifläche Volkspark Humboldthain
nahe der Promenade an der Gustav-
Meyer-Allee

Bezirk Neukölln
Hundeauslauffläche im Volkspark Hasenheide
Eingang nahe Hasenheide
Bezirk Pankow
Hundefreilauf im Mauerpark
Eberswalder Straße

Bezirk Reinickendorf
Hundegarten Schäfersee
Stargardtstraße/Mudrackzeile
Hundegarten Wittenau
Rosentreterpromenade (Steinbergpark)
Hundegarten Lübars
Fließtal Tegel, Am Freibad (nördlich Freibad
Lübars)
Hundegarte Seggeluchbecken
Märkisches Viertel (am Sportplatz)
Volkspark Jungfernheide
Heckerdamm/Kurt-Schumacher-Damm

Bezirk Tempelhof-Schöneberg
Hundefreilaufgelände Inselhunde
Schöneberg e.V.
Tempelhofer Weg 63/64
Tempelhofer Feld
(3 Hundeplätze)
Eingang Oderstraße und Tempelhofer Damm

Bezirk Treptow-Köpenick
Hundeauslaufgebiet Forsthausallee
Forsthausallee Ecke Britzer Zweigkanal
(nicht umzäunt)

Gesetz & Ordnung /

Dogcoach E. Lombardi
Südwestkorso 62
12161 Berlin
Tel.: 030-897 474 15
E-Mail: Info@dogcoach.de
Web: www.dogcoach.de
Wesenstest
Sachkundeprüfung
Hundeführerschein
Verhaltens- und Angsttherapie

Ordnungsamt Charlottenburg-Wilmersdorf
Hohenzollerndamm 174-177
10713 Berlin
Tel.: 030-90 29 29 000
Fax: 030-90 29 29 039
E-Mail: ordnungsamt@charlottenburg-wilmersdorf.de

Ordnungsamt Friedrichshain-Kreuzberg
Frankfurter Allee 35-37
10247 Berlin
Tel.: 030-90 29 82 848
Fax: 030-90 29 84 178
E-Mail: ordnungsamt@ba-fk.verwalt-berlin.de

Ordnungsamt Lichtenberg
Große-Leege-Str. 103
13055 Berlin
Tel.: 030-90 29 64 310
Fax: 030-90 29 64 309
E-Mail: poststelle@lichtenberg.berlin.de

Ordnungsamt Marzahn-Hellersdorf
Premnitzer Str. 11
12681 Berlin
Tel.: 030-90 29 36 601
Fax: 030-90 29 36 605
E-Mail: ord@ba-mh.verwalt-berlin.de

Ordnungsamt Mitte
Karl-Marx-Allee 31
10178 Berlin
Tel.: 030-90 18 22 010
Fax: 030-90 18 23 781
E-Mail: ordnungsamt-zab@ba-mitte.verwalt-berlin.de

Ordnungsamt Neukölln
Juliusstraße 67
12051 Berlin
Tel.: 030-90 23 96 699
Fax: 030-90 23 94 993
E-Mail: ordnungsamt@bezirksamt-neukoelln.de

Ordnungsamt Pankow
Fröbelstr. 17
10405 Berlin
Tel.: 030-90 29 56 244
Fax: 030-90 29 55 063
E-Mail: ordnungsamt@ba-pankow.verwaltberlin.de

Ordnungsamt Reinickendorf
Lübener Weg 26
13407 Berlin
Tel.: 030-90 29 42 933
Fax: 030-90 29 42 960

Ordnungsamt Spandau
Galenstr. 14
13597 Berlin
Tel.: 030-90 27 93 000
Fax: 030-90 27 93 096
E-Mail: ordnungsamt@ba-spandau.berlin.de

Ordnungsamt Steglitz-Zehlendorf
Unter den Eichen 1
12203 Berlin
Tel.: 030-90 29 94 660

Ordnungsamt Tempelhof-Schöneberg
Tempelhofer Damm 165
12099 Berlin
Tel.: 030-90 27 73 460
Fax: 030-90 27 76 266
E-Mail: ordnungsamt@ba-ts.berlin.de

Ordnungsamt Treptow-Köpenick
Salvador-Allende-Str. 80A
12559 Berlin
Tel.: 030-90 29 74 629
Fax: 030-90 29 74 621
E-Mail: ordnungsamt@ba-tk.berlin.de

Rechtsanwaltskanzlei Thalwitzer
René Thalwitzer
Isoldenstraße 10a
95445 Bayreuth
Tel.: 0921-1512341
Fax: 0921-1512342
Mail: mail@kanzlei-thalwitzer.de
Web: www.kanzlei-thalwitzer.de

Tierbestattungszentrum Tierhimmel GmbH
Ruhlsdorfer Str. 27a
14513 Teltow
Tel.: 0800-8 44 55 66
Fax: 03328-30 20 04
E-Mail: info@tierhimmel.de
Web: www.tierhimmel.de
Eigenes Tierkrematorium und Tierfriedhof vor Ort! 24 Std. Notdienst, kostenfreie Notrufnummer: 0800-8445566

Versicherung & Schutz

Tiernotarzt Berlin und Praxis
Uhlandstr. 147
10719 Berlin
Tel.: 030-233 626 27
Fax: 030-233 626 28
E-Mail: mail@tiernotarzt-berlin.de
Web: www.tiernotarzt-berlin.de
Praxis täglich (auch Sonn- und Feiertage)
von 10.00-13.00 Uhr geöffnet
Zusätzlich ambulanter Notdienst
24 h erreichbar unter 0174 160 16 06
Chirurgie, Notfälle, Labor, Röntgen, Ultraschall,
Hausbesuche

Uelzener Versicherungen
Finanzoffice Christian Hennig
Segelfliegerdamm 89
12487 Berlin
Tel.: 030-632 224 88
Mobil 0179-505 31 50
Fax: 030-632 224 89
E-Mail: christian.hennig@fo-bb.de

Uelzener Versicherungen
Ralf Mestrom
Versicherungen jeder Art
Mehrfach-Generalagentur
Kirschenallee 20
14050 Berlin
Tel.: 030-30097119
Fax: 030-30097117
E-Mail: agentur@mestrom.de
Web: www.mestrom.de

Uelzener Versicherungen
A. Wever-Kolbenschlag
Berliner Str. 80
14169 Berlin
Tel.: 030-810 588 28
Mobil: 0170-787 77 17
Fax: 030-810 588 38
E-Mail: anweko@t-online.de

Gesundheit & Wellness

Bezirk Charlottenburg-Wilmersdorf

Dr. med. vet. Hans Georg König
Fachtierarzt für Kleintiere
Hohenzollerndamm 114 A
- Ecke Berkaer Strasse -
14199 Berlin
Tel.: 030-83 22 34 22
Fax: 030-83 22 34 39
E-Mail: Mail@DrKoenig.org
Web: www.drkoenig.org

Dr. Loser und Schickert
Gemeinschaftspraxis
Karlsbader Str.1
14193 Berlin
Tel.: 030 - 826 18 14
Röntgen - EKG - Ultraschall - OP
Zugelassene HD-Röntgenärztin

Tierarztpraxis Dr. Kathrin Arias Rodriguez
Schwendenerstrasse 25 b
14195 Berlin Tel: 030 - 83 24 303
Fax: 030 - 83 24 303
Mobil: 0160 - 96 71 85 58
E-Mail: info@tierakupunkturpraxis-dr-arias.de
Web: www.tierakupunkturpraxis-dr-arias.de

Evelyn's Snobby Dogs Hundesalon & Scherschule
Hundefriseurin Evelyn Reed
Sophie-Charlotten-Str. 36
14059 Berlin
Tel.: 030-339 354 47
E-Mail: info@snobbydogs.de
Web: www.snobbydogs.de

Mobile Tierarztpraxis Christine Muschalik
Tel.: 030-76 88 21 01
Fax: 030-76 80 56 52
Mobil: 0163-296 42 45
E-Mail: info@mobil-tierarztpraxis.de
Web: www.mobil-tierarztpraxis.de
Tierärztliche Behandlung, Physiotherapie, Hausbesuche

Tierarztpraxis für Chiropraktik
Physiotherapie, Schmerztherapie und Kinesiologie
Wundtstr. 58/60
14057 Berlin
Tel.: 030-301 122 44
E-Mail: info@tieraerztliche-physiotherapie.de
Web: www.tieraerztliche-physiotherapie.de
Hunde mit Bewegungsproblemen und Schmerzen; konservative Behandlung, Hunde nach Operationen; alte Hunde; Sporthunde; Chiropraktik, Physiotherapie, Homöopathie, Kinesiologie, Akupunktur, Neuraltherapie, Bach-Blüten-Therapie, Blutegel-Therapie; Erhöhung der Lebensqualität der Patienten und der Besitzer.

Tiernotarzt Berlin und Praxis
Uhlandstr. 147
10719 Berlin
Tel.: 030-233 626 27
Fax: 030-233 626 28
E-Mail: mail@tiernotarzt-berlin.de
Web: www.tiernotarzt-berlin.de
Praxis täglich (auch Sonn- und Feiertage)
von 10.00-13.00 Uhr geöffnet
Zusätzlich ambulanter Notdienst
24 h erreichbar unter 0174-160 16 06
Chirurgie, Notfälle, Labor, Röntgen, Ultraschall,
Hausbesuche

Bezirk Friedrichshain-Kreuzberg

Berliner Tierheilpraxis - Tierheilpraktikerin
Ursula Ammermüller
Frankfurter Allee 22
10247 Berlin
Tel.: 030-473 629 54
Mobil: 0173-546 52 89
E-Mail: info@berliner-tierheilpraxis.de
Web: www.berliner-tierheilpraxis.de
Homöopathie und weitere ganzheitliche Naturheilverfahren für Hunde, Katzen und Kleintiere. Praxisräume und Hausbesuche.

Hundeatelier Josephine
Josephine Perea
Frankfurter Allee 268
10317 Berlin
Tel.: 030-529 41 86
Mobil: 0162-978 56 46
E-Mail: hundeatelier-Josephine@Web.de
Web: Hundeatelier-Josephine.beepworld.de
Wir bieten ihnen Pflege aller Hunde und auch Katzen, Zahnstein Entfernung, Farbauffrischung, Hundefriseurausbildung, Seminare zum Thema Hund

Hundekuss36 & die Tierheilpraktikerinnen
Naturkraft für Hunde und Katzen
Wrangelstr. 70
10997 Berlin
Tel.: 030-702 411 11 (Barfshop)
Tel.: 030-873 307 87 (Die Tierheilpraktikerinnen)
Web: www.die-tierheilpraktikerinnen.de
*Unter einem Dach finden Sie frische artgerechte Nahrung für Hunde und Katzen.
Mit einer Tierheilpraxis für Groß- und Kleintiere.
Traditionell chinesische Veterinärmedizin, Akupunktur, chinesische und westliche Kräuterheilkunde, Blutegeltherapie*

Praxis für Klein- und Heimtiere
Choriner Str. 44
10435 Berlin
Tel.: 030-4495269
Web: www.tierarztpraxisdix.de
*Sprechzeiten:
Mo, Mi, Do, Fr: 9.00 – 12.00 und 16.00 – 19.00,
Di: 9.00 – 11.00 und 16.00 – 19.00,
Sa: 10.00 – 12.00*

Tierheilpraxis Dagmar Vogel
Tiertherapeutin für Naturheilkunde – Akupunktur – Physiotherapie
Mittenwalder Str. 30
10961 Berlin
Tel.: 030-853 15 07
E-Mail: kontakt@tierpraxis-vogel.de
Web: www.tierpraxis-vogel.de

Bezirk Lichtenberg

Kleintierpraxis 4 Pfoten & Co
Tierärztin Marion Hatting
Fanningerstr. 27
10365 Berlin
Tel.:030-553 15 72
Web: www.praxis4pfoten.de
BARF, Ernährungsberatung, Geriatrie

Tierarztpraxis Lutz Arszol
Am Tierheim Berlin
Hausvaterweg 39
13057 Berlin
Tel.: 030-93 66 22 00
Fax: 030-93 66 41 64
E-Mail: info@tierarztpraxis-arszol.de
Web: www.tierarztpraxis-arszol.de
- Diagnostik
- Zahnheilkunde
- Chirurgie
- Intensivbetreuung von Kaninchen und Nagern

Bezirk Neukölln

Tierarztpraxis im Frauenviertel
Dr. Kirchhoff/Kirchgessner
Elfriede-Kuhr-Str. 18
12355 Berlin
Tel.: 030-668 699 46
E-mail : info@tierarztpraxis-im-frauenviertel.de
Web: www.tierarztpraxis-im-frauenviertel.de
mobile & stationäre Patientenversorgung, Kardiologie, Röntgen, Labor, Homöopathie, Augenheilkunde, Heimtiere

Bezirk Pankow

Dr. med. vet. Joachim Kirchner
Praktischer Tierarzt
Florastr. 43
13187 Berlin
Tel.: 030-495 009 49
Mobil: 0172-957 20 57
E-Mail: info@tierarzt-in-pankow.de
Web: www.tierarzt-in-pankow.de

Dr. Gunther Kehnscherper und Kristina Friedrich-Kehnscherper
Tierärztliche Gemeinschaftspraxis
Buchholzer Str. 7
13156 Berlin
Tel.: 030-4768661
Fax: 030-47686611

Hundephysiotherapie Martina Herbert

Siverstorpstr. 3 B
13125 Berlin
Tel.: 030-722 928 02
Mobil: 0173-206 22 99
E-Mail: mail@dogphysio.info
Web: www.dogphysio.info
*Fahrpraxis für Hundephysiotherapie
Behandlung aller Erkrankungen des Bewegungsap-
parates und auch bei altersbedingten Beschwerden
mittels: Massagen, Bewegungstherapie (aktiv u. pas-
siv), Thermotherapie, Magnetfeldtherapie*

Tierärztliche Gemeinschaftspraxis Ute Schäfer & Anita Kapahnke

Goethestr. 17
13158 Berlin
Tel.: 030-498 568 80
Fax: 030-498 568 81
E-Mail: info@tierarztpraxis-pankow.de
Web: www.tierarztpraxis-pankow.de
*Kleintierpraxis, Ultraschall incl. Kardiologie,
Röntgen, Chirurgie, Zahnbehandlungen,
Heimtiere, Labordiagnostik, Hausbesuche*

Bezirk Reinickendorf

Tierarztpraxis Animal Docs

Dr. Wiebke Reichel, Katrin Breskewitz
Eichborndamm 48
13403 Berlin
Tel.: 030-922 133 80
Fax: 030-922 133 81
E-Mail: info@animal-docs.de
Web: www.animal-docs.de
*Schwerpunkte: Röntgen, OP, eigenes Labor,
Zahnbehandlung, Dermatologie, Akupunktur,
Terminsprechstunde und Inhalationsnarkose*

Bezirk Spandau

Dr. Christine Müller

Südekumzeile 26 e
13591 Berlin
Tel.: 030-366 01 28
Fax: 030-366 01 28
E-Mail:christinemueller.berlin@web.de
Tierarztpraxis
Röntgen, EKG, Labor, Hausbesuche

Dr. Ute Teutenberg

Tierärztin
Falkenseer Chaussee 78 a
13589 Berlin
Tel.: 030-375 889 10

Kleintierpraxis Ladwig

Seeburger Str. 10
13581 Berlin
Tel.: 030-747 328 88
Web: www.kleintierpraxis-ladwig.de

KLEINTIERSPEZIALISTEN

Wittestrasse 30 Haus P
13509 Berlin
Tel.: 030-43 66 22 00
Fax: 030-43 66 22 02
E-Mail: kontakt@kleintierspezialisten.de
Web: www.kleintierspezialisten.de
*Telefonische Terminvergabe
Mo-Fr 9-20 Uhr Sa 9-14 Uhr*

Tierarztpraxis Gisela Henke

Ebersdorfer Str. 96
13581 Berlin
Tel.: 030-331 21 65
Fax: 030-331 21 65
E-Mail: tierarztpraxis-henke@gmx.de
*Ein fröhliches, aufgeschlossenes Team bestehend
aus zwei Tierärzten und vier Angestellten.
Hunde aller Rassen sind herzlich willkommen.*

Bezirk Steglitz-Zehlendorf

Tierarztpraxis am Schlachtensee

Breisgauer Str. 7
14129 Berlin
Tel.: 030-809 058 30
Fax: 030-809 071 06
Web: www.tierarztpraxis-am-schlachtensee.de
*Röntgen, Ultraschall, Labor, Bioresonanz,
Unter einem Dach mit Doolittle's Tierbedarf*

Bezirk Tempelhof-Schöneberg

DogCoach Tierheilpraxis

Südwestkorso 62
12161 Berlin
Tel.: 030-897 474 14
E-Mail: info@dogcoach.de
Web: www.dogcoach.de
*Ernährungsberatung, Tierhomöopathie, Therapie bei
Allergien / Unverträglichkeiten, Biologische Tiermedizin*

Klein- & Großtierpraxis Dirk Trimpe

Bahnhofstr. 3
12159 Berlin
Tel.: 030-852 19 20
Mobil: 0176-700 681 08
Web: www.tierarztpraxis-trimpe.de
*Praxis für Vet.-Med. und Tiernaturheilkunde.
Schulmedizin und Naturheilkunde müssen
sich nicht ausschließen.*

Praxis für klassische Tierhomöopathie
Anne Sasson
Tierheilpraktikerin
Ringbahnstr. 6
10711 Berlin
Tel.: 030-922 572 62
Mobil: 0179-122 95 66
Web: www.berlin-tierhomoeopathie.de

Mobile Tierarztpraxis/
Verhaltensberatung
Andrea Schleich
Mobil: 01578-220 70 36
E-Mail: info@tierpsychologie-schleich.de
Web: www.tierpsychologie-schleich.de
Tierpsychologin mit Ausbildung an der Akademie für Tiernaturheilkunde (ATN/ Schweiz) leistet professionelle Beratung und Hilfestellung bei Verhaltensproblemen von Hund und Katze.

Beate-Bettina Schuchardt
Klassisch-Homöopathische Tierheilbehandlung und natürliche Sterbebegleitung in Berlin
Tel.: 030-760 076 26
Mobil: 0163-718 89 69
Web:
www.natürlich-sanft.de
www.lebensflammen.de
www.behinderte-katzen.forumprofi.de
*– Natürlich und sanft in gewohnter Umgebung –
mobile Fahrpraxis und Beratung
(weltweit) – langjährige Erfahrung –
Klass. Homöopathie, Bachblüten, Tierkommunikation, Sterbebegleitung, Ernährungsberatung, Verhaltensberatung, rund um die Uhr Hotline*

Chichia Tierbetreuung
Tel.: 01570-266 26 28
E-Mail: i.k_tierbetreuung@yahoo.de
Web: www.tierbetreuungberlin.com
Urlaubsbetreuung, Krankenbetreuung & Operationsnachsorge (Versorgung der Tiere in ihrer vertrauten Umgebung zur Minimierung von unnötigen Belastungen), Begleitung in die Tierarztpraxis, Erstversorgung von Notfällen & sofortiger Transport in die Tierarztpraxis/-klinik, Pferdebetreuung

mobile Tierarztpraxis Dr. Britta Selzsam
Calandrellistr. 34a
12247 Berlin
Tel.: 030-343 33 901
Mobil: 0163-771 07 76
Fax: 030-343 33 900
E-Mail: selzsam.tierhomoeopathie@web.de
Web: www.vethomöopathie-berlin.de
Klassische Homöopathie

Tierärztliche Fahrpraxis Dr. Siegling-Vlitakis
Tel.: 0176-446 231 22
Fax: 030-367 517 10
E-Mail: email@tieraerztliche-fahrpraxis.de
Web: www.tierärztliche-fahrpraxis.de
*„Ich komme zu Ihnen nach Hause"
Hausbesuche für Hunde, Katzen und Heimtiere
Vorsorge, Behandlungen, Homöopathie und mehr*

Außerhalb Berlins

CANIS - Zentrum für Kynologie
Im Wackenbach 2
35687 Dillenburg-Niederscheld
Tel.: 02771-800 93 06
Fax: 02771-801 06 07
E-Mail: info@canis-kynos.de

Gabriela Larisch
VERITAS Frischdienst
An der Bahn 1
16515 Oranienburg
Tel.: 03301-703 445
Fax: 03301-539 563
Web: www.veritas-tiernahrung.de
E-Mail: info@veritas-brandenburg.de
*Artgerechte gesunde Ernährung nach dem Vorbild der Natur. Ohne chem. Zusätze; keine Sojaprodukte.
Gratisprobe Hund u. Katze*

Pfötchenhotel Resort Berlin
Birkenallee 10-11
14547 Beelitz-Schönefeld
Tel.: 033204-61 78 0
E-Mail: berlin@pfoetchenhotel.de
Web: www.pfoetchenhotel.de
Das Tierhotel mit City-Rezeption direkt am Potsdamer Platz (täglich mehrmals Express-Shuttle von und nach Berlin-Mitte).

SymbioPharm GmbH
Auf den Lüppen
35745 Herborn
Tel.: 02772-981 300
Fax: 02772-981 301
E-Mail: info@symbio.de
Web: www.symbiopharm.de

Tierarztpraxis am Pfingstberg
Am Hang 2-4
14469 Potsdam
Tel.: 0331-967 969 31
Web: www.tierarztpraxis-ampfingstberg.de

Tierbestattungszentrum Tierhimmel GmbH

Ruhlsdorfer Str. 27a
14513 Teltow
Tel.: 0800-8 44 55 66
Fax: 03328-30 20 04
E-Mail: info@tierhimmel.de
Web: www.tierhimmel.de
*Eigenes Tierkrematorium und Tierfriedhof
Tierfriedhof vor Ort! 24 Std. Notdienst, kostenfreie
Notrufnummer: 0800-8445566*

www.tierheilservice.de/shop/

Klosterstraße 8
83546 Au am Inn
Tel.: 0175-520 96 80
Fax: 08073-402 98 42
E-Mail: shop@tierheilservice.de
Web: www.tierheilservice.de/shop
*Online-Shop für Natürlich! Gesunde!
Tiere!
Natürliche Gesunderhaltung * Nahrungsergänzung
* Pflege * Chemiefreie Alternativen*

Futter & Philosophie

Barfbar

Falco Hartwig
Rüdigerstraße 46
10356 Berlin
Tel.: 030–644 963 61
Mobil: 0176–96 779 085
E-Mail: info@barfbar-berlin.de
Web: www.barfbar-berlin.de

Beate-Bettina Schuchardt

Klassisch-Homöopathische Tierheilbehandlung
und natürliche Sterbebegleitung in Berlin
Tel.: 030-760 076 26
Mobil: 0163-718 89 69
Web:
www.natürlich-sanft.de
www.lebensflammen.de
www.behinderte-katzen.forumprofi.de
*– Natürlich und sanft in gewohnter Umgebung
– mobile Fahrpraxis und Beratung
(weltweit) – langjährige Erfahrung –
Klass. Homöopathie, Bachblüten, Tierkommunikation, Sterbebegleitung, Ernährungsberatung, Verhaltensberatung, rund um die Uhr Hotline*

Berliner Tierheilpraxis –

TierheilpraktikerinUrsula Ammermüller
Frankfurter Allee 22
10247 Berlin
Tel.: 030-473 629 54
Mobil: 0173-546 52 89
E-Mail: info@berliner-tierheilpraxis.de
Web: www.berliner-tierheilpraxis.de
*Homöopathie und weitere ganzheitliche
Naturheilverfahren für Hunde, Katzen und
Kleintiere. Praxisräume und Hausbesuche.*

Cold & Dog

Tel.: 0151 29148947
E-Mail: post@colddog.de
Web: www.colddog.de
Frozen Joghurt für Hunde

Edenfood

Aus Liebe zum Tier
Tel.: 089 2885 9490
E-Mail: info@edenfood.de
Web: www.edenfood.de
Web: www.facebook.com/edenfood.de
*Im Familienbetrieb stellt Edenfood Tierfutter in BIO-
Lebensmittelqualität
her, welches perfekt auf die
Bedürfnisse unserer Hunde und Katzen abgestimmt
ist und durch seine nachhaltige und ökologische
Produktion zum Umwelt- und Tierschutz beiträgt.*

Futterhaus Filiale Adlershof

Glienicker Weg 136
12489 Berlin

Futterhaus Filiale Ahrensfelde

Landsberger Chaussee 14 b
16356 Ahrensfelde

Futterhaus Filiale Biesdorf

Weißenhöherstr. 108
12683 Berlin

Futterhaus Filiale Buckow

Buckower Damm 122-124
12349 Berlin

Futterhaus Kreuzberg

Hermannplatz 10
10967 Berlin-Kreuzberg

Futterhaus Filiale Lankwitz

Kaiser-Wilhelm-Str. 17
12247 Berlin

Futterhaus Filiale Mariendorf

Großbeerenstr. 54-66
12107 Berlin

Futterhaus Filiale Neukölln
Lahnstr. 52
12055 Berlin

Futterhaus Filiale Potsdam
Potsdamer Straße 18-20
14469 Potsdam

Futterhaus Filiale Spandau
Brunsbütteler Damm 139
13581 Berlin

Futterhaus Filiale Teltow
Saganer Straße 5
14513 Teltow

Futterhaus Filiale Treptow
Siemensstraße 32
12487 Berlin

Futterhaus Filiale Waidmannslust
Oraniendamm 10-6
13469 Berlin

Futterhaus Filiale Wannsee
Königstraße 11
14109 Berlin

Futterhaus Filiale Wedding
Pankower Allee 17-19
13409 Berlin

Futterhaus Filiale Wedding
Müllerstraße 25
13353 Berlin-Wedding

Gabriela Larisch
VERITAS Frischdienst
An der Bahn 1
16515 Oranienburg
Tel.: 03301-703 445
Fax: 03301-539 563
E-Mail: info@veritas-brandenburg.de
Web: www.veritas-tiernahrung.de
Artgerechte gesunde Ernährung nach dem Vorbild der Natur. Ohne chem. Zusätze; keine Sojaprodukte.
Gratisprobe Hund u. Katze.

HAUPTSTADTHUND
Hufelandstr. 33
10407 Berlin
Tel.: 030-679 202 06
Web: www.hauptstadthund.com, facebook & Twitter
Öffnungszeiten: Mo-Fr. 11-18 Uhr, Sa 12-15 Uhr
BIO-Hundefutter & BIO-FRISCHFleisch (TK)
handgenähte Hundehalsbänder & -leinen
professionelle Hundefotografie im Studio

Hundekuss36 & die Tierheilpraktikerinnen
Naturkraft für Hunde und Katzen
Wrangelstr. 70
10997 Berlin
Tel.: 030-702 411 11 (Barfshop)
Tel.: 030-873 307 87 (Die Tierheilpraktikerinnen)
Web: www.die-tierheilpraktikerinnen.de
Unter einem Dach finden Sie frische artgerechte Nahrung für Hunde und Katzen. Mit einer Tierheilpraxis für Groß- und Kleintiere. Traditionell chinesische Veterinärmedizin, Akupunktur, chinesische und westliche Kräuterheilkunde, Blutegeltherapie

Mops & Meats BARF Shop GbR
Inhaber: C. Klüggen, R. Dumack
Parkstraße 1
13086 Berlin
Tel: 030-250 46 799
Mobil: 0176 / 23 80 95 97
E-Mail: info@mopsundmeats.de
Web: www.mopsundmeats.de

www.rohfleisch-suendermann.de
-Frischfleisch für Hunde-
Lieferung frei Haus

www.tierheilservice.de/shop/
Klosterstraße 8
83546 Au am Inn
Tel.: 0175-520 96 80
Fax: 08073-402 98 42
E-Mail: shop@tierheilservice.de
Web: www.tierheilservice.de/shop
Online-Shop für Natürlich! Gesunde! Tiere!
*Natürliche Gesunderhaltung * Nahrungsergänzung * Pflege * Chemiefreie Alternativen*

Shopping & Lifestyle / Leben & Arbeit

Ally & Dotty
Außergewöhnliches für Ihren Hund
Pariser Str.5
10719 Berlin
Tel.: 030-887 090 02
E-Mail: info@allyanddotty.de
Web: www.allyanddotty.de

Barbara Wrede
Köterkunst
Mobil: 01577-197 21 32
E-Mail: b.wrede@olompia.de
Web: www.olompia.de, www.visionbycall.de

BerlinMitHund

the dog event agency
Melanie Knies
Rixdorfer Str. 11
12487 Berlin
Tel.: 030-609 377 71
E-Mail: mail@berlinmithund.de
Web: www.berlinmithund.de

BLN DGS

Jörg Engelhardt und Marcus Meyer
Lohmeyerstr. 20
10587 Berlin
Tel.: 030-720 226 16
Fax: 030-720 226 17
E-Mail: office@berlin-dogs.com
Web: www.berlin-dogs.com

CANIA.de

Bundesallee 133
12161 Berlin
Tel.: 030 37435790
Fax: 030 37435794
E-Mail: info@cania.de
Web: www.cania.de

cooldown®

Mona Oellers
Hundertsweg 8
52076 Aachen
Tel.: 0157-8511 8050
E-Mail: info@cooldown-training.de
Web: www.cooldown-training.de

Die Hundenannies

Josephine Perea
Frankfurter Allee 268
10317 Berlin
Tel.: 030-529 41 86
Mobil: 0162-978 56 46
E-Mail: Diehundenannies@freenet.de
Web: www.diehundenannies.beepworld.
de

DogCoach Institut

Südwestkorso 62
12161 Berlin
Tel.: 030-780 960 71
E-Mail: institut@dogcoach.de
Web: www.dogcoach-institut.de
Fort- und Weiterbildung für Hundetrainer
und Hundehalter
Ausbildung zum Therapiehund-Team
Ausbildung zum Hundetrainer
Mensch-Hund-Berater
AZWV zertifizierter Bildungsträger

DOGS and MORE

Heike Feldkord
Friedrichshaller Str. 15a
14199 Berlin
Tel.: 030-897 322 30
E-Mail: info@dogsandmore.de
Web: www.dogsandmore.de
Ihr Online-Shop für funktionales & hochwertiges
Hundezubehör.. Made in Berlin!
Von Hand. Von Herzen. Von uns.

Dog Toy

Onlineshop Kerstin Schulz
E-Mail: info@dog-toy.de
Web: www.dog-toy.de

Fashydogs

Julia Martsch Tel.: 03329 697011
Fax: 03329 697576
E-Mail: info@fashydogs.de
Web: www.fashydogs.de

Flechtleine & Hundeschmuckhalsband

Inhaberin: Ariane Senske
Web: www.Flechtleine.de
Exklusives Zubehör für Haustiere, geflochten
& geknüpft, Individualität durch Handarbeit!

FREAKZberlin

www.freakzberlin.de
Wahnsinniges Design für Hunde. Leinen,
Decken, Geschirre, Halsbänder in verschiedenen
Größen und jede Menge mehr!

Geschirrsattlerei: Passion - Thomas Sander

Stübbenstraße 8
10779 Berlin
Tel.: 030-405 298 99
E-Mail: info@p-ts.de
Web: http://p-ts.de

Heimtiermesse

MS Messen-Kongresse-Ausstellungen
GmbH
Bremer Str. 65
01067 Dresden
Tel.: 0351-877 850
Fax: 0351- 877 85 46
E-Mail: info@tmsmessen.de
Web: www.tmsmessen.de

hundeleben

Katja Passler
Hermann-Elflein-Str. 19
14467 Potsdam
Mail: info@hundeleben-potsdam.de
Web: www.hundeleben-potsdam.de

ik-design-keramik.de
Ines Kelsch
Nordische Str. 7
13125 Berlin-Karow
Mobil:0172-171 93 65
E-Mail: mail@ik-design-keramik.de
Web: www.ik-design-keramik.de
Tierportraits in Keramik, Pfötchen-Kollektion mit Extravagantem für Tier & Mensch
- liebevoll gefertigt von Meisterhand!

Pfötchenhotel Resort Berlin
Birkenallee 10-11
14547 Beelitz-Schönefeld
Tel.: 033204-61 78 0
E-Mail: berlin@pfoetchenhotel.de
Web: www.pfoetchenhotel.de
Das Tierhotel mit City-Rezeption direkt am Potsdamer Platz (täglich mehrmals Express-Shuttle von und nach Berlin-Mitte).

POOCHY.de
Fine Fashion for Dogs
Wilhelmstr. 36-38
65183 Wiesbaden
Tel.: 0611 341 29 77
Fax: 0611 341 45 67
Mobil: 0178 5570446
E-Mail: info@poochy.de
Web: www.poochy.de
POOCHY.de: für stilbewusste Fellnasen & Ihre 2-Beiner.

Society Dog
Schlüterstr. 16 / Ecke Pestalozzistr.
10625 Berlin
Tel.: 030-810 122 42
Fax: 030-810 122 44
E-Mail: info@societydog.de
Web: www.societydog.de
Öffnungszeiten: Mo-Fr 12:00-19:00 Uhr, Sa 11:00-16:00 Uhr

Tiermotive individuell
Angela Gabbert
Tel.: 033397-22034
Fax: 033397-22036
E-Mail: a.gabbert@tiermotive-individuell.de
Web: www.tiermotive-individuell.de
Etwas ganz Besonderes für alle Hundebesitzer & Hundefreunde ist ein individuell gestaltetes Bild des vierbeinigen Lieblings.

stresslessdogs
Ingeborgstr. 5
13089 Berlin
Tel.: 0177-811 71 88
E-Mail: info@stresslessdogs.de
Web: www.stresslessdogs.de
Ihr Partner für zeitgemäße Hundeerziehung & ursachenorientierte Problemhundtherapie
- Anschaffungsberatung und Anleitung für eine hundegerechte Welpenfrüherziehung
- Tierarzt- & Verkehrssicherheitstraining
- Individuelle Kinderumgangstrainings
- Gebrauchshundeausbildung/Hundeführerschein
- Ursachenorientierte Therapie von Prob Problem- und Fehlverhalten zertifiziert nach S.D.T.S.®

Thomas Fröhlich
Fotoevents und Themenfotografie
Levetzowstr. 23 d
10555 Berlin
Tel.: 030-398 762 52
E-Mail: contact@thfroehlich-fotoevents.de
Web: www.thfroehlich-fotoevents.de
Als Fotograf habe ich mich u. a. auf das Portraitieren von Hunden spezialisiert. Schauen Sie in die Tier-Galerien auf meiner Homepage!

Wundertier
Naturkost & Drogerie für Haustiere
Garchinger Str. 36
80805 München
Tel.: 089 -17929942
Mail: info@wunder-tier.de
Web: www.wunder-tier.de

Politik & Soziales

aktion tier – menschen für tiere e. V.
Spiegelweg 7
14057 Berlin
Tel.: 030-30 111 620
Fax: 030-30 111 62 14
E-Mail: aktiontier@aktiontier.org
Web: www.aktiontier.org

Allgemeiner Blinden- und Sehbehindertenverband e. V. (ABSV)
Fachgruppe der Führhundhalter
Auerbachersr. 7
14193 Berlin
Tel.: 030-895 880
Fax: 030-895 88 99
E-Mail: info@absv.de
Web: www.absv.de

Berufsverband der Hundeerzieher und

Verhaltensberater e. V. (BHV)
Auf der Lind 3
65529 Waldems-Esch
Tel.: 06192-958 11 36
E-Mail: info@hundeschulen.de
Web: www.hundeschulen.de

Berufsverband zertifizierter Hundetrainer

e. V.
Jagdstr. 18
90768 Fürth
Tel.: 0911-780 88 28
E-Mail: info@bvz-hundetrainer.de
Web: www.bvz-hundetrainer.de

Deutsche Blindenführhunde e. V.

Mandelblütenweg 10
12526 Berlin
Tel.: 030-602 020 88
E-Mail: info@dbfh.de
Web: www.dbfh.de

Deutscher Blinden- und Sehbehinderten-verband

(DBSV)
Projekt Blindenführhunde
Rungestr. 19
10179 Berlin
Tel.: 030-285 38 70
Fax: 030-285 387 200
E-Mail: info@dbsv.org
Web: www.dbsv.org

Ein Freund fürs Leben e. V.

Nieritzweg 3a
14165 Berlin
Tel.: 030-84720981
E-Mail:
christine@ein-freund-fuers-leben.org
Web: www.ein-freund-fuers-leben.org

feel4dogs

– Vertrauen & Bindung – Respekt & Fairness,
nicht nur für Hunde
Claudia Hauer, im Großraum Berlin und
Brandenburg für Sie im Einsatz.
Hotline: 0171-689 62 62
E-Mail: info@welpennothilfe.de
Web: www.feel4dogs.de

Heimtier-Nothilfe-Wartenberg e. V.

Straße 6 Nr. 108
13059 Berlin
Tel.: 030-924 92 90
E-Mail: team@heimtiernothilfe.de
Web: http://heimtiernothilfe.de

Hunde für Handicaps - Verein für Behin-derten-Begleithunde e. V.

Wiltbergstr. 29G
13125 Berlin

Tel.: 030-294 920 00
Fax: 030-294 920 02
E-Mail: info@servicedogs.de

Hunderettung e. V.

Dingelstädterstr. 46
13053 Berlin
Mobil: 0151-614 005 08
E-mail :
hunderettung.costablanca@yahoo.de
Web: www.hunderettung.com

Landesgruppe Berlin im Verband

Deutscher Kleinhundzüchter e. V.
Web: www.kleinhunde-berlin.de

Landesverband Berlin-Brandenburg

e. V. im Verband für das Deutsche
Hundewesen
Ruhlebener Str. 141 h
13597 Berlin
Tel.: 030-772 56 26
Fax: 030-335 029 78
Web: www.vdh-bb.de
E-Mail: simiot@vdh-bb.de

Landesverband Berlin des Deutschen Tierschutzbundes e. V.

Tierschutzverein für Berlin und Umgebung
Corporation e. V.
Tierheim Berlin
Hausvaterweg 39, 13057 Berlin
Tel.: 030-76 88 80
Web: www.tierschutz-berlin.de
E-Mail: info@tierschutz-berlin.de

Mensch und Tier Zuliebe e. V.

Obstallee 15
13593 Berlin
E-Mail: info@mensch-und-tier-zuliebe.de
Web: www.mensch-und-tier-zuliebe.de
Web: http://alterhundnaund.de

Projektbüro stadt&hund

gemeinnützige GmbH
Lahnstr. 13
12055 Berlin
Tel.: 030-252 99 277
E-Mail: kontakt@stadtundhund.de
Web: www.stadtundhund.de

SOS Hunde-Hilfe e. V.

An der Krähenheide 3
13505 Berlin
Tel.: 030-226 831 21
E-Mail: berlin@soshundehilfe.de
Web: www.soshundehilfe.de

Staffordshire-Hilfe e. V.

Benzmannstr. 36
12167 Berlin
Tel.: 0171-6873468
Web: www.staffordshire-hilfe.de

Stiftung Deutsche Schule für Blindenführhunde
Schmausstr. 40
12555 Berlin
Tel.: 030-555 761 170
Fax: 030-652 615 91
E-Mail: mail@blindenfuehrhundschule.de
Web: www.fuehrhundschule.de

TASSO-Haustierzentralregister für die
Bundesrepublik Deutschland e.V.
Frankfurter Str. 20
65795 Hattersheim
Tel.: 06190-937 300
Fax: 06190-937 400
E-Mail: info@tasso.net
Web: www.tasso.net

Therapiehunde Berlin e. V.
Warener Str. 5
Haus 3
12683 Berlin
Mobl: 0176-51217243
E-Mail: info@therapiehunde-berlin-ev.de
Web: www.therapiehunde-berlin-ev.de

Tierschutzinitiative „Alter Hund - na und?"
Brettnacher Str. 17B
14167 Berlin
Tel.: 030-810 595 31
E-Mail: alterhundnaund@t-online.de

Tiertafel Deutschland e. V.
Semliner Chaussee 8
14712 Rathenow
Tel.: 03385-494 965
E-Mail: claudia@tiertafel.de
Web: www.tiertafel.de

Welpennothilfe e. V.
Rosinstraße 29
15370 Fredersdorf-Vogelsdorf
Tel.: 0171 – 6896262
E-Mail: info@welbennothilfe.de
Web: www.welpennothilfe.org

Verband für das Deutsche Hundewesen
Westfalendamm 174
44141 Dortmund
Tel.: 0231-565 000
Fax: 0231-592 440
E-Mail: info@vdh.de
Web: www.vdh.de

Trauer & Tod

barboleta GbR – Design für Tiere
Frankenstr. 288
45134 Essen
Tel.: 0201-685 25 29
Fax: 0201-685 24 97
E-Mail: info@barboleta.de
Web: www.barboleta.de
Exklusive Tierurnen:
Wählen Sie Ihr persönliches Herzstück & verleihen Ihrem Tier eine einzigartige Ruhestätte.

Beate-Bettina Schuchardt
Klassisch-Homöopathische Tierheilbehandlung und natürliche Sterbebegleitung in Berlin
Tel.: 030-760 076 26
Mobil: 0163-718 89 69
Web:
www.natürlich-sanft.de
www.lebensflammen.de
www.behinderte-katzen.forumprofi.de
– Natürlich und sanft in gewohnter Umgebung
– mobile Fahrpraxis und Beratung (weltweit) – langjährige Erfahrung –
Klass. Homöopathie, Bachblüten, Tierkommunikation, Sterbebegleitung, Ernährungsberatung, Verhaltensberatung, rund um die Uhr Hotline

Tierbestattung IM ROSENGARTEN in
Berlin / Brandenburg
Neuköllnische Allee 160
12057 Berlin
Tel.: 030-275 806 16
E-Mail: info@tierbestatter-Berlin.de
Web: www.tierbestatter-berlin.de

Tierbestattungszentrum Tierhimmel
GmbH
Ruhlsdorfer Str. 27a
14513 Teltow
Tel.: 0800-8 44 55 66
Fax: 03328-30 20 04
E-Mail: info@tierhimmel.de
Web: www.tierhimmel.de
Eigenes Tierkrematorium und Tierfriedhof vor Ort! 24 Std. Notdienst, kostenfreie Notrufnummer: 0800-8445566

Tierkrematorium Berlin Portaleum
Am Posseberg 32
13127 Berlin
Tel.: 030-500 190 07
Fax: 030-500 190 06
E-Mail: info@portaleum.de
Web: www.portaleum.de
Einzige Tierbestattung mit eigenem Krematorium in Berlin. Persönliche, kompetente und einfühlsame Betreuung.
24 Stunden Notdienst 030 500 190 07 Abholung vom Tierarzt oder von zu Hause.

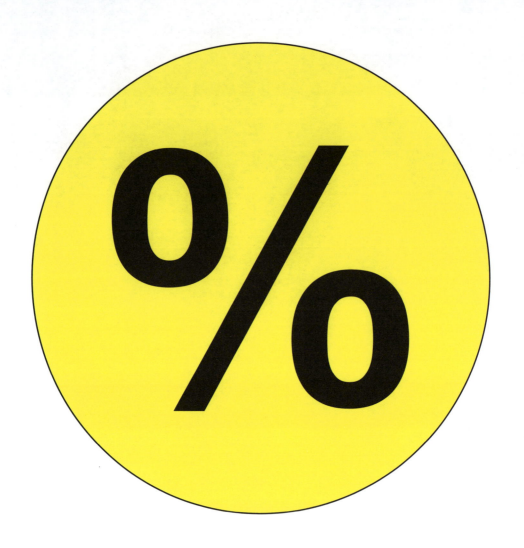

Rabatt-coupons

Rabattcoupons

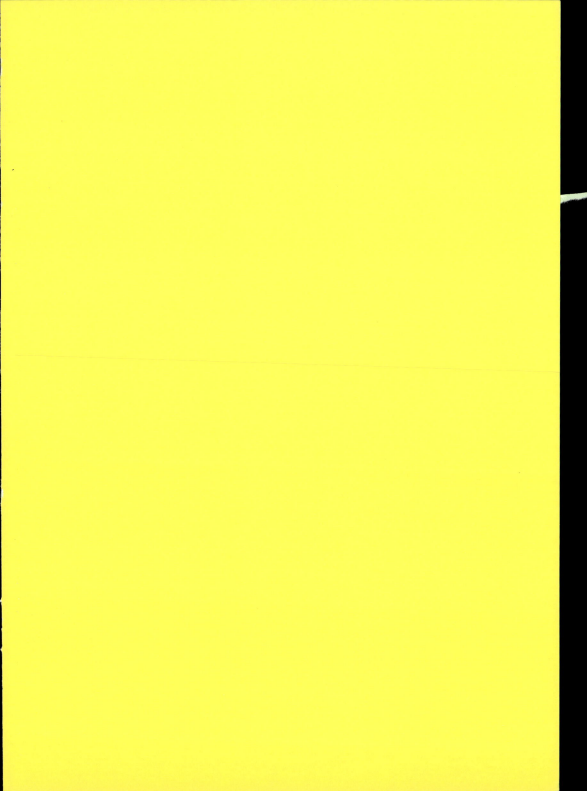

Stadtführer für Hunde
FRED & OTTO

unterwegs in ...
Hamburg, Düsseldorf, Köln, Berlin, Frankfurt am Main, München, Sylt ... und ab Frühjahr 2014 auch in Wien und im Ruhrgebiet

14,90 Euro

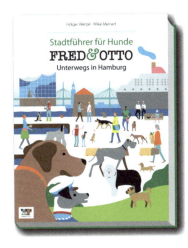
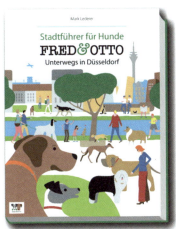

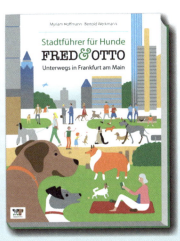

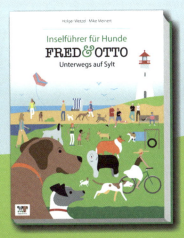

Mehr Infos unter www.fredundotto.de

Rupert Fawcett

Leinenlos! (Off the Leash)

Das geheime Leben der Hunde

Fantastisch und treffend beobachtet, herzerwärmend!

Der Facebook-Erfolg mit über 200.000 Freunden erstmals als Buch!

Umfang: 160 S.
Format: 14 x 15,5 cm
Ausstattung: Klappenbroschur
Abb.: 160 Cartoons
ISBN: 978-3-95693-001-0
Preis: 9,90 Euro
Verlag: www.fredundotto.de

Wollten Sie auch schon immer wissen, was ihr Hund wirklich denkt? Rupert Fawcetts Cartoon-Serie "Off the Leash" über die geheimen Wünsche der Hunde hat in kürzester Zeit eine weltweite Fangemeinde gefunden. Der sensationelle Facebook-Erfolg des Londoner Kult-Cartoonisten liegt nun erstmals gesammelt in einem Buch vor: Fantastisch und treffend beobachtet, herzerwärmend komisch mit bissigem britischem Humor. Ein kurzweiliger Comic-Spaß – nicht nur für Liebhaber der schwanzwedelnden Vierbeiner.

Rupert Fawcett hat mit seinem Cartoon "Off the Leash" einen spektakulären Erfolg in der angelsächsischen Welt gehabt. Der Zeichner lebt mit seiner Familie in London und mag Hunde - und weiß, was sie wirklich über uns denken!

Barbara Wrede

Wartende Hunde
Ein Buch über die Treue

Der schön ausgestattete Bildband enthält über 100 Fotografien und Texte der Künstlerin. Herausgekommen ist ein Buch für alle Hundefans - und treue Menschen (und die, die es werden sollten).

Umfang 200 S.
Format: 22 x 19 cm
Abb.: 160 Bilder
Hardcover
ISBN 978-3-9815321-2-8
Preis: **22,90 Euro**
Verlag: www.fredundotto.de

Ein wunderbares Buchgeschenk: Seit 1994 fotografiert die Berliner Künstlerin Barbara Wrede wartende Hunde. Die Serie „Wartende Hunde" ist Hachiko, dem japanischen Akita gewidmet, der 10 Jahre am Bahnhof auf sein verstorbenes Herrchen gewartet hat. Zugleich ist die Serie ein Versuch über die Treue.

Die Fotos der Serie „Wartende Hunde" entstanden nicht nur in Berlin, sondern auch auf Reisen nach Venedig, New York und in vielen anderen Orten.

Die Künstlerin Barbara Wrede aus Berlin gründete den Köterklub. In ihrem Atelier porträtiert, fotografiert und zeichnet sie Hunde und betreibt meditative, bis zu einem Quadratmeter große Fellstudien. Mit Buntstift.